지식의 경계를 누비는 경이로운 비행 인문학

플레인 센스
Plane Sense

김동현 지음

whale books

추천의 글

가장 안전하다고 인식되는 항공 여행이 각종 정치, 경제 목적의 범죄 타깃이 된다는 사실을 아는 승객은 몇이나 될까? 항공산업 관련 종사자들은 만에 하나 발생할 수 있는 사고를 방지하기 위해 체계적이고 축적된 지식을 습득한다. 치밀한 훈련을 거쳐 실전에 배치된 이후에도 끊임없는 교육과 훈련을 통해 노련한 전문가로 거듭난다. 그 결과 승객들은 세상에서 가장 안전하고 쾌적한 여행을 누린다.

지금은 당연시되는 엄격한 공항 보안 검색이 실은 수많은 희생을 치른 뒤 보완된 시스템이라는 것을 아는 이는 또 얼마나 있으랴. 이 책은 불과 얼마 지나지 않은 사건들을 생생하게 구현했다. 안이한 안전 인식, 정치·경제적 계산으로 인한 설비 도입의 지연, 경고를 무시한 허술한 보안 시스템은 사상자 발생이라는 혹독한 대가를 치르고 나서야 하나씩 개선되었다. 이 불편한 진실은 크고 작은 사건에 끊임없이 노출되어 있는 우리 사회에 큰 시사점을 던져준다.

특히 장거리 항공 여행을 하는 일반 독자에게 일독을 권한다. 이 책의 풍부한 스토리와 교훈은 자칫 지루하기 십상인 비행기 좌석을 역사적 지식이 입체적으로 깃들어 있는 공간으로 바뀌게 하리라 확신한다. 몰입도 높은 독서로 비행시간이 짧게 느껴질 것이며 풍성한 지식으로 변화된 인식과 깊어진 사고는 덤으로 얻게 될 것이다.

_국제관계학 박사, KAIST 경영대학 교수 유승현

《플레인 센스》는 다양한 항공 스토리를 통해 일반 승객들뿐 아니라 항공업계에 종사하는 이들에게 비행에 대한 넓은 지식과 성찰을 제공한다. 저자 김동현 기장은 항공 지식과 테크닉 면에서 자타가 공인하는 최고의 전문가다. 저자는 운항안전팀장이던 당시 실제 발생한 항공 사례를 분석할 때마다 탁월한 논리와 남다른 지식으로 근본적인 개선책을 제시했다.

이 책은 글과 이미지로 정확한 비행 상식을 전함으로써 확실한 재미를 전달한다. 게다가 비행기와 조종사, 에어라인 시스템의 내면을 간파하는 저자의 날카로운 시선은 책으로서의 가치를 세운다. 어쩌면 행간 곳곳에 숨겨놓은 항공 전문가의 생각을 완전히 이해하는 것은 어려울지도 모른다. 하지만 이 책의 가장 큰 장점은, 책 전체를 읽는 것만으로도 '비행'을 이해하는 데 충분하다는 것이다.

저자는 수백 명의 승객들을 태우고 비행하는 항공 종사자들에게 지식과 스킬, 그 이상의 무엇이 필요한지 역설하고 있다. 그 메시지는 누군가에게는 들릴 수도 있고 누군가에게는 들리지 않을지도 모른다. 하지만 분명한 것은 이 책은 현직 조종사를 비롯해 조종사를 희망하는 사람, 항공업계를 이끌고 있는 사람들이리면 반드시 읽어야 할 책이다. 그 전에 항공 여행을 즐기는 독자들에게는 그동안 몰랐던 비행의 묘미를 맛보는 데 가장 충실한 책이 될 것이다.

_전 대항항공 운항본부장 서화석

프롤로그
상식은 그렇게 보편적이지 않다

십여 년 전 취리히공항에서 이륙을 위해 활주로로 이동하던 도중 객실승무원으로부터 급한 인터폰을 받은 적이 있었다.

"기장님, 승객 한 분이 지금 비행기 날개에 눈이 쌓였는데 그대로 이륙해도 되느냐고 기장님께 확인해 달라고 하시는데요."

당시 취리히공항에는 눈발이 막 날리기 시작하고 있었다. 날개에 눈이 쌓이면 양력이 현저하게 감소하기 때문에 제방빙De/Anti Icing 작업을 하지 않고 이륙하면 비행기가 추락할 수도 있다. 나는 출발 전 미리 방빙 작업을 해두었기 때문에 안전에 아무 지장이 없다는 점과 함께 승객에게 꼭 감사하다는 말을 전해달라고 했다.

어떤 승객은 날개에 눈이 쌓이면 이대로 운항을 계속해도 되는지 우려하는 반면, 어떤 승객은 비행기가 제때 출발하지 못했거나 회항을 했다고 승무원에게 불평을 한다. 이런 차이는 어디에서 비롯된 것일까?

1988년까지 우리나라에서는 공무나 유학, 초청 등 분명한 목적과 증빙을 가진 사람들만 해외로 나갈 수 있었다. 88서울올림픽이 끝난 이듬해 해외여행이 자유화되자 우리나라 항공사들은 한꺼번에 최신형 비행기를 수십 대씩 들여왔다. 조종사가 부족해 외국인 조종사들을 수입한 것도 이때부터다.

　당시 외국인 기장들 중에는 KLM과 같은 1세대 에어라인 출신의 기장도 있었다. 이들은 태평양을 건너는 동안 비행기에 숨어 호주로 밀항을 한 티모르 소년의 이야기, 영화 〈람보First Blood〉의 모티브가 된 미 해병대원의 하이재킹 이야기, 린드버그의 대서양 횡단 비행기에 다른 조종사가 있었다는 이야기 등 온갖 항공 사건의 뒷이야기들을 실감 나게 들려주었다. 내가 서구의 다양한 플라잉 매거진과 공식 사고조사보고서들을 읽기 시작한 것은 이때부터다.

　라이트 형제가 최초의 동력 비행에 성공한 것은 1903년이었다. 그로부터 지난 100여 년간 서구인들은 비행과 관련된 온갖 사건, 사고를 겪어왔다. 이들은 끔찍한 비행사고가 일어날 때마다 유사한 사례의 재발을 방지하기 위한 규정을 신설했다. 미연방항공국이 "모든 비행규정은 피로 쓰였다(All aviation regulations are written in blood)"라고 한 것은 그 규정이 만들어진 피의 역사를 잊지 않겠다는 자기 선언이었다. 이런 비행 규정들은 조종사뿐 아니라 신문과 잡지, 방송을 통해 서구 시민들의 보편적인 상식으로 자리 잡았다.

그러나 상식은 그렇게 보편적이지 않다. 서구 사회의 비행에 대한 상식과 우리가 가진 상식에는 분명 차이가 있다. 우리나라에서는 아무렇지도 않은 행동이 종종 해외에서 큰 오해와 파장을 일으키는 것도 이런 상식의 차이에서 비롯된다. 조종실을 화장실로 착각한 실수로 비행기가 회항하고 엄청난 벌금과 구속 처분까지 받을 것이라고 누가 상상이나 했을까.

나는 지난 20여 년간 에어라인 역사에서 이슈가 된 사건들의 공식 사고조사보고서를 꼼꼼히 읽어 왔다. 그리고 관련 지역을 비행할 때마다 다양한 소스를 통해 각각의 이슈와 관련된 인물들과 그 사회의 문화적, 시대적 배경까지 탐구해 들어갔다. 비행에 일생을 바친 사람들의 꿈과 좌절, 열정과 경쟁, 도전과 노력을 만나는 것은 언제나 경이로운 감동이었다.

이번에 웨일북에서 출간하는《플레인 센스》는 비행의 역사를 써 온 거의 모든 이슈를 사건과 인물 중심으로 풀어낸 책이다. 센스sense는 상황의 본질을 알아채고 상대를 배려하는 입체적 감각과 의식이다. 풍부한 방식을 통해 센스를 갖춘 사람은 매력 있고 편안하다.

에어라인 비행의 안전은 항공 당국의 규정이나 기장의 스킬로만 확보되지 않는다. 한 사회의 항공 안전 수준은 조종사와 승무원, 관제사, 그리고 승객들의 비행에 대한 이해와 그 사회의 문화가 서로 얽히고설켜 만들어 낸 결과다.

이 책이 항공 여행을 즐기는 승객들과 항공 종사자 동료들, 그리고 미래의 조종사를 꿈꾸는 사람들에게 에어라인 비행을 좀 더 재미있고 깊이 있게 이해할 수 있는 기회가 되길 바란다.

A330 CAPTAIN 김동현

③ 제너두, 순수의 시대를 호출하다

불타는 알루미늄 캔, 기내 화재

강인함과 섬세함의 경쟁, 보잉과 에어버스

1

"HI, JACK",
하이재킹

영웅이 되려고 하지 마라

미 서부 개척 시절, 강도들은 마차가 자주 다니는 길목을 노리고 있다가 지나가는 마차를 추격해 노략질을 했다. 대규모 조직을 갖춘 강도들은 달리는 열차를 통째로 납치하기도 했는데, 이들은 열차가 정차하거나 속도를 줄이는 곡선 구간에서 열차에 뛰어올라 기관실을 장악하고 열차를 세웠다.

강도들은 혹시 잡히더라도 살인죄로 교수대에 매달리고 싶지는 않았기 때문에 함부로 마부들을 죽이지 않았다. 이들의 목적은 돈이었다. 강도들이 마부나 기관사를 함부로 쏘지 않는다는 것을 아는 마부들은 강도들이 보이면 일단 전속력으로 달아났지만, 짐을 실은 마차가 강도들의 빠른 말을 따돌리는 것은 애초에 불가능했다.

강도들은 달아나는 마부 옆으로 바짝 따라붙어 권총을 머리에 들이대고 "Hi, Jack(영미권의 가장 흔한 이름인 John의 애칭)" 하고 인사(?)를 건넸는데 이 정도 거리가 되면 마부들은 더 이상의 도망을 포기하고 마차를 세웠다. "Hi, Jack"은 인사가 아니라 "이제 그만 세우지?" 하는 협박이었다.

비행기 납치를 하이재킹^{hijacking}이라고 한다. 서부 시대 열차 강도들이 제일 먼저 기관실을 장악했던 것처럼 하이재킹의 성패도 납치범이 조종실을 장악하느냐 못하느냐에 달려 있다. 설령 납치범이 조종실까지 들어가지 못했더라도 승객이나 승무원을 인질로 기장을 위협해 원래의 비행 경로를 이탈하게 했다면 그 비행기는 이미 납치된 것이다.

하이재킹이 발생했을 때 기장은 일체의 정치적 고려를 배제하고 승객과 승무원의 안전만을 생각해야 한다. 영화에서는 종종 기장이 테러범을 제압하기도 하지만 이것은 비행기와 승객을 심각한 위험에 빠뜨릴 수 있는 행위이기 때문에 하이재킹이 발생하면 기장은 절대 납치범을 직접 제압하려는 시도를 하지 않도록 교육받는다. "영웅이 되려고 하지 마라 (Don't try to be a hero)"라는 비행 격언은 하이재킹 상황에서 기장이 명심해야 할 가장 기본적인 원칙이다.

2001년 9·11 테러가 발생하기 전까지 하이재킹에 대한 기장의 표준 대응은 일단 납치범이 요구하는 대로 비행을 계속하는 것이었다. 납치범이 조종실에 들어오기를 원하면 조종실 문을 열어주고 납치범이 요구하는 목적지로 비행을 계속해 안전하게 착륙하는 것이 승객의 안전을 위해 가장 확실한 방법이라고 생각했던 것이다. 이 원칙은 9·11 테러를 통해 비행기가 자살 테러의 도구로 사용될 수도 있다는 것이 증명될 때까지 하이재킹에 대한 전 세계 조종사들의 표준 대응 지침이었다.

●

보이지 않는 감시자 에어마샬

중국 비행기를 타고 시애틀로 여행 중이던 한 승객이 승무원에게 맥주를 주문했다. 탑승 전부터 꽤 목이 말랐던 이 승객은 승무원이 갖다 준 칭따

오 맥주 한 캔을 단숨에 비우고는 맥주 한 캔을 더 주문하기 위해 다시 승무원 호출벨을 눌렀다. 이번에는 승무원 대신 머리를 짧게 깎은 남자가 다가오더니 퉁명스러운 표정으로 한마디를 던졌다.

"No more beer."

남자의 태도에 불쾌감을 느낀 승객은 다시 호출벨을 눌러 승무원을 불렀다. 그러자 또다시 짧은머리 남자가 다가오더니 이번엔 승객을 노려보며 단호한 어조로 말했다.

"No more beer. O.K?"

남자의 태도에 위압감을 느낀 승객은 더 이상 승무원을 호출하지 못했다. 승무원들도 이 남자의 말에는 순순히 따르는 듯 보였다. 이후로도 남자가 주기적으로 승객의 동향을 살피고 갔기 때문에 승객은 화장실에 갈 때를 제외하곤 비행 내내 자리에서 일어나지도 못했다. 여행이 편했을 리 없었다. 불쾌감을 넘어 감시를 당하는 느낌까지 받은 이 승객은 다시는 중국 비행기를 타지 않겠다고 다짐했다. 일정을 마치고 서울로 돌아온 승객은 조종사인 친구에게 이 남자의 정체가 무엇인지 물었다.

외국 비행기를 자주 타는 사람은 가끔 우리나라 비행기에서는 볼 수 없는 조금 독특한 승객을 만나게 된다. 대개 건장한 젊은 남자인 이 승객은 마지막 순간에 탑승해 객실 맨 앞이나 맨 뒤의 통로 자리에 앉는다. 동행도 없이 항상 혼자 비행기에 타며 장거리 비행 중에도 거의 잠을 자지 않는다. 목적지에 어울리지 않는 차림도 눈에 띈다. 하와이행 비행기에서도 혼자 코트를 입고 있는가 하면 여행 가방도 없이 작은 배낭 하나만 들고 타기도 한다. 도대체 이 남자의 정체는 무엇일까.

이들은 에어마샬air marshal 또는 스카이마샬sky marshal이라고 불리는 보안 승무원이다. 우리나라 여객기에서는 볼 수 없지만 미국을 비롯해 캐나다,

호주, 독일, 영국 등 테러를 경험한 대부분의 국가는 여객기에 무기를 소지한 보안승무원을 탑승시킨다. 이들의 역할은 비행 중 기내에서 혹시 발생할 수도 있는 테러를 제압하는 것이다.

비행 중 승객이 승무원의 통제를 따르지 않거나 만취 상태로 주정을 부리기라도 할 경우 이들은 어디선가 나타나 단호하게 승객을 제압한다. 만약 승객이 승무원의 제지를 뿌리치고 조종실 문을 열려고 시도하면 이들은 주저 없이 무기를 사용할 것이다.

비행 중 조종사들도 생리현상을 해소하기 위해 화장실을 사용한다. 기종을 불문하고 모든 여객기에는 조종사가 승객에게 노출되지 않고 화장실을 이용할 수 있도록 조종실 입구 바로 옆에 화장실이 있다. 조종사는 화장실을 사용할 때마다 객실승무원에게 미리 알려야 하며 이때 승무원들은 조종실과 화장실 사이 공간의 승객 이동을 통제한다. 통제 방법은 항공사에 따라 다르다.

중국이나 유럽과 같이 항공 보안에 민감한 국가의 항공사들은 조종사가 화장실을 사용할 때마다 좌석벨트 사인을 켜고 보안승무원이 승객들을 자리에서 일어나지 못하도록 통제한다. 그동안 객실승무원은 기내식 카트로 객실 통로를 봉쇄한다. 이런 엄격한 조치들은 모두 조종실 문이 열릴 때 테러범이 기습적으로 조종실에 진입하지 못하도록 하기 위해서다

지금은 사라졌지만 과거 우리나라 여객기에도 보안승무원이 탑승했던 시절이 있었다. 1969년 강릉에서 이륙한 대한항공 여객기가 승객으로 위장한 북한 공작원에 의해 평양으로 납치되는 사건이 발생하자 정부는 전격적으로 모든 여객기에 보안승무원을 탑승시켰다. 처음엔 현직 경찰이 승무원 유니폼을 입고 탑승하다가 나중엔 항공사 승무원 중 무술 유단자

들이 청원경찰 자격을 획득하고 보안승무원으로 탑승했다. 당시 기장과 부기장은 정부가 지급한 권총을 다리에 차고 비행을 했다.

우리나라의 보안승무원이 기내에서 실제 테러범을 사살했던 적도 있었다. 1971년 속초공항을 이륙해 김포공항으로 향하던 대한항공 여객기에 북으로 넘어갈 것을 요구하는 테러범이 타고 있었던 것이다. 이 비행기에는 55명의 승객과 기장, 부기장, 수습 조종사 그리고 보안승무원이 탑승하고 있었다.

지금은 월북이라는 자체가 상상도 할 수 없는 일이지만 1970년대 초반까지만 해도 휴전선 부근에서 민간인들의 월북과 월남 사건은 심심치 않게 발생했다. 범인 김상태가 월북을 기도한 정확한 동기는 알 수 없지만, 남북의 체제 대립이 극심했던 당시 휴전선과 인접한 경기도와 강원도 일대에는 우리 민간인과 군인들의 월북을 유도하는 '삐라(대남전단지)'가 연일 대량으로 살포되었다. 삐라는 한눈에 보기에도 터무니없는 선전을 담은 조잡한 것들이었지만 삐라가 노리는 대상은 객관적 판단 능력이 떨어지거나 체제에 깊은 개인적 증오를 갖고 있는 사람들이었다.

김상태는 강원도 고성에서 별다른 직업 없이 부모와 함께 살던 22세의 청년이었다. 범행 몇 달 전 탄광에서 일하던 고향 친구로부터 폭탄 제조 방법을 익힌 김상태는 1월 23일 아침 일찍 직접 만든 폭탄 네 개를 가방에 넣고 속초공항으로 가서 서울행 대한항공 비행기에 탑승했다. 오후 1시 7분 김상태가 탄 비행기는 속초공항을 이륙했다.

비행기가 홍천 상공을 지날 즈음 앞쪽 둘째 줄에 앉아 있던 김상태는 자리에서 일어나 선반을 열고 가방을 꺼냈다. 그리고 곧바로 가방에서 폭탄 두 개를 꺼내 하나는 객실 바닥에, 나머지 하나는 조종실 문을 향해 던졌다. 조잡한 사제 폭탄이었지만 위력은 강력했다. 귀가 터질 듯한 폭음과 함께 객실 바닥에는 커다란 구멍이 뚫렸고 조종실 문은 완전히 파손되었다. 기내는 삽시간에 아수라장이 되었다. 폭발이 일어나는 순간 기장은 간첩에 의한 테러를 직감하고 침착하게 관제소에 납치 상황과 비행기의 위치를 통보했다.

김상태는 폭탄 두 개를 양손에 거머쥐고 조종실로 뛰어 들어가 당장 북으로 기수를 돌리지 않으면 조종실에 폭탄을 던지겠다고 위협했다. 기장은 김상태의 요구대로 기수를 북쪽으로 돌리며 속으로는 비상착륙할 곳을 찾기 시작했다.

비행기가 화진포 상공에 이르자 기장은 더 이상 결심을 미룰 수가 없었다. 화진포는 휴전선에서 불과 5킬로미터밖에 떨어져 있지 않은 곳이었다. 기장은 김상태에게 비행기가 북한 영공으로 넘어왔다고 속이고 강하를 시작했다. 그러나 고성에서 나고 자란 김상태는 해변의 지형을 보자마자 곧바로 화진포임을 알아챘다. 속은 것을 깨달은 김상태가 조종석에 폭탄을 던져버리겠다며 날뛰자 기장은 다시 고도를 올려 북으로 비행할 수밖에 없었다.

한편 기장의 납치 상황 통보를 감청한 공군은 즉시 F-5 전투기 두 대를 출격시켰다. 화진포 상공에서 상승하는 대한항공 비행기를 발견한 전투기들은 비행기가 더 이상 북쪽으로 넘어가지 못하도록 비행기를 좌우로 에워쌌다. 순간적으로 기지를 발휘한 기장은 북한 측의 소련제 미그기가 요격을 하고 있는 것이라고 김상태를 속였고 F-5 전투기를 본 적이 없는 김상태는 기장의 말을 믿을 수밖에 없었다.

그사이 은밀하게 보안승무원과 계책을 주고받은 객실승무원은 김상태를 속이기 위한 거짓 기내 방송을 했다.

"이 비행기는 지금 북한 영공으로 들어왔습니다. 북한에 착륙할 수밖에 없게 되었으니 가지고 있는 신분증을 지금 모두 찢어버리십시오."

방송을 마친 승무원은 객실을 돌아다니며 승객들에게 크게 통곡을 해달라고 요청했다. 승객들이 "아이고, 이제 혼자 남은 우리 어머니는 어떻게 하나" 하며 울기 시작하자 보안승무원은 승객들을 위로하는 척하며 조종실에 있는 김상태에게 접근했다. 그의 품에는 장전된 권총이 숨겨져 있었다.

김상태가 전투기 쪽으로 시선을 돌리는 순간 보안승무원은 번개 같은 손놀림으로 권총을 뽑아 김상태를 향해 발사했다. 거의 동시에 조종석 뒷자리에 있던 수습 부기장도 권총을 꺼내 김상태를 쏘았다.

머리에 총알을 맞은 김상태는 손에 들고 있던 폭탄을 조종실 바닥에 떨어뜨리면서 그 자리에서 절명했다. 조종실에서 폭탄이 터지면 조종사와 비행 시스템이 일시에 무력화되고 비행기는 그대로 추락한다. 수습 부기장은 생각할 겨를도 없이 몸을 날려 양손으로 폭탄을 잡고 품에 끌어안았다. 폭탄은 그의 하복부와 어깨 밑에서 폭발했다. 폭탄의 파편으로 기장도 안면에 중상을 입었지만 다행히 조종 시스템은 손상을 입지 않았다. 기장은 얼굴에 흐르는 피를 닦아가며 고성군 초도리 바닷가에 비상착륙을 했다. 속초를 이륙한 지 1시간 11분 만이었다.

하복부와 어깨, 팔다리에 치명상을 입은 수습 부기장은 강원도의 군병원에서 응급 치료를 받고 서울로 이송되는 도중 안타깝게도 구급차 안에서 사망했다. 정부는 그를 국립서울현충원에 안장하고 보국훈장을 추서했다.

강원도 고성군 초도리 해변에 비상착륙한 대한항공 포커 27기

●

하이재커가 된 미 해병대원

6년에 걸친 제2차 세계대전이 끝나자 사람들은 평화와 자유를 직접 확인하고 싶어 했다. 미국과 유럽을 중심으로 항공 여행 수요가 폭발적으로 늘어났고 전쟁 중 기술력과 규모가 급격히 커진 군 항공산업은 재빨리 민항으로 변신했다. 이때까지도 민간 여객기가 테러범에 의해 납치될 수도 있다는 생각은 아무도 하지 않았다. 항공사는 물론 항공 당국도 하이재킹에 대한 표준 대응 매뉴얼이 없었고 조종사 역시 하이재킹에 대비한 교육을 받지 않았다.

1962년 호주 퍼스공항에 주기되어 있는 TAA B727기. 승객들은 항공권을 구입한 후 각자 비행기가 주기되어 있는 곳으로 걸어가서 탑승했다.

1950년대 초반까지 공항 터미널은 기차역과 비슷한 구조였다. 승객들은 티켓을 구입한 후 비행기가 서 있는 주기장까지 걸어가서 탑승했다. 공항 당국도 항공사 측도 승객의 소지품은 물론 신분증조차 확인하지 않았기 때문에 마음만 먹으면 누구나 무기를 숨기고 탑승해 하이재킹을 시도할 수 있었다.

1960년대의 고전적 하이재킹은 승객의 불편을 초래하기는 했지만 테러범들이 승객들에게 직접적인 위협을 가하지는 않았다. 테러범들과 정치적 거래를 해야 하는 정부와는 달리 일반인들은 오히려 하이재킹을 낭

만적인 이벤트 정도로 생각했다. 반전운동과 히피문화가 주를 이루고 있던 60~70년대 대중에게 하이재킹은 테러라기보다는 '외로운 정치 혁명가와의 우연한 동행'이었다.

당시 북미의 하이재커들은 비행기를 납치한 후 대부분 최종 목적지로 쿠바를 선택했다. 바티스타 정권을 몰아낸 카스트로가 미국과의 모든 정치·외교적 접촉을 원천적으로 봉쇄했기 때문에 일단 쿠바에 내리기만 하면 미국으로 송환될 가능성이 전혀 없었기 때문이었다. 조종실을 장악한 테러범이 기내 방송으로 "이 비행기는 우리가 접수했습니다. 이제 여러분들을 쿠바로 모시겠습니다"라고 하이재킹을 선언하면, 객실에 앉아 있던 승객들은 마치 남의 얘기를 하는 것처럼 쿠바산 시가나 납치범들의 요구 조건을 주제로 잡담을 나누었다. 신변의 안전을 걱정하는 사람은 없었다. 신문들조차도 피랍되었던 승객들이 하바나의 시가와 럼주를 사 들고 미국으로 돌아와 지인들에게 납치범과 보낸 무용담을 늘어놓는 만평을 실을 정도로 당시의 언론들에 하이재킹은 흥미로운 기삿거리였다. 승객들이 하이재킹에 대한 철저한 대비를 요구하지 않았기 때문에 항공사들도 적극적인 대응 방안을 강구하지 않았다.

1960년대 가장 드라마틱했던 하이재킹 사건은 현역 미 해병대원이었던 라파엘 미니첼로Raffaele Minichiello가 일으킨 트랜스월드항공(TWA) 85편 납치 사건이다. 라파엘은 10대 때 부모를 따라 미국으로 건너온 이탈리아 출신의 이민자였다. 아메리칸 드림을 꿈꾸고 온 다른 이민자들과 마찬가지로 라파엘도 미국에서 반드시 성공하겠다는 꿈을 갖고 있었다. 그러나 고등학교를 졸업할 때까지 줄곧 외딴 시골 마을에서 자란 라파엘은 대학에 진학하지 못했고, 농장 일을 하며 번 얼마 안 되는 돈으로 부모와 함께 어려운 생활을 꾸려나가고 있었다.

베트남전이 발발하던 해 18세가 된 라파엘은 해병대에 자원 입대했다. 미군으로 참전해 전투에서 공을 세우는 것은 미국 사회에서 성실한 미국 인으로 인정받을 수 있는 가장 확실한 방법이었다.

베트남에 파병된 라파엘은 전투 중 몸을 사리지 않았다. 정글에서 숱 한 위기를 넘기는 동안 라파엘은 특유의 의리와 과감한 행동으로 동료들 로부터 큰 신망을 얻었다. 1969년 4월 캘리포니아의 해병대 본부로 복귀 하는 라파엘의 가슴에는 퍼플하트 훈장이 달려 있었다. 원래 퍼플하트 훈 장은 미 정부가 전투에서 사망하거나 회복이 불가능한 중증 신체장애를 입은 군인에게 수여하던 것이었는데, 라파엘은 사지가 멀쩡한 몸으로 퍼 플하트 훈장을 받을 정도로 해병대에서 인정을 받고 있었다.

그러나 막상 본부에 돌아와 베트남 파병 기간의 봉급을 정산하던 라파 엘은 그동안 캠프의 누군가가 자신의 월급 중 일부를 빼돌리고 있었다는 사실을 발견했다. 라파엘은 해병대 본부에 월급이 횡령된 사실을 보고하 고 책임자의 조사와 횡령액 반환을 요청했지만, 해병대 본부는 사건을 제 대로 수사하기는커녕 오히려 라파엘에게 문제를 확대하지 말라는 은근 한 압력을 행사했다. 라파엘은 해병대와 미국에 깊은 배신감을 느꼈다.

며칠 후 라파엘은 술을 진탕 마시고 잠겨 있는 캠프 펜들턴 오피스를 열고 들어가 사무실에 있던 라디오와 시계를 챙겨 들고 나왔다. 자신의 월급에서 누락된 딱 200달러어치의 물건들이었다.

다음 날 해병대는 라파엘을 절도죄 명목으로 군법회의에 회부했다. 월 급 횡령 사건이 이슈화되기를 기대했던 라파엘은 본부로부터 군법회의 출두일을 통보받자 미국과 해병대에 품고 있던 일말의 기대를 접었다. 라 파엘은 미국에서 범죄자 신세가 되느니 차라리 모국인 이탈리아로 돌아가 자신과 가족의 명예를 지키겠다고 결심했다.

군법회의가 열리는 날 아침 라파엘은 250발의 실탄과 베트남전에서 사용하던 자신의 M1 소총을 분해해 가방에 넣고 펜들턴 캠프를 빠져나왔다. 그길로 로스앤젤레스공항으로 간 라파엘은 샌프란시스코행 TWA 85편에 탑승해 이륙을 기다렸다. 무단 탈영한 해병대원이 소총과 실탄 뭉치가 들어 있는 가방을 들고 비행기에 탑승할 때까지 그의 신분증이나 소지품을 검색하는 사람은 아무도 없었다.

비행기가 이륙하자마자 라파엘은 화장실로 들어가 능숙한 솜씨로 소총을 결합한 뒤 탄창을 삽입하고 객실로 나왔다. 소총을 거머쥔 라파엘의 태도가 너무나도 거침이 없었기 때문에 승무원과 승객들 중 누구도 라파엘을 저지할 엄두를 내지 못했다. 라파엘은 조종실로 들어가 기장에게 곧장 뉴욕으로 가라고 지시했다.

기장은 뉴욕까지 가기에는 비행기에 실려 있는 연료가 부족하다고 라파엘을 속이고 덴버에 착륙하는 데 성공했다. 덴버에 착륙하기 전 기장은 라파엘 몰래 관제소에 기내에서 벌어지고 있는 납치 상황을 보고했지만 당국은 미처 덴버에서 라파엘을 체포할 준비가 되어 있지 않았다.

공항에서 연료가 재보급되는 동안 라파엘은 조종사를 제외한 승무원과 승객들은 모두 비행기에서 내리라고 지시했다. 승객들이 모두 내린 후 객실승무원 한 명이 비행기에 남겠다고 하자 라파엘은 이탈리아까지 가는 동안 어떤 위험이 따를지 모르니 살고 싶으면 여기서 내리는 게 좋을 것이라고 말했다. 그러나 이 승무원은 아직 비행이 끝나지 않았다며 조종사들과 함께 로마까지 가겠다고 했다.

납치된 비행기가 자국의 영공을 벗어나면 비행기를 통제하는 관할권이 다음 영공을 관장하는 국가로 넘어가기 때문에 FBI는 어떻게든 미국내에서 상황을 끝내야 했다. 라파엘이 납치한 B707기가 대서양을 건너 이탈리아까지 가기 위해서는 미 동부 해안을 넘어가기 전에 연료를 다시 채워야 했다. 기장으로부터 비행기가 뉴욕에 내릴 것이라는 정보를 입수한 FBI는 뉴욕공항에 대테러 특수부대를 대기시켰다.

라파엘이 탄 비행기가 뉴욕에 착륙하자 FBI는 곧바로 중무장한 특수부대원들을 투입했다. FBI는 무장한 특수부대원들이 비행기를 포위하는 것을 보면 라파엘이 겁을 먹고 항복할 것으로 예상했지만 베트남 전장에서 숱한 실전을 치른 스무 살의 해병대원은 전혀 위축되지 않았다. 연료 보급 트럭 대신 중무장을 한 장갑차가 비행기를 에워싸자 라파엘은 장갑차를 향해 소총을 무차별 난사했다. 라파엘의 격렬한 저항에 당황한 FBI는 비행기가 연료를 채우고 다시 이륙할 때까지 어떤 대응도 재개하지 못했다.

라파엘이 납치한 비행기가 대서양을 건너는 동안 전 세계 언론은 현역 미 해병대원에 의해 미국 비행기가 납치되었다는 사실을 앞다투어 보도했다. 미국과 이탈리아의 방송국은 특집 프로그램을 편성해 라파엘의 해병대 경력과 비행기를 납치하게 된 경위를 상세히 방영했다.

대중은 라파엘의 수려한 외모와 대담한 하이재킹 스토리에 열광했다. 실시간으로 생중계되는 라파엘의 하이재킹 소식은 화려하고 선정적이었다. 대중에게 라파엘은 비행기 납치범이 아니라 썩은 권력의 부조리에 저항하는 고독한 영웅이었고 베트남전의 희생자였다.

로마에 도착한 라파엘은 경찰차를 탈취해 인근의 성당으로 차를 몰았다. 성당 안으로 들어간 라파엘은 스스로 각본과 감독, 주연까지 맡은 영화를 끝내야 할 타이밍을 잘 알고 있었다. 라파엘은 자신을 체포하러 온 이탈리아 경찰에게 "형제여, 왜 나를 체포하는가?"라는 마지막 대사와 함께 순순히 두 손을 내밀었다. 당시 유행하던 마카로니 웨스턴의 엔딩신도

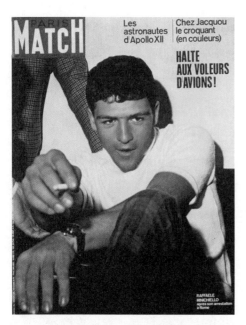

성당에서 체포되어 로마경찰서에 도착한 라파
엘, 이탈리아 경찰은 그를 범죄자로 취급하지 않
았다. 1969년 11월 15일 〈파리마치Paris- Match〉
제1071호

이보다 극적일 수는 없었다. 라파
엘의 체포 장면은 이탈리아인들
의 마음을 완전히 사로잡았다.

이탈리아인들은 라파엘을 응
원하는 수천 통의 편지를 당국과
언론사에 보냈다. 라파엘은 수감
되어 있는 동안 백 명이 넘는 여
성들로부터 공개 청혼을 받았다.
이탈리아인들에게 라파엘은 아
메리칸 드림의 허상을 낱낱이 까
발린 영웅이었고 목숨을 걸고 고
국으로 다시 돌아온 이탈리아의
아들이었다.

라파엘이 기대한 대로 이탈리아 검찰은 라파엘을 비행기 납치가 아닌
불법무기소지죄로만 기소했다. 그러나 막상 법정에서 라파엘에게 7년 6
개월형이 선고되자 이탈리아인들은 일제히 들고일어났다. 전국에서 라
파엘의 구속에 항의하는 시위가 벌어지고 그의 석방을 요구하는 여론이
걷잡을 수 없이 커지자 눈치 빠른 정치인들은 라파엘의 가석방을 주장하
기 시작했다. 결국 이탈리아 정부는 1년 6개월 만에 대통령 사면 형식으
로 라파엘을 석방했다.

풀려난 라파엘은 시민들로부터 대대적인 환영을 받았다. 그는 곧 항공
역사상 최장거리 납치 비행이었던 자신의 하이재킹 스토리를 다룬 영화

에 주인공으로 발탁되었다.

이탈리아 사법 당국의 처리와는 별개로 미 당국은 라파엘을 항공기 납치 혐의로 뉴욕 브루클린 법원에 기소했다. 미 법정은 궐석재판에서 라파엘에게 사형을 선고했지만 이탈리아는 미국이 요청한 범죄인 인도 요청에 끝까지 응하지 않았다.

•

도슨스필드의 스카이잭 선데이

1960년대 중반부터 1970년대까지는 말 그대로 하이재킹의 황금시대였다. 하루가 멀다 하고 발생하는 하이재킹의 배경에는 남미의 공산혁명과 중동의 오랜 민족분쟁이 도사리고 있었다. 조직적으로 테러 훈련을 받은 납치범들이 공중에서 아무런 대비가 없는 비행기를 납치하는 것은 도로를 달리는 자동차를 납치하는 것보다 쉬웠다.

하이재킹의 효과는 컸다. 테러범들은 납치한 승객들을 인질로 동료의 석방이나 막대한 돈을 요구했고, 수백 명의 인질을 희생시킬 수 없었던 당국은 울며 겨자 먹기로 납치범들의 요구를 들어줄 수밖에 없었다. 때로 납치범들이 분쟁 지역의 행정권처럼 도저히 수용할 수 없는 요구를 하거나 협상 타결의 가능성이 없으면 당국은 특수부대를 투입해 무력으로 상황을 종결시키기도 했지만, 이 경우 진압 과정에서 애꿎은 민간인과 군경들의 희생은 피할 수 없었다.

1970년대 전 세계를 떠들썩하게 했던 가장 대표적인 하이재킹은 1970년 9월 6일 팔레스타인해방인민전선(PFLP, Popular Front for the Liberation of Palestine)이 사흘 동안 무려 넉 대의 대형 여객기를 납치했던 '스카이잭 선데이Skyjack Sunday' 사건이다.

PFLP의 테러리스트들은 뉴욕과 런던으로 가던 서방 국적의 여객기들을 연속적으로 납치해 요르단 자르카 근처의 사막 한가운데 있는 도슨스필드Dawson's Field에 강제 착륙시키고 근 한 달간 인질극을 벌였다. 도슨스필드는 요르단의 왕립 공군대가 사용하던 사막 한가운데에 있는 고립된 활주로였다.

PFLP의 첫 번째 타깃은 9월 6일 아침 일찍 프랑크푸르트를 출발해 뉴욕으로 가던 미국의 TWA 741편 B707 항공기였다. 순항 중 두 명의 승객이 갑자기 자리에서 일어나 조종실 쪽으로 뛰어가자 이를 수상히 여긴 승무원은 그 뒤를 따라갔다. 비행 중 여러 명의 승객이 한 곳에 모여 있거나 객실을 뛰어다니는 것은 충분히 의심을 받을 수 있는 행위다. 조종실 앞에 멈춰 선 이들에게 승무원이 즉시 자리로 돌아가라고 하자 이들은 갑자기 권총을 꺼내 승무원의 머리에 대고 물러서라고 말했다. 겁에 질린 승무원이 일등석 뒤로 돌아가고 얼마 지나지 않아 기내에는 조종실을 장악한 테러범의 방송이 흘러나왔다.

"승객 여러분, 저는 여러분의 새로운 기장입니다. 이 비행기는 방금 팔레스타인해방인민전선에 접수되었습니다. 이제부터 여러분을 좋은 친구들이 기다리고 있는 따뜻한 나라로 모시겠습니다."

TWA 741편의 기장은 순순히 테러범들의 요구에 따라 비행기를 도슨스필드에 착륙시켰다. 144명의 승객과 승무원 11명 중 다친 사람은 아무도 없었다.

"Ladies and Gentlemen, this is your NEW captain speaking. This flight has been taken over by the Popular Front for the Liberation of Palestine. We will take you to a friendly country with friendly people."

PFLP 테러범들의 기내 방송 전문. 도슨스필드 선데이의 기내 방송은 모두 여성 테러리스트가 했다. 이 방송 전문이 언론에 소개된 이후 다른 하이재커들도 이 방송을 그대로 따라 했다.

PFLP의 두 번째 타깃은 145명의 승객을 태우고 취리히공항을 이륙해 뉴욕으로 가던 스위스에어 100편 DC-8이었다. PFLP가 테러 대상으로 모두 뉴욕행 비행기를 택한 것은 미국을 위시한 서방 국적을 가진 승객들이 인질로 필요했기 때문이었다.

비행기가 프랑스 상공에 이르자 두 명의 테러범은 리볼버 권총을 꺼내 들고 조종실을 장악한 뒤 기장에게 곧장 요르단의 도슨스필드로 가라고 지시했다. 기장이 순순히 도슨스필드로 기수를 돌리자 여성 테러범은 몇 분 전 TWA 741편에서 나온 것과 똑같은 기내 방송을 했다. TWA 741편에 이어 스위스에어 100편도 무사히 도슨스필드에 착륙했다. PFLP가 확보한 인질은 모두 312명으로 늘어났다.

같은 날 오전 이스라엘 국적기인 엘알 219편도 암스테르담을 이륙해 뉴욕으로 가던 중이었다. 이 B707기에는 모두 148명이 탑승하고 있었는데 이 중에는 PFLP에서 보낸 라일라 칼리드와 그녀의 남편으로 위장한 패트릭 아르겔로도 있었다. 비행기가 이륙하고 30분이 지났을 때 비즈니스석에 앉아 있던 패트릭과 라일라는 자리에서 일어나 양손에 각각 권총과 수류탄을 들고 조종실 쪽으로 걸어갔다. 이를 본 승객들이 비명을 질렀지만 라일라와 패트릭은 전혀 개의치 않았다.

이때 객실 뒷자리에서 조용히 일어나 권총을 꺼내 이들을 조준하는 사람이 있었다. 팔레스타인과 끊임없는 분쟁을 벌이고 있던 이스라엘 여객기에는 이미 에어마샬이 타고 있었다. 에어마샬은 주저 없이 패트릭을 향해 권총을 발사했다. 총소리를 들은 패트릭은 라일라에게 자신이 객실을 맡을 테니 빨리 조종실을 제압하라고 했다. 라일라는 조종실로 달려가 문을 마구 두드렸지만 기장은 문을 열지 않았다. 다급해진 라일라가 문을 열지 않으면 폭탄을 터뜨리겠다고 소리를 질렀지만 조종실 문은 꿈쩍도 하지 않았다. 기장은 조종실 뒤에서 수류탄이 터지면 비행기가 추락할 수도 있다는 것을 알고 있었지만 팔레스타인 테러리스트에게 조종실을 내줄 생각은 추호도 없었다.

라일라가 조종실로 진입하기 위해 안간힘을 쓰는 사이 패트릭은 양손에 권총과 수류탄을 들고 보안승무원과 대치하고 있었다. 기장은 객실에 서 있는 테러범을 넘어뜨리기 위해 조종간을 찍어 눌러 비행기를 급강하시켰다. 중심을 잃은 패트릭이 총을 발사하며 수류탄을 객실 바닥에 던졌지만 웬일인지 수류탄은 터지지 않았다. 그 순간 패트릭 뒤에 있던 승객 한 명이 위스키 병으로 패트릭의 뒤통수를 있는 힘껏 내리쳤고 이 순간을 놓치지 않고 보안승무원은 권총을 발사했다.

패트릭이 제압된 후 조종실 앞에서 승객들과 대치하고 있던 라일라는 수류탄을 양손에 들고 물러서지 않으면 비행기를 날려버리겠다고 위협했다. 그러나 승객들과 에어마샬은 25세의 빼빼 마른 여성 테러범의 협박에 순순히 굴복하지 않았다. 승객들은 큰 소리로 이스라엘 국가를 부르며 라일라에게 한걸음씩 다가갔다. 막다른 골목이었다. 라일라가 이빨로 양손에 들고 있던 수류탄의 핀을 뽑아 객실 바닥에 내뱉는 순간 보안승무원은 라일라를 쏘았고 쓰러진 라일라는 달려든 승객들에게 제압당했다.

테러범들이 제압되었다는 보고를 받은 기장은 관제소에 런던 히스로 공항에 비상착륙하겠다고 통보했다. 비행기가 히스로공항에 착륙하자마자 패트릭과 라일라는 대기하고 있던 구급차에 실려 병원으로 이송되었다. 패트릭은 구급차 안에서 과다 출혈로 사망했고 라일라는 힐링던병원에 이송되어 응급 수술을 받았다.

당초 PFLP는 엘알 219편에 라일라와 함께 3명의 '해방전사'를 탑승시킬 계획이었다. 그러나 엘알항공의 까다로운 탑승자 검색 과정에서 의심

이스라엘 서안 지구 장벽에 그려져 있는 라일라 칼리드. 17세에 팔레스타인 '해방전사'가 된 라일라는 1969년 8월 이스라엘 대사가 탑승할 예정이던 TWA 840편 납치를 지휘해 최초의 여성 하이재커가 되었다.

을 산 두 명의 테러범이 탑승을 거부당하자, PFLP 지도부는 이들에게 곧장 뉴욕으로 가는 팬암 93편을 납치해 비행기를 레바논 베이루트로 끌고 오라고 지시했다. 엘알 219편에 타지 못한 두 명의 테러범들은 곧바로 팬암 93편 탑승권을 구입해 무사히(?) 비행기에 탑승했다.

비행기가 벨기에 상공에 이르자 테러범들은 수류탄과 권총을 뽑아 들고 조종실을 장악한 뒤 기장에게 곧장 베이루트로 가라고 지시했다. 기장은 테러범들의 요구대로 순순히 베이루트공항으로 회항했다. 비행기가 베이루트에 도착하자 이들을 기다리고 있던 또 다른 테러범들이 커다란 가방을 들고 비행기에 올라왔다. 비행기에 연료를 가득 채운 이들은 기장에게 곧바로 이륙해 카이로로 가라고 지시했다.

비행기가 카이로로 접근하는 동안 베이루트에서 합류한 테러범들은 가방 속에 들어 있던 플라스틱 폭탄을 비행기 앞뒤에 설치했다. 승객들이 불안에 떨자 객실승무원 존은 테러범들에게 음료를 권하면서 카이로에 내린 후 승객들은 어떻게 되느냐고 물었다. 테러범은 흘낏 시계를 보더니 앞으로 8분 후 비행기가 폭발할 것이기 때문에 카이로에서 내리는 사람은 없을 것이라고 대답했다.

존은 당황하지 않고 일일이 승객들에게 비행기가 활주로에 정지하자마자 최대한 빨리 비상탈출을 해야 한다고 설명했다. 테러범들은 존이 승객들에게 비상탈출 방법을 설명하며 객실을 돌아다니는 것을 제지하지 않았다.

비행기가 활주로에 정지하자마자 존은 비상 슬라이드를 팽창시키고 승객들의 탈출을 지휘했다. 납치범들도 존의 지휘에 따라 비행기에서 탈출했다. 마지막 승객이 탈출하는 것을 확인한 존이 비상 슬라이드로 몸을 던지고 정확히 3초 후 비행기는 폭발했다. 모든 승객이 탈출하는 데 소요된 시간은 1분 30초가 채 되지 않았다. 존의 활약 덕분에 테러범들을 포함한 153명의 탑승자들은 모두 무사했다. 납치범들은 그 자리에서 대기하고 있던 이집트 특공대에 체포되었다.

납치 다음 날인 9월 7일, 테러범들은 두 대의 피랍기가 나란히 주기되어 있는 도슨스필드에서 전 세계 언론인들을 모아놓고 기자회견을 열었다. 도슨스필드는 이때부터 '혁명 공항'으로 불리기 시작했다. 테러범들의 기자회견이 끝나자 PFLP는 석방을 요구하는 유럽과 이스라엘 감옥의 팔레스타인인과 아랍인 포로의 명단을 공식 발표했다. 회견이 끝난 후 남아 있던 일부 기자들이 테러범들에게 협상의 '진짜 목표'를 묻자 테러범들은 이스라엘에 수감되어 있는 모든 팔레스타인인을 석방시키는 것이라고 대답했다. 당시 이스라엘에는 약 3천 명의 팔레스타인인과 아랍인들이 수감되어 있었다.

PFLP가 미국인들을 인질로 삼은 데 격분한 리처드 닉슨 미국 대통령은 미군을 동원해 직접적인 군사 대응을 하려고 했다. 테러범들이 기자들에게 '팬암기 납치는 그동안 이스라엘을 지원해 온 미국에 주는 교훈'이라며 공개적으로 미국을 조롱하자 닉슨은 곧바로 멜빈 레이어 국방장관을 불러 공습을 지시했다. 확전을 우려한 레이어는 중동 지역의 모래 폭풍 때문에 당장은 공습을 하기 어렵다며 시간을 끌었다. 닉슨은 즉시 제82공수사단과 제6함대를 터키로 파견했다.

하이재킹 3일째인 9월 9일, 영국 정부는 테러범들에게 잡혀 있는 인질들 중 영국인이 없다는 사실을 확인했다. 문제는 엘알 219편이 런던의 히스로로 회항하는 바람에 라일라의 신병을 영국 정부가 확보하고 있는 것

PFLP가 기자회견을 열었던 도슨스필드 현장. 피랍기들이 나란히 서 있다.

이었다.

PFLP는 바레인발 런던행 영국항공(BOAC) 775편에 또다시 그들의 혁명전사들을 보냈다. PFLP의 BOAC 775편 하이재킹은 전적으로 영국인 인질을 확보해 라일라를 구출해 내기 위한 것이었다. 테러범들은 이전과 똑같은 방법으로 BOAC 775편에 탑승해 똑같은 방법으로 조종실을 장악했다. 사흘 동안 넉 대의 대형 여객기가 같은 단체에 의해 같은 방법으로 납치를 당할 정도로 당시의 항공 당국은 하이재킹에 대해 아무런 대책이 없었다. 117명의 승객과 승무원을 태운 BOAC 775편의 기장은 납치범들의 요구대로 도슨스필드에 착륙해 이미 피랍되어 있던 두 대의 여객기와 합류했다.

유엔은 안전보장이사회를 소집해 억류된 모든 승객의 즉각 석방을 요구하는 결의문을 채택했다. 그러나 이미 400여 명의 서방국 인질을 확보한 PFLP는 이스라엘에 수감되어 있는 팔레스타인인들과 혁명전사들을 석방하지 않으면 인질들의 안전을 보장할 수 없다며 피랍국 정부를 위협했다.

PFLP 지도부와 피랍 당국들이 협상을 벌이는 동안 테러범들은 인질들을 정중하게 대했다. 협상은 거의 한 달을 끌었지만 납치범들이 항상 미소로 인질들을 대했기 때문에 승객들은 신변의 위협을 거의 느끼지 않았다. 승객들은 때때로 자신이 인질로 잡혀 있다는 사실조차 잊어버리고 납치범들과 함께 식사를 하거나 급변하는 사막의 기후에 대해 이야기를 나누었다. 일주일이 지나자 피랍 승객들 중 일부가 테러범들과 납치 동기를 주제로 대화를 나눌 정도로 억류 현장의 분위기는 묘하게 돌아갔다. 이들은 협상이 잘 진전되지 않아 최악의 상황에 이르면 테러리스트들이 자신들과 함께 자폭할 수도 있다는 것은 상상조차 하지 못했다.

협상장 뒤에서 피랍 당국들이 진압 작전을 준비하고 있는 것을 감지한 PFLP는 인질들을 요르단의 암만으로 이동시켰다. 그리고 전 세계 언론이 지켜보는 가운데 9월 12일 도슨스필드에 서 있는 세 대의 비행기를 폭파해 버렸다. TV로 방영된 비행기들의 폭파 장면은 할리우드 액션 영화를 방불케 했다. 설마설마하던 각국 정부의 관리들은 TV로 비행기들이 폭파되는 장면을 보면서 테러리스트들이 정말로 인질들과 함께 자폭할 수도 있다는 것을 믿게 되었다.

PFLP는 영국 정부에 65명의 영국인 인질을 석방하는 대가로 라일라와 다른 6명의 테러리스트들의 석방을 요구했다. 고심 끝에 에드워드 히스 영국 총리는 결국 라일라를 석방할 수밖에 없다는 데 동의했다. 영국 정부는 9월 13일 오후 7시 BBC 월드를 통해 아랍어로 인질들과 라일라를 교환하겠다는 발표를 내보냈다.

1970년 9월 12일 PFLP에 의해 폭파되는 피랍기들

라일라를 석방한다는 영국의 결정에 미국은 강하게 반대 의사를 표명했다. 백악관의 조셉 시스코 보좌관은 영국 외무장관에게 전화를 걸어 미국이 테러범들의 석방에 반대한다는 의사를 밝혔지만 영국은 "이스라엘처럼 피 묻은 손을 들어 올리지는 않겠다"는 답변으로 라일라의 석방 결정을 고수했다.

2주 후 영국인 인질들은 라일라를 포함한 6명의 다른 테러리스트들과 맞교환되었다. 납치범들의 요구 사항을 수용하는 쪽으로 협상이 진행되면서 하이재킹 한 달 만에 나머지 인질들도 순차적으로 모두 풀려났다.

9월 28일 이탈리아를 방문한 닉슨은 바티칸에서 풀려난 인질들을 만나 이렇게 말했다.

"이번 테러로 국제사회는 크게 분노하고 있습니다. 이번에 목적을 달성했다고 생각한 테러리스트들은 앞으로도 계속 비행기 납치를 시도할 것입니다. 이제 우리는 몰래 무기를 소지하고 비행기에 탑승하는 테러범들을 사전에 걸러낼 수 있는 방안을 개발할 것입니다."

미국은 즉시 스카이마샬 제도를 도입했다. 1차로 100명의 FBI 요원이 스카이마샬로 선발되어 사복을 입고 주요 노선에 탑승했다. 닉슨은 행정부에 하이재킹을 근절할 수 있는 범정부적 대책을 수립할 것을 지시했다.

1970년 9월 26일 아내 조안과 함께 도슨스필드에 억류되었다가 풀려나 인터뷰를 하는 BOAC 775편의 시릴 골본 기장

•

무기가 없는 하이재커는
비행기를 장악할 수 없다

비행 중 테러범이 벌떡 일어나 "이제 이 비행기는 납치되었다"고 하이재
킹을 선언한다고 해서 그의 말에 순순히 따를 승무원은 없다. 모든 승무
원과 승객을 단번에 제압할 수 있는 무기가 없으면 납치범은 비행기를 장
악할 수 없다. 이는 무기가 기내로 반입되는 것만 막으면 모든 하이재킹
을 방지할 수 있다는 뜻이다. 항공 당국과 항공사 모두 이 간단한 명제를
분명히 이해하고 있었다. 문제는 돈이었다.

모든 탑승객의 신원과 소지품을 일일이 검사하는 일은 수백만 달러의
비용이 소요되는 일이었기 때문에 항공 당국은 쉽게 전수보안검사의 시
행을 결심하지 못했다. 항공사들은 당국이 전수보안검사를 시행하면 승

1960년대 하이재킹을 풍자한 당시의 신문 만평, 1968년 12월 30일 〈데일리 익스프레스*Daily Express*〉

객들이 까다로운 보안검색을 불쾌하게 여겨 비행기 대신 열차나 자동차를 이용할까 봐 우려했다. 1970년대에만 자그마치 50건이 넘는 하이재킹이 발생했지만 항공사들의 고민은 어떻게 하면 전수보안검사의 시행을 미룰 수 있을지에만 쏠려 있었다. 항공사들은 정부가 전수보안검사를 법제화하지 못하도록 끊임없이 로비를 했다.

정치인들과 항공 당국은 전수보안검사라는 확실한 대책을 애써 외면하고 여러 가지 대안들을 발표했다. 이 중에는 쿠바와 인접한 플로리다에 가짜 하바나공항을 건설하는 방안도 포함되어 있었다. 비행기가 납치범의 요구대로 쿠바로 가는 척하다가 플로리다에 지어진 가짜 하바나공항에 내리면 쿠바 관리로 위장한 특수부대원들이 비행기에 올라와 납치범을 체포한다는 이 아이디어는 매우 그럴듯했다.

그러나 가짜 하바나공항을 새로 건설하는 데에는 막대한 예산이 필요했다. 비행기가 쿠바로 납치될 때마다 똑같은 대안들이 계속해서 제시되었지만 예산 문제를 해결하지 못한 가짜 하바나공항은 끝내 지어지지 않았다. 아이러니하게도 이 기발한 아이디어는 라파엘이 TWA를 몰고 이탈리아로 건너간 이듬해 우리나라의 김포공항에서 실행되었다.

비행기 테러가 빈발할수록 하이재킹의 양상은 점점 거칠어져 갔다. 하이재킹이 정치적 목적에서 점점 돈을 노린 단순 납치로 변질되면서 수준 낮은 잡범들이 너도나도 하이재킹을 시도했고, 시민들도 하이재킹을 현실적 위협으로 여기기 시작했다.

당국이 전수보안검사의 결심을 미루는 사이 항공 여행 시장의 위축을 우려한 비행기 제작사는 기내에서 승무원이 하이재킹을 제압할 수 있는

44

미국 특허청에 등록되었던 인젝션 시트 설계도면

장치들을 고안해 냈다. 그중 하나는 객실 좌석에 독약이 든 주사 장치를 삽입한 인젝션 시트를 장착하는 것이었다.

인젝션 시트는 비행기를 제작할 때부터 객실 좌석 밑에 미리 약물 주사기를 설치해 놓고 테러범이 앉으면 승무원이 음료나 음식을 서비스하는 척하면서 인젝션 장치를 작동시켜 테러범을 제압할 수 있는 장치였다. 인젝션 시트 하부의 앰플에는 좌석에 앉은 사람의 허벅지 피하로 주입할 수 있는 극약이 들어 있었다.

인젝션 시트의 설계가 특허를 받았다는 사실이 발표되자 시민들은 경악했다. 승무원이 실수로 무고한 승객에게 인젝션 장치를 작동시키면 어떡하느냐, 납치범이 객실 좌석에 앉지 않으면 어떻게 할 거냐는 등 시민들의 분노가 폭발하자 당국은 인젝션 시트는 하나의 아이디어일 뿐이며, 여객기에 인젝션 시트가 장착되는 일은 결코 없을 거라고 서둘러 진화했다.

인젝션 시트 장착 계획이 수포로 돌아가자 제작사는 다시 납치범을 화물칸으로 추락시켜 격리할 수 있는 부비트랩 플로어를 고안해 냈다. 객실 아래 화물칸에 감금실을 만들어 놓고, 테러범이 조종실 문 앞에 서 있을 때 기장이 버튼을 누르면 바닥이 꺼져 테러범을 감금실로 추락시킬 수 있는 장치였다. 그러나 부비트랩 플로어 역시 승객들을 잠재적 납치범으로 취급한다는 비판과 시스템 오작동에 대한 우려로 실제로 장착되지는 못했다.

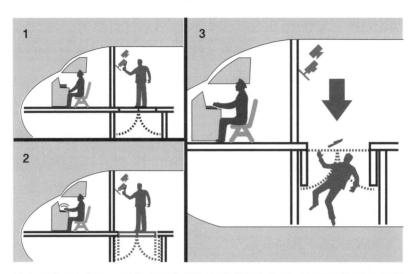

부비트랩 플로어 개요도. 기장이 버튼을 누르면 조종실 문 앞에 서 있는 납치범이 화물칸의 격리실로 추락하도록 설계되었다.

막대한 예산 없이 효과적으로 하이재킹을 막을 수 있는 방안을 고민하던 미연방항공국(FAA)은 항공사의 발권 데스크 직원을 훈련시켜 의심스러운 승객을 걸러내는 방안을 도입했다. 탑승권을 구입하거나 체크인을할 때 직원의 시선을 회피하거나 우물쭈물하는 등 의심스러운 태도를 보이는 승객을 발권 직원이 골라내면 보안 요원이 따로 데려가 조사하는 방안이었다. 이 아이디어는 비용이 거의 들지 않으면서도 상당한 효과가 있었다. 직원의 갑작스러운 질문에 엉뚱한 목적지를 대거나 체류 일정을 제대로 대답하지 못해 조사를 받은 승객 중 실제 테러범이 있었던 것이다.

1970년대에 고안된 이 방안은 발전을 거듭하여 지금까지도 전 세계 공항에서 테러 용의자나 잠재적 불법 체류자를 스크리닝하는 데 활용되고 있다. 해외여행 중 체크인 수속을 할 때 항공사 직원이 여행 일정이나 동행자에 대해 자연스럽게 대화를 시도하는 것은 모두 보안검색을 하고 있는 것이다. 일반인들은 물론 국제선 경험이 많지 않은 조종사들도 그들의 이런 대화를 일상적인 서양 문화로 받아들이는 경우가 많지만, 공항 당국과 항공사 직원들이 먼저 말을 건네는 것은 거의 보안업무의 일환이다. 특히 호주나 영국처럼 끔찍한 공항 테러를 경험한 국가에서는 공항 보안 요원들이 출국하는 조종사들을 상대로도 이런 대화식 보안검색을 한다.

"안녕하세요. 오늘은 어디로 가십니까?"

"네, 서울로 들어갑니다."

"저도 얼마 전 서울에 다녀왔습니다. 서울은 지금 태풍이 오고 있죠?"

"아닙니다. 서울은 맑은 날씨예요."

"그렇군요, 오늘은 비행시간이 얼마나 됩니까?"

"10시간 45분입니다. 오늘은 정풍이 덜 불어 시간이 적게 나온 편입니다."

"알겠습니다. 안전 운항하세요."

평범해 보이는 이 질문들은 모두 준비되고 의도된 것들이다. 이들은 한반도 주변에 발달한 태풍이 없다는 것을 알고 있으면서도 의도적으로 태풍이 오고 있는 것처럼 물어봄으로써 틀린 답변을 유도한다. 제복을 입고 신분증을 달고 있는 조종사라도 이들의 질문에 "네, 태풍이 올라오고 있어요" 하고 맞장구를 칠 경우, 그 조종사는 별도의 조사실에 들어가 조사를 받게 된다. 목적지의 날씨도 모르고 비행을 시작하는 조종사는 없기 때문이다.

유럽이나 미주에서 보안검색을 하는 지상 직원들은 승객들에게도 비슷한 대화를 시도한다. 공항 직원들로부터 친근한 인사 뒤에 동행자나 체

"HI, JACK", 하이재킹

류 일정, 호텔 등에 대해 가벼운 질문을 받았다면 자신도 모르는 사이에 의심스러운 승객을 걸러내는 보안검색을 받은 것이다.

•

평양으로 피랍된 국적기

우리나라는 하이재킹에 대한 경각심이 그다지 높지 않지만 남북의 체제 대립이 극에 달했던 1960~70년대에는 우리나라에서도 하이재킹이 연달아 발생했다.

우리나라 최초의 하이재킹은 1969년 12월 11일 낮 12시 25분, 강릉을 떠나 서울로 향하던 대한항공 YS-11기가 이륙 11분 만에 피랍되어 원산 인근의 선덕비행장에 강제 착륙했던 사건이다. 이 비행기에는 승객으로 위장한 북한 공작원이 타고 있었다.

여객기가 북으로 납치되었다는 소식에 당국은 물론 온 나라가 발칵 뒤집혔다. 전국에서 KAL기 납북을 규탄하는 시위가 벌어졌고 정부와 대한 적십자사는 즉각 북한 당국에 피랍된 승객과 승무원의 송환을 강력히 요구했다.

사건 초기 북한은 아예 하이재킹 사실조차 인정하지 않았다. 그러나 우리나라 당국이 유엔을 통해 사건을 국제적인 민간인 납치 문제로 이슈화하자 북한은 사건 발생 2개월 만인 1970년 2월 14일 판문점을 통해 39명의 승객을 남측으로 송환했다. 4명의 승무원과 8명의 승객은 추가 조사가 필요하다는 이유를 들어 송환을 거부했다. 이들은 피랍 50년이 지난 지금까지도 가족들의 품으로 돌아오지 못하고 있다.

비행기가 피랍된 직후 모든 탑승자의 신원과 국내 행적을 샅샅이 조사한 당국은 승객으로 탑승했던 채헌덕을 범인으로 지목했다. 강릉에서 병원을 운영하고 있던 채헌덕이 비행 중 승객 조창희와 부기장 최석만을 현혹해 비행기를 몰고 북으로 넘어갔다는 것이다. 그러나 이 조사 내용은 급히 수사 결과를 만들어 내기 위해 조작한 엉터리 발표였다. 병원을 운영하던 건실한 민간인이 비행 중 동승한 승객을 꼬드겨 뜬금없이 비행기 납치를 기도했다는 것도 터무니없는 이야기지만, 비행 중인 조종사가 북으로 가자는 승객의 꼬임에 현혹되어 갑자기 기수를 북으로 돌렸다는 설정도 도무지 말이 안 되는 소리였다. 이런 당국의 발표 내용은 아무런 증거도 없었을 뿐만 아니라 스토리 자체가 너무 엉성해 조금만 논리적인 비판 능력을 가진 사람이라면 발표 내용이 조작된 것임을 단번에 알아챌 수 있었다.

당국의 조사 발표가 나오자마자 조중훈 당시 대한항공 사장은 별도의 기자회견을 자청해 정부의 수사 결과를 절대 받아들일 수 없다고 강변했다. 그는 대한항공에서 엄격한 신원 조회와 선발 과정을 거쳐 입사한 조종사 최석만은 절대로 간첩이 아니며, 당국의 조사 발표는 아무런 근거도 없는 단순 추정을 사실처럼 꾸며 발표한 것이라고 직격탄을 날렸다. 국가가 기업의 사활을 손아귀에 틀어쥐고 있던 군사정권 시절에 항공사 사장이 정부 당국의 조사 발표를 정면으로 반박한 것이다. 조중훈 사장은 대한항공 조종사가 간첩이라는 정부의 억지 주장을 인정하는 순간 대한항공은 더 이상 존속할 수 없다는 것을 잘 알고 있었다.

3개월 후 탑승자들이 송환되면서 정부의 발표가 거짓이었다는 사실이 낱낱이 드러났다. 송환된 승객들을 조사한 당국은 1970년 2월 15일 대한항공 YS-11기 피랍 사건에 대한 2차 조사 결과를 다시 발표했다. 발표 내용은 1차 수사 발표와는 전혀 딴판이었다. 남한에서 한창기라는 가명으로 활동하던 북한 공작원 조창희가 승객으로 가장해 비행기 앞쪽 좌석에 앉아 있다가 강릉 상공에서 권총을 꺼내 들고 조종실로 들어가 비행기를 납치한 사실이 밝혀진 것이다. 최초 발표에서 범인으로 지목되었던 강릉 병원의 채헌덕이나 대한항공 부기장 최석만에 대한 내용은 2차 발표에서 아예 언급조차 되지 않았다. 하마터면 평생을 '빨갱이'의 가족으로 몰려 숨죽이고 살아야 할 뻔했던 채헌덕과 최석만의 가족들은 그제서야 안도의 한숨을 내쉬었다. 당국의 1차 조사가 발표된 후 몇 달간 채헌덕과 최석만의 가족들은 간첩이란 누명을 쓰고 숨도 제대로 쉬지 못하고 있었다.

이 사건을 계기로 우리나라는 국내 모든 여객기에 무장 보안승무원을 탑승시키는 조치를 전격 단행했다. 피랍 사건의 당사자인 대한항공은 정부의 조치와는 별도로 전국 지점에 자체적으로 금속탐지기를 설치하고 전사적으로 항공 보안 절차를 강화했다.

●

여기는 평양관제소, 접근을 유도한다

YS-11기의 피랍 사건이 채 마무리되기도 전에 서울에서는 또 다른 하이재킹 사건이 발생했다. 1969년 일본의 극좌파는 일본 내에서의 공산혁명을 목표로 '적군파'라는 단체를 조직했는데 이들이 일본항공 여객기를 납치해 북으로 넘어가려다 우리 관제사의 기지로 김포공항에 착륙한 것이다.

19세기 초반 중국은 영국을 상대로 큰 무역 흑자를 내고 있었다. 중국의 대영국 최대 수출품은 차(茶)였는데 이에 비해 값싼 모직물과 면화를 수출하던 영국은 중국에 차 수입을 결제할 은(銀)이 부족했다. 무역 적자

해소책을 고심하던 영국은 중국에 아편을 수출하기 시작했다.

영국의 의도대로 아편은 육체노동이 유일한 호구지책이었던 중국의 하층민들을 중심으로 삽시간에 퍼졌다. '동아병부(東亞病夫, 동방의 병든 남자)'라는 신조어가 생겨날 정도로 중국 사회가 뿌리째 흔들리기 시작하자 중국 정부는 강력한 아편 단속 정책을 펴고 마약상들을 모조리 잡아들였다. 이에 반발한 영국은 1840년 중국이 무역항을 확대하지 않는다는 구실로 아편 전쟁을 일으켰다. 1842년, 전쟁은 영국의 승리로 끝났다.

이때까지 중국을 세계의 중심으로 알고 있던 일본은 중국이 영국에 패배하는 것을 보고 엄청난 충격을 받았다. 일본은 19세기 세계 질서의 중심이 중국이 아니라 서구라는 사실을 깨달았다.

1868년 막부 정권을 무너뜨리고 일본을 통합한 메이지 정부는 적극적으로 서구 문물을 흡수하기 시작했다. 메이지 정부는 영국에 대규모 유학생을 보내는 한편 태정관, 원로원 등의 번역 기구를 설립해 이때까지 출판된 서구의 거의 모든 서적을 일본어로 번역했다. 이 중에는 루소, 밀, 홉스, 마르크스와 베버 등 근대 사회의 구조적 문제를 비판하며 새로운 사회체제의 모델을 제시한 다양한 사회과학 서적들도 포함되어 있었다. 이런 사회과학 서적들은 일본의 젊은 지식인들을 크게 자극했고 이들 중 일부는 자생적 공산주의자가 되어 일본의 공산혁명을 목표로 하는 혁명단체들을 조직했다. 당시 일본에서는 제4인터내셔널, ML파, 연합적군, 해방파, 통일공산동맹, 동아시아반일무장전선 등 수를 헤아릴 수 없이 많은 공산혁명 조직들이 결성되었는데 그중에서도 일본적군파(日本赤軍, 니혼세키군)는 가장 과격하고 급진적인 단체였다. 일본적군파의 지도부는 PFLP와 연결되어 있었다.

적군파의 테러가 큰 사회문제로 대두되자 일본 정부는 적군파 수뇌부에 대한 대대적인 체포 작전을 펼쳤다. 당국의 포위망이 좁혀오자 적군파는 비행기를 납치해 북한으로 가서 혁명 훈련을 받은 뒤 다시 돌아와 일본의 공산혁명을 완수한다는 황당한 전략을 세웠다. 이들의 하이재킹 계획은 PFLP의 투쟁 전술에서 영향을 받은 것이었다.

때마침 적군파 의장 시오미가 적군파와 관련된 메모가 적힌 수첩을 소지한 채 경찰의 불심검문을 받고 체포되었다. 시오미는 체포될 경우를 대비해 하이재킹과 관련된 계획을 모두 암호로 적어두었는데 그를 조사한 일본 당국은 수첩에 쓰여 있는 'H.J'가 무슨 뜻인지 끝내 알아내지 못했다. H.J는 하이재킹의 약어였다.

시오미가 체포되자 자칫 조직이 와해될 수도 있다고 판단한 적군파 지도부는 서둘러 하이재킹 계획을 실행하기로 하고 1970년 3월 31일을 거사 일로 잡았다.

적군파는 20대의 건장한 요원 9명을 선발해 하이재킹 계획을 꼼꼼히 교육한 뒤 도쿄에서 후쿠오카로 가는 일본항공(JAL) 351편에 탑승시켰다. 당시 일본항공은 비행기마다 일본의 강 이름을 닉네임으로 붙여놓았는데 JAL 351편을 운항하는 B727기는 오사카를 흐르는 요도강을 따 요도호라는 애칭으로 불리고 있었다.

선발된 적군파 요원들은 각각 가방과 품속에 일본도와 총, 폭탄을 숨기고 요도호에 탑승했다. 20대 청년 9명이 무기가 들어 있는 커다란 가방을 하나씩 들고 비행기에 탑승했지만 신원 조회나 소지품 검색을 받은 사람은 아무도 없었다.

요도호가 후지산 상공에 이르자 납치범들은 미리 계획한 대로 일제히 일본도와 권총, 다이너마이트를 꺼내 들고 일어나 "지금부터 비행기와 모든 탑승자는 적군파가 접수한다"라고 선언했다. 납치범들은 너무나 긴장한 탓에 다들 얼굴이 벌겋게 상기되어 있었는데, 이들의 기세가 너무도 살벌했기 때문에 승객과 승무원 중 누구도 감히 저항할 엄두를 내지 못했다.

승객들을 좌석에 결박한 납치범들은 조종실로 들어가 기장의 머리에 권총을 들이대고 곧장 평양으로 가라고 지시했다. 기장은 납치범들을 안심시키기 위해 차분한 목소리로 말했다.

"알겠습니다. 그런데 이 비행기는 국내선 전용기라 평양까지 갈 수 있을 만큼의 연료가 실려 있지 않습니다. 후쿠오카에 잠시 내려 연료를 보급하면 바로 다시 이륙해서 평양까지 갈 수 있습니다."

단거리 노선의 경우 연료 보급에 소요되는 시간을 줄이기 위해 출발 공항에서 미리 왕복 비행에 소요되는 연료를 싣는다. 요도호 역시 도쿄를 출발하기 전 후쿠오카 왕복 비행에 필요한 연료를 탑재했기 때문에 곧장 평양까지 가는 데 아무런 문제가 없었지만, 요도호에 남아 있는 연료량과 체공시간에 대한 개념이 없는 납치범들은 기장의 말을 그대로 믿을 수밖에 없었다.

요도호가 후쿠오카에 착륙하자 일본 당국은 활주로에 자위대 비행기를 세워놓고 기장에게 고장 난 비행기가 활주로에 서 있어서 당분간 이륙을 할 수 없다고 통보했다. 일본 정부는 활주로에 서 있는 자위대 비행기를 끌어내는 시늉을 하며 어떻게든 시간을 벌어 납치범들을 체포할 계획이었다. 그러나 기장으로부터 활주로가 폐쇄되었다는 말을 들은 테러범들은 당국의 체포 작전이 시작된 것으로 생각하고 흥분하기 시작했다.

납치범들은 승객들을 객실 복도에 끌어내 일본도를 목에 들이대며 즉시 이륙하지 않으면 승객들을 처형하겠다고 위협했다. 기장은 다급하게 관제소를 호출해 즉시 이륙을 허가하지 않으면 승객들이 곧 처형될 것이라고 통보했다. 당황한 일본 당국은 즉시 이륙을 허용할 테니 환자와 여성 승객들만이라도 풀어줄 수 있는지 납치범들에게 타진해 줄 것을 요청했다. 납치범들은 당국의 제안을 받아들이는 대신 또다시 자신들을 속이려고 들 경우엔 경고 없이 승객들을 처형하겠다고 협박했다.

요도호는 연료를 가득 채우자마자 후쿠오카공항을 이륙했다.

우리나라와 일본에서 평양으로 이어지는 항로는 개설되어 있지 않다. 후쿠오카를 이륙한 요도호의 기장이 일단 대한민국의 동해안 항로로 북상하겠다고 하자 납치범들은 기장에게 한반도가 그려져 있는 중학교 지리부도를 건네주며 지도를 보고 평양으로 가라고 지시했다. 기장은 순순히 한반도의 동해안을 따라 북상했다.

오후 2시 요도호는 강릉 상공을 지나 북위 38도선을 넘었다. 기장은 북한 영공으로 진입하면 곧바로 북한의 관제유도가 있거나 요격기가 나타날 것으로 생각했지만 북측에서는 아무런 대응이 없었다. 부기장이 비상주파수121.5로 "여기는 JAL 351, 평양관제소 응답하라"라고 수차례 무선 호출을 했지만 평양관제소에서는 대답이 없었다. 초조해진 부기장이 다시 몇 차례 평양관제소를 호출하자 드디어 "여기는 평양관제소, 접근관제를 실시한다"라는 응답과 함께 관제유도가 시작되었다. 그러나 사실 이 응답은 평양관제소에서 한 것이 아니었다.

요도호가 후쿠오카를 이륙한 직후부터 줄곧 요도호의 무선 교신을 감청하고 있던 우리나라 당국은 북한 영공으로 진입한 요도호의 호출에 평양관제소가 응답을 하지 않자 기발한 아이디어를 생각해 냈다. 김포관제소로 하여금 평양관제소로 위장해 요도호의 호출에 응답을 하게 한 것이다.

요도호는 김포관제소의 유도에 따라 다시 38선을 넘어 서해안 상공으로 남하했다. 요도호가 대한민국 영공으로 들어왔지만 항공 지식이 없는 납치범들은 요도호의 현재 위치나 관제유도의 진위를 전혀 파악할 수가 없었다. 요도호의 비행경로를 감시하던 우리나라는 요도호가 김포공항으로 접근을 시작하자 쾌재를 불렀다.

오후 3시 15분경 요도호는 김포공항에 착륙했다. 어느새 김포공항에는 '적군파 평양 도착 환영'이라는 대형 현수막이 걸려 있었다. 적군파 테러범들은 비행기가 착륙하는 순간 드디어 북한에 도착했다고 생각하고 감격의 환호를 올렸다. 그런데 테러범 중 하나가 공항에 서 있는 노스웨스트 비행기를 발견하고 뭔가 이상하다는 생각을 하기 시작했다. 우리 당국이 미처 미국의 노스웨스트 비행기까지는 위장을 하지 못했던 것이다.

잠시 후 비행기에 트랩이 연결되고 인민군 복장을 한 군인 3명이 기내로 올라왔다. 인민군들은 "공화국에 온 것을 환영한다"며 일일이 납치범들을 포옹했다. 의심을 풀지 못한 납치범들이 평양공항에 왜 미국 비행기가 서 있느냐고 묻자 인민군 복장을 한 군인은 "우리 공화국에는 전 세계 비행기들이 드나든다"고 대답했다.

납치범들은 김일성의 초상화와 북한 국기를 가져와 보라고 요구했다. 군인들이 알았다며 인공기를 가지러 간 사이에 한 납치범이 비행기에 남아 있는 군인에게 영어로 이곳이 서울이냐고 물었다. 갑자기 영어로 질문을 받고 당황한 군인이 엉겁결에 "Yes"라고 대답하자 납치범들은 그제서야 자신들이 속았다는 것을 깨달았다. 납치범들은 곧바로 비행기 문을 모두 닫아버렸다. 미국 정부가 플로리다에 계획했던 위장 공항 전략은 김포공항에서 이렇게 끝나고 말았다.

납치범들은 승객들을 인질로 잡고 기내에서 완강히 버텼다. 요도호는 이미 주기장에 정지해 엔진을 끈 상태였고 재시동을 하기 위해선 지상에서 보조동력 장비를 지원해 주어야만 했다. 후쿠오카에 이어 당국과 두 번째 벌이는 강경 대치에 피로해진 납치범들은 음식과 마실 것을 가져오라고 요구했다. 당국은 납치범들의 긴장을 해소시키기 위해 최고급 기내식과 음료수를 넉넉하게 제공했고 납치범들은 교대로 휴식을 취하며 당국과 협상을 시작했다. 이들의 요구는 자신들의 안전한 북송을 보장하라는 것이었다.

석 달 전 대한항공 YS-11기가 평양으로 피랍되었다가 간신히 승객 39명만 돌아온 상황에서 우리 정부가 다시 요도호의 북송을 승인할 수는 없었다. 정부는 요도호 테러범들의 북송 요구를 거절했다. 요도호에 탑승하고 있는 미국인 승객들의 신변 안전을 우려한 미국 정부 역시 요도호의 북송에 반대했다.

고심 끝에 우리 정부는 특수부대를 투입해 무력으로 상황을 종결시키기로 결정했다. 그러나 진압 과정에서 승객들의 안전이 위협받을 것을 우려한 일본 정부는 우리나라 정부의 무력진압 결정에 강력히 반대했다. 일본은 외교라인을 총동원해 요도호 사건에 대한 국제적 여론을 조성하는 한편, 소련을 통해 요도호가 북한으로 넘어갈 경우 승객의 안전을 보장해 줄 수 있는지 북측의 의사를 타진했다. 북한은 "인도주의에 의거해 요도호가 조선민주주의인민공화국에 도착할 경우 승무원 및 승객은 즉시 돌려보내겠다"고 발표했다.

북측의 발표 내용을 보장받을 수단이 없다고 판단한 우리 정부와 미국은 승객의 전원 석방 없이 요도호를 북한으로 보내는 데 반대했다. 우리 정부의 강경한 반대에 부딪힌 일본은 야마무라 운수차관을 서울로 보내 직접 납치범들과의 협상에 나서게 했다. 납치범들의 목적이 북한에 무사히 들어가는 것임을 확인한 야마무라 차관은 납치범들에게 김포공항에서 승객들을 모두 풀어주면 자신이 인질이 되어 북한까지 동행하겠다고 제안했다. 야마무라의 태도에서 자신들을 체포하려는 계략이 아니라는 것을 믿게 된 납치범들은 그의 제안에 동의했다.

공은 다시 우리나라로 넘어왔다. 일본 정부는 우리 당국에 납치범들이 승객과 승무원들을 모두 김포공항에 풀어주면 요도호를 북으로 보내줄 것을 요청했다. 당국은 납치범들이 약속대로 승객들을 모두 석방할지 확신할 수 없었지만, 만약 납치범들이 일본의 제안대로 모든 승객을 풀어준다면 더 이상 요도호를 서울에 잡아둘 명분은 없었다. 우리 정부는 일본

김포공항에서 당국과 대치 중인 요도호를 감시하는 국군 경비병들, 1970년 4월 3일 〈산케이신문〉

의 제안을 받아들였다.

납치범들은 요도호에 연료를 가득 채운 뒤 승객과 승무원들을 한 명씩 비행기에서 내려보냈다. 마지막 승객은 트랩 한가운데서 야마무라 차관과 서로 교차하는 방식으로 풀려났다. 요도호가 김포공항에 착륙한 지 79시간 만이었다.

4월 3일 오후 납치범들과 야마무라 차관을 태운 요도호는 평양을 향해 이륙했다. 요도호의 기장은 출발 전 김포에서 평양으로 가는 방위각을 계산한 후 육안으로 지형지물을 참조하며 38도선을 넘어 북상했다. 요도호가 평양 상공에 도달했을 때는 이미 어둠이 깔리기 시작한 초저녁이었다. 평양공항을 찾지 못한 기장은 계속 평양관제소를 호출했지만 이번에도 북측의 관제유도나 전투기의 요격 같은 것은 없었다. 7시가 넘자 초조해진 요도호의 기장은 인근의 개활지에서 가까스로 활주로 하나를 발견하고 그대로 착륙했다. 6·25 전쟁 중 사용하다 폐쇄되어 있던 미림비행장이었다.

요도호가 착륙하자 곧 중무장한 진짜 인민군들이 나타나 비행기를 둘러쌌다. 인민군들은 납치범들에게 소지하고 있는 모든 무기를 비행기 밖으로 던져버리라고 지시했다. 납치범들이 가지고 있던 총기와 폭탄들은 모두 일본의 취미 상점에서 파는 정교한 모조품들이었다.

납치범들의 신병을 확보한 북한은 "인도적 관점에서 승무원 3명과 야마무라 차관, 비행기는 일본으로 돌려보내되 비행기를 납치한 9명에 대해서는 조사를 해야 한다"며 우회적으로 납치범들의 망명을 받아들이겠다는 의사를 발표했다.

이튿날 국제사회에 공언한 대로 북한은 요도호의 일본 귀환을 허가했다. 일본의 국영 방송 NHK는 특별 방송을 편성해 야마무라 차관을 태우고 돌아오는 요도호의 귀환 비행을 생중계했다. 대담한 전략으로 적군파 테러범들의 인질을 자청하여 자국민을 구해온 야마무라 차관은 일본 국민들로부터 영웅적인 환영을 받았다. 이 사건은 야마무라 차관에게 엄청난 정치적 자산을 안겨주었다.

•

전수보안검사를 뚫은 오타쿠

하이재킹이 무고한 시민들에게도 치명적 위협이 될 수 있다는 것을 깨달은 당국은 더 이상 탑승객들에 대한 전수보안검사를 미룰 수 없었다. 당국은 엄청난 예산을 들여 국제공항을 중심으로 엑스레이 검색대와 보안요원을 배치했다. 전수보안검사에 대한 승객들의 거부감도 항공사들이 우려했던 것처럼 크지는 않았다.

그러나 전수보안검사가 시행된 뒤에도 하이재킹은 근절되지 않았다. 납치범들은 검색 시스템의 허점을 파고들어 무기를 숨기고 비행기에 탈 수 있는 방법들을 끊임없이 찾아냈다.

1999년 7월 23일 일본 도쿄에서는 28세의 납치범이 조종석에 앉아 있는 기장을 살해해 517명이 탑승한 B747기가 추락할 뻔한 사건이 발생했다. 범인은 중증의 우울증을 앓고 있던 니시자와라는 청년이었다.

니시자와는 어릴 적 또래의 평범한 아이들과는 달리 놀기보다 공부를 좋아하는 아이였다. 항상 어른들의 기대에 충실했던 니시자와는 선생님의 말씀이라면 뭐든 순종했고 교과서에 나온 그대로 행동했다. 방과 후 모친이 간식을 해주면 니시자와는 숙제를 마친 후 먹겠다며 책과 노트를 꺼냈다. 그런 니시자와를 보며 동네 사람들은 마을에 신동이 났다고 칭찬을 했다. 숙제를 끝내면 니시자와는 항상 전차나 비행기와 관련된 책을 읽었다. 니시자와의 꿈은 점보기 조종사가 되는 것이었다.

1990년 일본의 명문 사립인 무사시고등학교를 우수한 성적으로 졸업한 니시자와는 국립 히토쓰바시대학에 입학했다. 히토쓰바시대학은 규모는 작지만 도쿄대학에 버금가는 명문으로 졸업 후 취업률과 사법고시 합격률에서 매년 1위를 놓치지 않는 대학이었다. 니시자와는 학업 중에도 시간이 날 때마다 마이크로소프트사의 비행 시뮬레이션^MS Flight Simulator 에 몰두했고 방학이면 하네다공항에서 아르바이트를 하며 공항 시설들을 연구했다. 니시자와는 그렇게 아르바이트를 해 번 돈으로 국내선을 70여 회나 탑승하며 조종사가 된 것처럼 비행기록부^Flight Logbook를 작성해 기장의 사인을 받았다. 니시자와의 비행 노트에는 하네다공항의 모든 시설과 공항에 드나드는 승객, 항공사 직원, 보안 요원들의 동선과 근무 위치가 빼곡하게 정리되어 있었다. 비행과 관련된 그 모든 것들이 니시자와에게는 연구의 대상이었다.

우수한 성적으로 대학 졸업을 앞둔 니시자와는 JAL과 전일본항공(ANA) 등 일본의 주요 항공회사에 입사원서를 냈다. 그러나 웬일인지 최종 면접만 보고 나면 항상 탈락이었다. 니시자와는 차선으로 일본화물철도주식회사(JR)에 들어가 나름 열심히 일을 했지만 내성적인 성격 탓에 직장 동료들과 사이가 원만하지 못했다. 회사 일에 흥미를 붙이지 못한 니시자와는 결국 몇 달 만에 회사를 그만두었다.

20여 년 동안 타인의 인정에만 자신의 존재 가치를 부여하며 살아온 니시자와는 사회로부터 인정을 받지 못하자 한순간에 무너졌다. 집을 나온 니시자와는 가족들과 완전히 연락을 끊은 채 2년여 동안 일본 각지를 떠돌아다니며 세 차례에 걸쳐 자살을 시도했다. 만신창이가 된 니시자와가 경찰의 손에 이끌려 집으로 돌아왔을 때, 그는 이미 심각한 조현병에 걸려 있었다. 니시자와의 모친은 그를 정신과 클리닉에 데리고 다니며 조현병 치료와 함께 재활 훈련을 받게 했다.

모친의 지극한 보살핌과 병원의 집중적인 치료 덕분에 니시자와는 점차 삶에 대한 의욕을 되찾기 시작했다. 심신을 추스른 니시자와는 다시 이곳저곳에 이력서를 제출했지만 이번에도 역시 그를 받아주는 곳은 없었다. 사회로부터 번번이 쓸모없는 인간으로 확인받는 것은 견딜 수 없는 고통이었다.

니시자와는 다시 비행기 모형이 가득한 자신의 방 안으로 들어갔다. 그리고 가족들을 포함한 그 누구와도 얼굴을 마주치지 않은 채 하루 종일 컴퓨터 비행 시뮬레이션만 하며 시간을 보냈다.

그러던 어느 날 하네다공항 터미널의 도면을 연구하던 니시자와는 공항의 1층 도착장과 2층 출발장이 계단으로 연결되어 있다는 사실을 발견했다. 칼과 같은 흉기는 기내에는 가지고 들어갈 수 없지만 화물칸에 적재하는 탁송화물로는 부칠 수 있다. 만약 승객이 칼이 든 가방을 탁송화물로 부친 후 목적지에서 가방을 찾아 곧바로 2층 출발장으로 올라가면 보안검색을 받지 않고 비행기를 탈 수 있게 된다. 국내선의 경우 미리 여러 편의 탑승 수속을 키오스크(무인 탑승 수속 시스템 단말기)로 할 수 있기 때문에 도착 승객이 도착장 밖으로 나오지 않고 바로 다음 편 비행기에 탑승하는 것에도 문제가 없었다. 순간 니시자와의 머릿속에 떠오르는 단어가 있었다.

"하이재킹."

니시자와는 집을 나와 하네다공항으로 갔다. 그리고 구마모토로 가는

"HI, JACK". 하이재킹

항공권을 구입한 후 터미널 안으로 들어가 하네다공항의 출국장과 입국장이 계단으로 연결되어 있는 것을 직접 확인했다. 계단 입구에는 경비원도 없었다.

집으로 돌아온 니시자와는 전국의 공항 터미널 도면을 모두 확인해 보았다. 정기 노선이 취항하는 52개 공항이 하네다공항과 똑같은 터미널 구조의 문제점을 갖고 있었다. 니시자와는 국토교통성과 각 항공사, 공항 경찰서, 그리고 주요 신문사에 하네다공항을 비롯한 국내 공항 터미널이 하이재킹에 노출되어 있다는 내용의 이메일을 보냈다.

1층의 도착 수하물 수취장과 2층의 출발 로비를 잇는 계단이 무방비로 열려 있어 승객이 자유롭게 왕래할 수 있습니다. 수하물로 흉기를 부친 후 도착장에서 이를 찾아 곧장 탑승 편의 출발 로비로 올라가면 흉기를 소지하고 비행기에 탑승할 수 있습니다. 키오스크로 여러 편의 탑승 수속이 가능하기 때문에 누구나 마음만 먹으면 항공기를 납치할 수 있습니다.

니시자와가 보낸 이메일에는 하이재킹 시나리오와 납치범의 동선, 그리고 이를 차단할 수 있는 대비책이 자세히 설명되어 있었다. 니시자와는 어디서든 답장이 오면 직접 자세한 설명을 하려고 구체적인 도면을 준비했다.

그러나 아무리 기다려도 회신은 오지 않았다. 일주일이 지난 후 니시자와는 다시 하네다공항에 가보았지만 터미널의 구조와 보안 시스템에는 아무런 변화가 없었다. 니시자와는 직접 공항 당국에 전화를 걸어 문제의 개선을 촉구해 보기로 했다. 그러나 전화를 받은 담당자가 니시자와의 말이 끝나기도 전에 형식적인 대답만 반복하며 계속 전화를 끊으려고

만 하자 니시자와는 모멸감에 손을 벌벌 떨었다. 그날 밤 니시자와는 메일로 보낸 시나리오대로 직접 하이재킹을 증명하기로 결심했다.

니시자와는 좌석 수가 가장 많은 B747-400 국내선 비행기를 납치 대상으로 선택했다. B747-400은 니시자와가 비행 시뮬레이션을 할 때마다 항상 연습하던 기종이었다. 장기 기상 예보를 확인한 니시자와는 가장 강수 확률이 낮은 7월 22일을 범행 일로 잡고 항공권과 식칼을 구입해 가방을 챙겼다. 평소와 달리 외출을 하고 들어온 니시자와를 이상하게 여긴 그의 모친이 가방 속에 숨겨진 식칼을 발견하고 눈물로 호소했지만 니시자와의 마음을 돌이킬 수는 없었다. 니시자와의 모친은 니시자와가 또 집을 나가 자살을 시도하려는 것으로 생각했다. 그러나 사회로부터 외면받은 니시자와의 상처받은 내면이 갈망하고 있던 것은 사람들의 관심이었다. 니시자와는 하이재킹을 직접 해 보임으로써 그동안 그를 무시했던 세상에 자신의 능력과 존재를 증명하지 않고는 견딜 수 없었다.

다음 날 아침 니시자와는 눈물을 뚝뚝 흘리며 애원하는 모친의 손을 뿌리치고 집을 나왔다. 그리고 곧장 오사카공항으로 가서 키오스크로 JAL 102편과 ANA 061편의 탑승 수속을 마쳤다. 터미널의 항공사 데스크에서 탑승 수속을 할 때는 비행기가 출발하기 1~2시간 전에 데스크로 가야만 수속을 할 수 있었지만, 키오스크가 나온 뒤부터는 승객이 직접 몇 편이든 탑승 수속을 할 수 있었다.

니시자와는 식칼이 든 가방을 위탁수하물로 부친 후 JAL 102편 비행기에 탑승했다. 한 시간 후 하네다공항에 도착한 니시자와는 가방을 찾은 뒤 화장실로 들어가 수하물 태그를 떼버리고 다시 계단을 통해 2층 출발장으로 뛰어 올라갔다. 니시자와가 ANA 061편이 출발하는 게이트에 도착했을 때 탑승구에서는 이제 막 승객들의 탑승이 시작되고 있었다. 모든 것이 예측한 시나리오 그대로였다. 하네다에 도착한 이후 보안 구역 밖으로 나간 적이 없는 니시자와는 어떤 검색대도 다시 통과할 필요가 없었다.

니시자와가 탄 ANA 061편은 국내선 전용으로 제작된 B747-400 비행기였다. 보통 B747-400의 좌석은 400석이 약간 안 되지만 전 좌석이 이코노미석으로만 제작된 이 비행기에는 517명의 승객이 탑승하고 있었다.

비행기에 탑승한 니시자와는 식칼이 들어 있는 가방을 품에 안고 자리에 앉아 이륙을 기다렸다. 활주로를 이륙한 비행기에서 랜딩기어가 접혀 올라가는 소리가 들리자 니시자와는 주저 없이 칼을 꺼내 들고 자리에서 일어났다.

니시자와는 곧장 승무원이 앉아 있는 객실 뒤쪽으로 걸어가 승무원의 목에 칼을 들이대고 조종실로 안내하라고 지시했다. 승무원은 니시자와의 살기등등한 기세를 감당할 수 없었다. 놀란 승객들 역시 칼을 든 니시자와가 승무원과 함께 조종실 쪽으로 걸어가는 모습을 멍하니 쳐다만 보고 있을 뿐이었다.

니시자와가 조종실 쪽으로 걸어가는 사이에 다른 승무원은 다급히 인터폰으로 기장을 호출했다. 이륙 후 1만 피트 이하의 고도에서는 조종사들이 비행에만 집중해야 하기 때문에 비상상황이 아니면 승무원도 기장을 호출할 수 없다. 비행기가 이륙하자마자 객실승무원의 인터폰이 울리자 기장은 객실에 긴급한 상황이 발생한 것을 직감했다. 승무원으로부터 칼을 든 남자가 조종실로 걸어가고 있다는 보고를 받은 기장은 재빨리 관제소에 하이재킹이 발생했음을 통보했다.

조종실 문 앞에 이른 니시자와는 승무원에게 문을 열라고 지시했다. 객실승무원이 조종실에 출입하기 위해서는 미리 기장에게 출입 사유를 보고하고 출입 허가를 받아야 한다. 그리고 사전에 정한 암호(보통 도어를 몇 회 노크하거나 손가락 몇 개를 펼쳐 보인다)를 수행한 후 조종실 문의 키패드에 패스워드를 입력하게 되어 있다. 이런 절차를 무시하고 승무원이 무작정 조종실 문을 두드리자 기장은 납치범이 조종실 문 앞에 와 있다는 것을 알았다.

기장이 부기장에게 조종실 문을 열어주어야 할 것 같다고 하자 부기장은 "그래도 문을 열면 안 되지 않을까요…"라고 조심스럽게 반대 의견을 제시했다. 기장이 자리에서 일어나 조종실 문에 달린 광폭렌즈로 문밖을 확인했을 때 니시자와는 금방이라도 승무원의 목을 그어댈 것 같은 기세였다. 승무원의 목숨이 위태롭다고 판단한 기장은 조종실 문을 열었다. 중증의 조현병을 앓고 있는 20대 청년이 식칼을 들고 조종실로 들어온 것이다.

니시자와는 칼을 손에 든 채 기장석 뒤의 보조석에 앉아 진지한 표정으로 비행계기들을 하나하나 살펴보기 시작했다.

기장은 계기판을 훑어보는 니시자와의 태도에서 그가 돈이나 정치적 목적을 가진 납치범이 아님을 간파했다. 기장은 조심스럽게 조종실의 계기들을 설명하며 니시자와의 반응을 살펴보았다. 니시자와는 마치 학생처럼 공손한 자세로 앉아 기장의 설명을 경청했다.

기장은 비행계기들을 하나하나 설명하며 시간을 끌었다. 한동안 조용히 설명을 듣고 있던 니시자와는 돌연 요코스카공항으로 가라고 지시했다. 기장은 관제사에게 요코스카로 가는 항로를 요청한 뒤 다시 구름의

B777 기종의 조종실. 앞좌석 왼쪽이 기장석이고 오른쪽이 부기장석이다. 조종석 뒤에 두 개의 보조석이 있다.

형태와 지형지물에 대해 설명했지만 니시자와는 더 이상 기장의 설명을 들으려 하지 않았다.

니시자와의 계획은 평소 비행 시뮬레이션으로 연습했던 경로를 따라 요코스카에서 요코타 공군기지까지 B747-400 비행기를 직접 조종해 가는 것이었다. 니시자와의 머릿속엔 일본 영공의 모든 항로가 들어 있었다. 비행기가 평소 시뮬레이션 비행을 하던 지점에 이르자 니시자와는 직접 조종을 하기 위해 요코스카로 항로를 변경하라고 지시한 것이었다.

니시자와는 요코타공항에 직접 착륙한 후 활주로에서 조종석에 앉은 채 칼로 목을 찔러 자살할 생각이었다. 그렇게 함으로써 그동안 자신을 무시해 온 사람들에게 자신의 비행 실력과 항공 보안 전문가로서의 능력을 증명하는 것이 니시자와가 하이재킹을 실행한 유일한 이유였다.

기장이 요코스카 쪽으로 항로를 변경하자 니시자와는 부기장에게 조종실에서 나가라고 지시했다. 부기장이 망설이며 기장을 쳐다보자 기장은 눈짓으로 괜찮으니 나가라는 신호를 했다. 부기장이 나가자 니시자와는 우측 조종석에 앉아 직접 조종을 하기 시작했다. 기장은 조종간을 단단히 잡았다.

보잉 비행기는 기장과 부기장의 조종간이 물리적으로 연결되어 있기 때문에 양쪽 조종간이 항상 같이 움직인다. 보잉은 한쪽에서 조종간을 잡고 있으면 다른 쪽에서 마음대로 조종간을 조작할 수 없게 비행기를 만든 것이다. 기장이 조종간을 놓지 않자 니시자와는 기장이 자신을 단순한 납치범으로 생각하는 것 같아 모멸감에 얼굴이 달아올랐다.

니시자와는 직접 조종을 하기 위해서는 기장을 결박해야겠다고 생각했다. 니시자와는 준비해 온 포장용 테이프로 기장을 조종석에 감으려고 했지만 조종석에 앉은 채로 옆자리의 기장을 묶는 것은 생각처럼 쉽지 않았다. 니시자와는 기장에게 조종실에서 나가라고 지시했다.

기장은 517명이 탑승한 점보기의 조종간을 납치범에게 내줄 수 없었다. 자신이 조종실에서 나가면 비행기는 곧 추락할 것이 자명했다. 기장은 다시 니시자와를 설득해 보기로 했다.

"아, 기장석에서 조종을 하시겠어요? 알겠습니다. 그런데 먼저 자동 조종을 연습해 보면 어떨까요? 하고 싶은 대로 해볼 수 있게 제가 도와드리겠습니다."

기장이 조종석에서 일어날 생각이 없다는 것을 확인한 니시자와는 기장의 말이 끝나기도 전에 들고 있던 식칼로 기장의 목을 찔렀다. 기장이 피를 쏟으며 비명을 지르자 니시자와는 다시 한번 기장의 목을 깊숙이 찔렀다. 그래도 기장이 절명하지 않자 니시자와는 기장의 가슴을 연거푸 찔러댔다. 기장의 비명 소리가 조종실 밖까지 들렸다. 11시 54분, 온몸이 피투성이가 된 기장이 조종석에 엎어지자 니시자와는 자동조종장치Autopilot를 해제하고 직접 조종을 하기 시작했다.

대형 제트여객기의 조종은 기수와 뱅크(bank, 비행기의 기울어짐)를 1도 간격으로 제어하는 세밀한 조작이다. 정식 조종 훈련을 받지 않은 사람이 초대형 제트여객기를 능숙하게 조종하는 것은 불가능하다. 조이스틱으로 컴퓨터 비행 시뮬레이션만 해본 니시자와가 수동 조종을 시작하자 항공기는 순식간에 머리를 땅으로 처박으며 급격히 기울기 시작했다. 그 순간 조종실에 지상 충돌이 임박했음을 알리는 자동 경보 장치가 울렸다.

"Terrain, Terrain, Pull Up, Pull Up."

지상충돌경보시스템(GPWS)이 울린다는 것은 비행기가 수초 이내에 장애물과 충돌한다는 뜻이다. 지상 충돌 경보가 울리면 조종사는 즉시 기수를 끝까지 들어 올리고 최대 출력을 사용해 장애물과의 충돌을 피해야 한다. 조종실 문밖으로 지상 충돌 경보가 들리자 상황을 엿보고 있던 승무원들은 더 이상 기다릴 수가 없었다.

예비 기장으로 탑승한 야마우치 기장이 온몸을 던져 조종실 문을 열었을 때 비행기는 지상 300미터 상공에서 도쿄 외곽의 주택가로 추락하고 있었다. 야마우치 기장은 조종석에 앉지도 못한 채 조종간을 잡아챘다. 비행기는 건물 지붕을 아슬아슬하게 피하며 상승했다.

지상충돌경보시스템. 지상 충돌이 임박하면 "Terrain, Terrain, Pull Up, Pull Up"이라는 자동 경보가 최대 음량으로 울린다.

그사이 부기장과 승무원들은 칼을 휘두르는 니시자와를 조종실 밖으로 끌어냈다. 피범벅이 된 니시자와가 조종실 밖으로 끌려 나오자 승객들은 일제히 달려들어 넥타이와 허리띠로 그를 좌석에 결박했다.

기장석에 앉은 야마우치 기장이 승객 중 의사를 호출해 나가시마 기장을 진찰했을 때 그의 동공은 이미 열려 있었다. 의사는 나가시마 기장에게 사망 선고를 내렸다. 오후 12시 14분, 이륙 56분 만에 ANA 061편은 하네다공항에 착륙했다.

우울증을 앓고 있던 28세의 청년에게 비행 중인 기장이 살해당하고 517명이 희생될 뻔한 사건은 일본 사회에 큰 충격을 주었다. 일본 국토교통성은 뒤늦게 대책 회의를 열고 하네다공항을 포함한 일본 내 모든 공항 터미널의 도착장과 출발장에 역류 방지 게이트를 설치하고 경비원을 배치했다. 니시자와가 이메일로 요구했던 하이재킹 방지 대책 그대로였다.

ANA 061편 사건 이후 일본 항공 당국은 비행 중 조종실 문을 항상 잠가두어야 한다는 규정을 수립했다. 하이재킹이 발생해 승객이나 승무원의 생명이 위협받더라도 그들의 희생을 감수하고 끝까지 조종실을 폐쇄해 두라는 것이었다. 그동안 서비스의 일환으로 허용되었던 비행 중 승객의 조종실 견학도 전면 금지되었고 모든 여객기의 조종실 문에는 "KEEP DOOR CLOSED"라는 경고 문구가 부착되었다.

•

승객 접견 금지령이 내려지다

고전적 하이재킹의 속성은 납치범이 승객을 인질로 돈이나 정치적 이익을 얻는 것이었다. 그게 돈이든 동료 테러범의 석방이든 원하는 것이 있는 상대와는 협상이 가능했다. 인질들을 구할 수 있는 방법이 있었던 것이다. 무서운 것은 처음부터 같이 죽는 것 외엔 원하는 것이 없는 상대다.

하이재킹에서 기장의 역할은 인질로 잡힌 승객과 승무원을 보호하는 것이다. 9·11 테러 이전까지 하이재킹이 발생하면 기장은 조종실을 납치범에게 개방하고 납치범이 원하는 공항에 착륙해 당국과 납치범이 협상을 하게 했다. 객실승무원의 역할도 납치범을 자극하지 않고 승객들이 개별적으로 납치범을 제압하려는 시도를 하지 않도록 통제하는 것이었다. 그때까지만 해도 기내에서 납치범을 제압하려고 시도하는 것보다는 납치범이 당국과 협상을 하게 하는 편이 탑승자의 희생을 최소화하는 대책이라고 믿었기 때문이다.

1990년대 말까지 기장은 비행 중에 객실로 나가 승객과 직접 대면할 수 있었다. 장거리 비행을 하다 보면 가끔 비행기의 엔진 소리가 평소와 다르다며 승무원에게 계속 불안을 호소하는 승객들이 있는데, 이런 승객들은 객실승무원의 설명을 좀처럼 받아들이지 않았다. 그러나 기장이 직접 승객에게 자세한 설명을 해주면 예민한 승객들도 쉽게 수긍하곤 했다.

비행기에 개인 비디오 시스템이 장착되기 시작한 2000년대 이전에는 이륙 후 식사 서비스가 끝나면 대형 스크린을 객실 앞에 걸어놓고 영화를 상영했다. 영화를 상영할 때는 승무원들이 모든 객실 창문을 닫았는데, 일부 영화에 관심이 없는 승객들은 외부 전경을 보면서 가겠다며 창문을 닫지 않았다. 영화 시청에 불편을 느낀 승객들로부터 창문을 닫아달라는 요청이 계속되면 승무원들은 기장에게 상황을 보고했다. 그럴 때마다 으레 기장은 선글라스를 낀 채 창문을 닫지 않겠다고 고집을 부리는 승객에게 다가가, "이 고도에서는 태양 방사선이 강하기 때문에 창문을 닫는 것이 좋습니다" 하고 설명해 주었다. 그러면 목적지까지 창밖을 보며 가겠다고 고집을 부리던 승객들도 이내 창문을 닫았다.

순항 중 승객들은 조종실에 들어와 견학을 할 수도 있었다. 주로 조종사가 되기를 희망하는 학생들이 견학을 신청했지만 성인들 중에도 비행 견학을 신청하고 조종실에 들어와 있는 경우가 종종 있었다. 특히 뉴욕이나 토론토 같은 미 동부 도시에서 서울로 들어오는 초장거리 비행 중에는 늘 조종실 견학을 신청하는 승객들이 있었다. 일본인 승객 중에는 개인 비행기록부를 가지고 들어와 비행 정보를 기록하고 기장의 서명을 받는 사람도 있었다. 당시 많은 항공사들은 승객의 조종실 견학을 서비스의 일환으로 장려하기까지 했다.

그러나 ANA 061편 하이재킹 사건을 계기로 각국의 항공 당국은 비행 중 어떤 경우에도 조종사가 직접 승객을 접촉해서는 안 된다는 규정을 수립했다. 조종실이 승객의 서비스를 위한 공간에서 제외되고 오직 비행기의 통제실로서만 역할을 하게 된 것이다.

9·11 테러 이후 조종실 보안 정책은 더욱 강화되었다. 현재 전 세계 항공사는 승객이 탑승을 시작하는 시점부터 완전히 하기하는 시점까지 승무원 외의 조종실 출입을 전면 금지하고 있다. 하이재킹이 발생해 승객이나 승무원이 위협을 받는 상황에서도 기장은 더 이상 납치범의 요구에 응하거나 조종실 문을 열어주지 않는다. 설령 일부 승객이나 승무원의 희생이 따르더라도 기장은 지체 없이 가장 가까운 공항에 착륙해 당국의 조치를 기다려야만 한다. 자신을 포함한 모든 탑승자의 '순교' 말고는 원하는 것이 없는 테러범이 있다는 사실이 확인되었기 때문이다.

●

최대 다수의 최대 행복?

2001년 9월 11일 전 세계인들은 뉴욕에서 두 대의 여객기가 세계무역센터 건물에 충돌해 한꺼번에 3,500여 명이 희생되는 장면을 실시간으로 목격했다. 사람들은 하이재킹이 비행기에 타고 있는 승객들뿐만 아니라 지상의 무고한 시민들에게도 심각한 위협이 될 수 있다는 사실을 깨달았다. 정부는 물론 일반 시민들도 자살 테러범이 장악한 여객기가 도심의 빌딩으로 돌진하는 상황에서 어떤 조치를 취해야 하는가에 대해 생각해 두어야 했다.

2016년 유럽의 한 TV 채널에서는 자살 테러범에게 납치된 여객기가 7만 명이 운집해 있는 축구 경기장으로 돌진하는 영화가 상영되었다. 영

2001년 9월 11일 알카에다 테러리스트들은 여객기를 납치해 세계무역센터 건물로 돌진했다. 이 테러로 건물 내외부에 있던 3,500여 명의 시민이 희생되었다.

화에서 정부는 전투기를 출격시켜 300여 명의 무고한 시민이 타고 있는 여객기를 격추했다.

영화가 끝난 후 방송사는 시청자들을 상대로 정부가 여객기를 격추한 조치에 대해 어떻게 생각하는지에 대해 설문조사를 했다. 설문 결과 전투기를 출격시켜 여객기를 격추한 정부의 대응이 정당하다고 응답한 시청자의 비율은 무려 87퍼센트가 넘었다.

누군가 반드시 희생되어야만 하는 선택의 상황에서 다수의 이익이라는 가치 기준은 절대적인 위력을 갖는다. 다수의 이익을 위해 소수가 희생되어야 한다는 논리는 얼핏 숭고한 것 같지만 무고한 소수의 입장에서 볼 때 이것처럼 잔인한 논리도 없다. 소수라는 이유로 죄 없는 시민을 희생시키는 행위는 어떤 논리로도 정당화될 수 없다. 이는 단지 자신들이 살아남기 위한 다수의 폭력일 뿐이다. 구멍 난 배가 침몰하지 않기 위해 누군가가 바다에 빠져 죽어야 한다면 누구를 던져버리는 것이 옳다는 것인가. 이 질문에 대한 정답은 애초부터 없다. 공리주의의 딜레마에 빠지지 않는 길은 오로지 처음부터 그 상황에 들어가지 않는 것뿐이다.

이 영화와 같은 상황에서 정부와 시민들은 둘 중 하나를 반드시 선택해야 한다. 300명을 강제로 희생시켜 7만 명의 목숨을 구할 것인가, 아니면 7만 300명이 다 같이 죽는 것을 바라보고 있을 것인가. 아마도 정부는 300명을 희생시키는 선택을 할 수밖에 없을 것이다.

이 이야기는 단순한 영화가 아니라 이미 우리가 타고 있는 비행기의 현실이다. 일단 비행이 시작되면 기장은 국제법에 의해 비행기나 탑승객의 안전을 위협하는 테러범이 있을 경우 어떤 국가에도 비상착륙할 수 있는 권한을 갖는다. 그러나 9·11 테러 이후 유럽과 북미를 중심으로 안전을 위한 기장의 판단이 자국민의 안전을 위협한다고 판단될 경우 해당국의 정부가 기장의 권한을 거부할 수 있는 법이 제정되기 시작했다.

납치된 비행기의 국제표준 식별코드Transponder Code는 7500이다. 현재 대부분의 국가는 테러범에게 납치되어 7500코드를 송신하는 비행기가 자국의 영공에 진입하는 것 자체를 허용하지 않는다. 관제소의 허가를 받지 않은 비행기가 자국의 영공으로 계속 진입할 경우 정부는 즉시 전투기를 출격시킨다. 만약 조종사가 전투기 요격에 응하지 않거나 계속 도심으로 향할 경우, 그 비행기는 전투기의 직접적인 공격을 받을 것이다. 이런 비상 대응 시나리오는 이미 법적 정당성을 확보해 두고 있기 때문에 일단 상황이 발생하면 자동으로 대응이 이루어진다. 더 이상 수천 명의 시민이 밀집한 장소에 비행기가 충돌하는 것을 가만히 보고만 있을 정부는 없다.

관제소와 일시적으로 교신이 끊긴 민간 여객기를 전투기가 요격하는 사건은 매년 발생한다. 2017년에는 뭄바이에서 출발해 런던으로 가던 인도의 저비용 항공사 제트에어웨이의 B777 여객기가 독일 공군의 유로파이터(유럽형 차세대 전투기)에 요격당한 일이 있었다. 당시 제트에어웨이 조종사들은 관제 주파수를 바꾸지 않은 채 그대로 독일의 쾰른 상공으로 진입했다.

유럽 공역에서는 민간 여객기라도 관제소와 사전 교신 없이 자국의 영공으로 진입할 경우 자동으로 전투기가 출격한다. 최고 속도가 시속 2,495킬로미터, 상승률이 62,000fpm(feet per minute)에 달하는 유로파이터는 수 분 만에 순항 중인 여객기를 따라잡고 조종석에 앉은 기장의 얼굴이 보일 정도까지 접근해 조종실 상황을 육안으로 확인한다. 관제사의 호출에 응답하지 않고 있다가 요격을 당했던 대부분의 비행기들은 그제서야 무선 교신을 재개하고 비행을 계속했다.

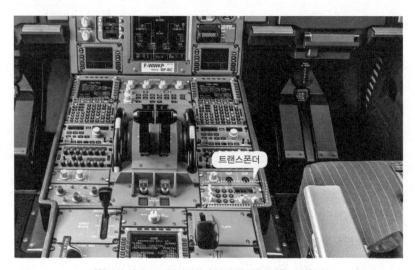

비행기의 식별코드. 하이재킹이 발생하면 '7500'을 세팅한다.

2016년 3월 2일 여객기 요격 훈련을 하는 독일 공군의 유로파이터

•

최선의 전략, 싸우지 않고 이기는 것

손자는 싸우지 않고 적을 굴복시키는 것이 최상의 전략이라고 했다. 하이재킹도 마찬가지다. 하이재킹은 비행기 안에서 납치범에 맞서 싸워야 하는 것이 아니라 사전에 방지해야 한다. 그리고 하이재킹을 방지하는 유일한 대책은 모든 탑승객의 신원과 소지품을 철저하게 검색하는 것이다.

그동안 테러범들은 비행기 안에서 총이나 칼과 같은 고전적인 무기뿐만 아니라 치약이나 로션, 음료와 같은 액체 형태의 인화물질과 개인 전자기기에 들어 있는 소형 배터리로 폭탄을 제조해 비행기를 장악했다. 공항에서 보안 요원들이 액체 소지품을 압류하는 것도 이런 형태의 액체 폭발물이 테러의 무기로 사용된 사례들이 실제로 있기 때문이다.

영국 히스로공항에서는 조종사들을 포함한 모든 승무원들도 허리띠와 구두, 머리핀까지 모두 제거하고 개별 보안검색을 받는다. 가방에서 미용가위나 치약이 발견되면 그 자리에서 모두 압수당한다. 이에 비해 우리나라 공항의 보안검색은 다소 관대한 편이다. 그럼에도 불구하고 우리나라 공항에서는 보안 요원들에게 항의하는 탑승객들을 자주 볼 수 있다. 아이 장난감인 줄 알면서 꼭 빼앗아야 하느냐, 부모님이 드시는 한약조차 안 되느냐는 등 항의하는 사연도 다양하다.

그러나 장난감이라고 해서 무기가 되지 않는 것이 아니다. 납치된 비행기 안에서 테러범이 들고 있는 총이 모조품인지 진품인지 확인해 보자고 할 수는 없다. 요도호를 납치한 적군파들이 소지했던 총기와 폭탄도 모두 완구점에서 파는 정밀한 모조품이었다. 가짜 권총과 폭탄에 승무원과 승객 모두가 꼼짝없이 제압당하고 우리나라와 일본, 미국까지 발칵 뒤집혔던 것이다.

2019년 1월, 태국에서 보안검색 중 신체 수색에 불쾌감을 느낀 우리나라 관광객이 공항 보안 요원의 뺨을 때린 일이 있었다. 관광이 국가 산업인 태국은 외국 관광객들의 유입이 줄어들 것을 우려해 약간의 벌금을 부과하는 것으로 사건을 마무리 지었지만 미국이나 호주였다면 현장에서 체포될 수도 있는 상황이었다.

항공 보안이 엄격한 국가에서 공항 보안 요원의 검색에 불응하거나 비행 중 승무원에게 위협적인 행위를 할 경우 현장에서 체포되어 법적 처벌을 받는다. 우리나라와 달리 전 세계 대부분의 항공 당국은 보안검색을 거부하거나 검색을 방해하는 승객의 탑승을 금지하는 것은 물론, 비행 중 안전을 위협한 행위에 대해서는 정식 재판에 넘겨 상당히 무거운 처벌을 한다. 2019년 2월에는 우리나라의 한 승객이 미국 비행기에서 승무원에게 폭언을 한 일이 있었는데, 승무원의 보고를 받은 기장은 당국에 상황을 통보하고 곧바로 출발 공항으로 회항했다. 미국 법원은 이 승객에게 6개월의 실형과 함께 회항에 따른 다른 승객들의 호텔 숙박비와 항공 연료비로 2억 원이 넘는 벌금을 선고했다.

누군가가 내 몸을 수색하고 가방을 뒤지는 것이 유쾌한 사람은 없다. 그러나 무고한 시민의 생명을 구하기 위해서 언제든 기꺼이 희생되어도 좋다는 입장이 아니라면 공항 보안 요원의 철저한 검색에 감사하는 마음으로 협조해야 한다.

기장 방송과
조종실 출입문

★ **기장 방송**(Captain Announcement)

기장 방송은 비행기의 통제권을 누가 갖고 있는지를 선언하는 의미가 있다. 비행기를 납치한 테러범이 제일 먼저 기장 방송을 하는 이유도 그 비행기가 이제 기장이 아닌 자신들의 통제하에 있다는 것을 승객과 승무원들에게 선언하기 위한 것이다.

기장의 방송과 객실승무원의 방송은 그 목적과 역할이 조금 다르다. 객실 방송이 비행 정보를 제공하는 것인 반면, 기장 방송의 주목적은 승객들에게 비행기가 기장에 의해 안전하게 통제되고 있음을 확인시켜 주는 것이다. 비상을 포함한 모든 상황에서 기장은 승객들이 안심할 수 있도록 항상 절제된 용어와 침착한 톤으로 방송을 해야 한다.

심한 터뷸런스나 비상상황에서 기장이 다급한 목소리로 "승객 여러분, 비행기가 지금 몹시 흔들리고 있습니다. 빨리 자리에 앉아 좌석벨트를 매시고 비행기가 무사할 수 있도록 기도해 주십시오" 하고 방송을 한다면 승객들은 공포에 떨게 된다. 대부분의 사람들은 공포에 노출되면 본능적으로 흥분한다. 승객들이 흥분하면 객실은 통제 불능의 상태로 악화될 수 있기 때문에 기장은 아무리 급한 상황이 닥쳐도 의도적으로 담담하고 여유 있게 방송을 해야 한다.

기장을 직접 대면할 수 없는 승객들은 방송을 통해 기장의 경험과 전문성을 추측한다.

B747-8i 기종의 기장 방송 핸드셋. 기장은 항공사의 정책에 따라 승객 탑승 완료 직후 또는 순항 중 탑승 환영 방송(Welcome PA)을 한다.

기장 방송이 꼭 아나운서의 뉴스처럼 들릴 필요는 없지만 기장의 발음과 어법은 승객들이 충분히 신뢰를 느낄 수 있을 만큼 세련되어야 한다.

★ 조종실 출입문

여객기의 조종실 출입문은 자동 소총 공격을 견딜 수 있는 방탄 소재로 되어 있다. 문에는 광폭렌즈와 카메라가 달려 있어 조종실 안에서 문밖의 상황을 살펴볼 수 있다.

모든 여객기에는 조종사의 화장실 출입 동선을 최소화할 수 있도록 조종실 출입문 바로 옆에 화장실이 있다. 가끔 화장실과 조종실을 혼동한 승객이 조종실 문을 열려고 시도하는 경우가 있는데, 비행 중 승무원이 아닌 사람이 조종실 출입을 시도하는 행위는 그 의도와 상관없이 중대한 항공 안전 위협 행위로 간주된다. 미국, 영국, 호주, 독일, 인도, 파키스탄 등과 같이 항공 보안 규정이 엄격한 국가에서는 출입이 인가되지 않은 탑승자가 조종실 출입을 시도할 경우 즉시 가장 가까운 공항으로 회항하게 되어 있다. 비행기

가 착륙한 후 조종실 문을 열려고 시도했던 승객은 곧바로 대기 중인 공항 경찰에 인계

되어 조사를 받게 된다.

2

1만 2천 미터 상공에서
살아남은 사람들

버티컬 리미트

1978년 5월 이탈리아의 등반가 라인홀트 메스너는 동료인 피터 하벨러와 함께 세계 최초로 무산소 에베레스트 등정에 성공했다. 그전에도 에베레스트 정상에 오른 산악인들은 많았지만 산소 장비의 도움 없이 에베레스트 정상에 오른 것은 메스너가 처음이었다. 당시 산악인들은 인간이 보조 산소 없이 히말라야의 8천 미터 이상 봉우리를 등반하는 것은 과학적으로 불가능하다고 했지만, 메스너는 산소통은 물론 자일조차 없이 기본 장비만 짊어지고 에베레스트 정상에 올랐다. 언론들이 "드디어 인간이 에베레스트 정상에 올랐다"라고 제목을 뽑은 것처럼, 메스너는 그동안 온갖 장비와 인원을 동원한 대규모 베이스캠프의 지원을 받는 원정 등반 방식에서 벗어나 온전히 자신의 정신과 육체만으로 전 세계 8천 미터 이상의 봉우리들을 모두 올랐다.

2년 후 메스너는 단독으로 다시 한번 무산소 에베레스트 등정에 성공함으로써 첫 번째 등정이 운이 아니라 그의 실력이었음을 증명했다. 메스너가 무산소 알파인 등반 시대를 열면서 인간이 견딜 수 있는 고도 한계에 대한 산악계와 일반인들의 통설은 완전히 뒤집혔다.

1980년 8월 20일 8,848미터 에베레스트 정상에서 라인홀트 메스너, 2006년 11월 〈내셔널지오그래픽*National Geographic*〉

일반인들은 해발 3천 미터 이상의 고산 지대에 올라가면 호흡이 가빠지고 두통과 현기증을 느낀다. 잘 훈련된 등반가들도 5천 미터 이상의 고도부터는 숨이 턱 밑까지 차오르고 한 발 한 발을 떼기가 힘들어진다. 8,848미터 에베레스트 정상의 산소 농도는 해수면 고도의 4분의 1에 불과하다. 그러나 북부 이탈리아의 알프스 자락에서 태어나 어린 시절부터 알프스의 4천 미터 이상 고봉을 뒷동산처럼 올랐던 메스너는 히말라야의 8천 미터 이상 14좌를 모두 무산소로 등정하는 대기록을 세웠다.

대기의 주성분은 질소와 산소다. 대기권은 지표면으로부터 약 500킬로미터에 이르는 두꺼운 공기층을 말하는데 1제곱미터의 지표면 위에 작용하는 공기의 무게는 무려 10톤에 달한다. 이 압력이 1기압이다. 인간은 수백만 년 동안 이 압력에 적응해 왔다.

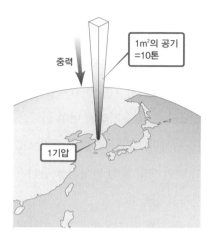

1m²의 공기
=10톤

중력

1기압

지표면에 작용하는 공기의 무게

현대의 여객기는 보통 해발 1만 미터 이상의 고고도로 비행한다. 공기의 밀도가 낮은 고고도로 비행할수록 지상에서의 이동 거리를 기준으로 한 지상속도 ^{Ground} ^{Speed}는 빨라진다. 또 고고도에서는 제트기류에 올라타 비행시간을 크게 단축할 수도 있고 산악파나 구름의 영향에서도 벗어나 낮은 고도로 비행하는 것보다 훨씬 쾌적한 비행을 할 수 있다.

반면 고고도로 갈수록 중력의 영향을 덜 받기 때문에 대기의 밀도가 떨어지고 그만큼 산소의 분압도 줄어든다. 1기압의 대기에 녹아 있는 산소를 호흡하는 데 적응되어 있는 인간이 2,500미터 이상의 고도로 올라가면 대부분 호흡 곤란과 환각 등의 고산병 증세를 겪게 된다. 5,500미터 이상의 고도에서는 산소의 농도가 해수면의 절반 이하로 떨어져 폐부종이나 뇌출혈 등 생명을 위협하는 증세가 발생하고, 8천 미터 이상의 고도까지 올라가면 인간의 폐는 더 이상 생명을 유지하는 데 필요한 만큼의 산소를 빨아들이지 못한다.

뇌는 체내에서 산소와 피를 가장 많이 필요로 하는 기관이다. 뇌의 무게는 체중의 2퍼센트에 불과하지만 몸 전체가 사용하는 산소의 23퍼센트 이상을 사용한다. 뇌에 6초 이상 산소 공급이 중단되면 의식을 잃고 10초가 넘어가면 신경세포가 죽기 시작한다. 산소 공급이 5분 이상 중단되면 뇌는 회복이 불가능한 상태로 손상된다.

국제선 여객기가 순항하는 1만 미터 이상의 고고도에서 산소의 농도는 해수면 대기의 5분의 1에 불과하다. 이런 고고도에서 건강한 성인이 보조 산소 기구 없이 의식을 유지할 수 있는 시간은 아무리 길어야 30초를 넘지 않는다. 그래서 여객기는 비행 중 끊임없이 기내에 공기를 불어 넣어 탑승자가 호흡할 수 있는 압력과 산소 농도를 유지해 주어야 한다.

그 역할을 하는 장치가 바로 여압시스템이다. 여압시스템은 엔진으로 유입된 외부 공기를 압축해 기내에 불어 넣어 순항 중인 비행기를 탄산가스가 빵빵하게 들어차 있는 알루미늄 캔처럼 만든다.

이런 여압시스템 덕분에 비행 중 기내의 공기 밀도는 해발 2천 미터인 한라산 정상과 비슷한 정도로 유지된다. 그러나 비행기 내부의 공간이 모두 이렇게 공기 밀도가 조절되는 것은 아니다. 비행기의 내부 공간 중에도 사람이나 생동물이 타지 않는 랜딩기어베이나 레이더 장비실에는 여압 조절 장치가 아예 장착되어 있지 않아 공중에서 일정 시간이 지나면 외부의 대기에 그대로 노출된다. 순항고도에서 외부의 대기 온도는 영하 50도 이하로 떨어지고 산소는 지상의 5분의 1 수준에 불과하기 때문에 이런 공간에는 화물도 일절 탑재하지 않는다.

여압 조절이 되지 않는 비행기 내부 공간들

과냉각수에 굳어버린 비행기

비행기가 순항하는 고도의 공기는 먼지가 거의 없기 때문에 객실에 제공되는 공기는 집이나 사무실의 공기보다 훨씬 깨끗하다. 특히 태평양이나 대서양 같은 대양 상공의 공기 속에는 말 그대로 단 한 톨의 먼지도 없다.

물은 섭씨 0도가 되면 얼음으로 변한다. 액체 상태로 있던 물이 얼음으로 변화하기 위해서는 응결핵이 필요하다. 보통의 공기 1세제곱센티미터 속에는 자동차의 배기가스나 토양 입자처럼 미세한 입자들이 수백 개에서 수만 개씩 들어 있기 때문에 우리 주변에 있는 물은 0도가 되면 곧바로 얼음 결정으로 변하기 시작한다.

반면 먼지와 같은 응결핵이 전혀 없는 순수한 물은 0도 이하에서도 얼지 않고 액체 상태를 유지한다. 실험에 따르면 불순물이 전혀 들어 있지 않은 물은 영하 48도까지도 얼지 않는 것으로 확인되었다. 이렇게 0도 이하에서도 얼음이 되지 않고 액체 상태로 남아 있는 물을 과냉각수^{Supercooled} ^{Water}라고 한다.

대양 상공의 공기는 뜨거운 햇볕에 바닷물이 증발하면서 만들어 낸 수증기를 많이 포함하고 있다. 대류 활동이 활발한 적도 부근의 수증기는 적란운으로 발달해 여객기가 순항하는 1만 미터 이상의 고도까지 솟아오른다. 태평양이나 대서양 상공에 발달한 적란운 속에는 응결핵이 될 수 있는 부유물이 거의 없어 영하 수십 도에서도 얼지 않고 과냉각수 상태로 존재한다.

2009년 6월 1일 브라질의 리우데자네이루를 출발해 프랑스 파리로 비행하던 에어프랑스 447편은 대서양 상공에서 순항고도보다 높이 솟아오른 적란운과 조우했다. 여름철 적도 부근의 상공에는 수시로 크고 작은 뇌우가 급속히 생성되었다가 소멸하기를 반복하는데, 당시 에어프랑스 447편이 비행한 경로에도 적도 수렴대를 따라 광범위한 뇌우 밴드가 형성되어 있었다. 이 구름들은 해상 1만 5천 미터 상공까지 솟아올라 있었다.

에어라인 조종사는 어떤 경우에도 뇌우 속으로 비행해서는 안 된다. 그러나 비행 중 항로상의 모든 구름을 회피하는 것은 아니다. 모든 구름을 일일이 회피하다 보면 연료가 너무 많이 소모되어 목적지까지 비행을 할 수 없다. 그래서 조종사들은 최대한 연료를 아껴가며 진입해서는 안 되는 적란운을 골라 선택적으로 회피한다. 통과할 수 있는 구름과 그렇지 않은 구름을 구별하는 능력은 에어라인 조종사가 반드시 갖추고 있어야 하는 중요한 역량이다.

사고 당일 에어프랑스 447편에 앞서 같은 항로를 비행한 12대의 비행기들은 적도수렴대를 따라 길게 펼쳐져 있는 강한 뇌우 밴드를 회피하느라 항로를 백 킬로미터 이상 벗어났다. 그러나 웬일인지 에어프랑스 447편의 조종사들은 객실승무원에게 곧 터뷸런스 지역으로 진입한다는 경고를 주고 그대로 뇌우 속으로 비행을 계속했다.

구름 속으로 들어간 비행기는 심하게 흔들리기 시작했다. 심한 터뷸런스를 통과할 때에는 비행기의 구조적 스트레스를 줄이기 위해 속도를 줄여야 한다. 에어프랑스 447편의 조종사가 속도를 조금 줄이는 순간, 대기속도 520킬로미터를 지시하던 속도계가 갑자기 90킬로미터를 지시하기 시작했다. 영하 40도의 초저온에서 과냉각수 상태로 있던 적란운 속으로 비행기가 들어가자 속도계 센서에 커다란 얼음덩어리가 달라붙은 것이다.

비행기의 노즈nose에는 속도계와 고도계에 정보를 제공하는 각종 센서들이 장착되어 있다. 이 센서들에는 항상 결빙방지시스템이 작동하고 있는데, 에어프랑스 447편이 과냉각 적란운 속으로 들어가는 순간 비행기 동체는 거대한 응결핵이 되어 결빙방지시스템의 한계를 넘는 얼음덩어리로 둘러싸였다. 조종사들이 상황을 파악하기도 전에 자동조종장치와 자동추력장치가 끊어졌고 곧바로 항법 시스템과 비행 통제 컴퓨터, 공중 충돌방지시스템 등 12개에 달하는 시스템의 고장 경고가 줄줄이 울렸다.

비행계기가 모두 먹통이 된 상태에서 주요 시스템의 고장을 알리는 경고가 연속적으로 들어오자 당황한 조종사들은 본능적으로 조종간을 들어 올렸다. 속도를 잃은 비행기에서 추락을 알리는 경보가 울리기 시작했고 상황을 제대로 파악하지 못한 조종사들은 패닉 상태에 빠졌다.

결국 비행기는 리우데자네이루를 이륙한 지 4시간 만에 브라질 북동쪽 대서양에 추락했다. 228명의 탑승자 중 생존자는 아무도 없었다. 이 사고는 프랑스 역사상 최악의 항공사고였다.

비행기의 속도계, 고도계, 강하계 등에 정보를 제공하는 센서들. 이 센서들이 고장 나면 조종사는 비행에 필요한 대부분의 정보를 잃는다.

·

랜딩기어베이에 숨어 태평양을 건넌 소년

메스너는 8천 미터 이상 14개 봉우리를 모두 무산소로 등정했지만 정상에서 사진만 찍고 곧바로 하산했다. 만약 그가 어떤 이유로든 정상에서 바로 내려오지 않고 지체했다면 아마도 목숨을 잃었을 것이다.

인간이 오를 수 있는 수직 한계점은 어디일까. 과학으로 설명할 수는 없지만 에베레스트 정상보다 수천 미터나 더 높은 비행기의 랜딩기어베이(이륙 후 비행기 바퀴가 접혀 들어가는 동체 하부 공간)에서 아무런 장비 없이 수 시간이나 노출되고도 생존한 사람들이 종종 나타난다.

2014년 4월 20일 하와이공항 주기장을 헤매다 보안 요원에게 체포된 압디는 일곱 살 때 아버지를 따라 미국으로 건너온 소말리아의 난민촌 출신 소년이었다. 압디의 아버지는 난민촌을 떠날 때 압디에게 엄마가 죽었다고 거짓말을 하고 미국으로 건너왔다. 캘리포니아에 정착한 압디의 아버지는 곧 재혼을 하고 새 인생을 시작했지만, 압디는 미국 생활에 잘 적응하지 못했다. 압디는 학교에서 친구를 사귀지 못했고 집에 돌아와서는 사사건건 새엄마와 부딪혔다. 압디가 새엄마와 언쟁을 벌일 때마다 그의 아버지는 엄마를 힘들게 하지 말라며 일방적으로 압디를 나무랐다. 압디의 친구는 인터넷뿐이었다.

2014년 4월 19일, 압디는 인터넷을 통해 소식을 주고받던 소말리아의 친척으로부터 그동안 죽은 줄로만 알고 있던 친엄마가 소말리아 난민촌에 살아 있다는 사실을 알게 되었다. 격분한 압디는 아버지에게 달려가 진실을 말해달라고 했지만 아버지는 친척들이 잘 알지도 못하고 쓸데없

는 소리를 한 것이라며 오히려 압디에게 화를 냈다. 압디는 아버지와 새
엄마가 원망스러워 견딜 수가 없었다. 압디는 혼자서 소말리아의 친엄마
를 찾아가겠다고 결심했다.

집을 나온 압디는 차들이 쌩쌩 달리는 고속도로를 터벅터벅 걸어 새너
제이공항San Jose Airport으로 갔다. 압디는 새너제이공항에서 일단 외국으로
가는 비행기에 숨어 탄 후 도착지에서 다시 아프리카로 가는 비행기를 찾
아볼 생각이었다. 공항에 도착한 압디는 날이 어두워지기를 기다려 철조
망이 쳐져 있는 담을 넘었다. 그리고 사람들의 눈을 피해 주기장에 서 있
는 하와이안 비행기의 랜딩기어베이 안으로 기어 올라갔다. 랜딩기어베
이 안에는 압디가 몸을 숨기고 앉아 있기에 충분한 공간이 있었다. 아침

압디는 랜딩기어 스트러트를 잡고 랜딩기어베이 안으로 기어들어 갔다.

에 집을 나온 후 종일 아무것도 먹지 못한 압디는 몹시 배가 고팠지만 유압 파이프 사이에 쭈그리고 앉아 비행기가 출발하기만을 기다렸다. 압디는 친엄마를 만나는 꿈을 꾸며 랜딩기어베이 안에서 잠이 들었다.

압디가 숨어 있던 비행기는 다음 날 아침 하와이로 가는 B767기였다. 엔진이 시동될 때 나는 날카로운 소음에 잠을 깬 압디는 비행기가 움직이기 시작하자 본능적으로 옆에 있는 유압 파이프를 끌어안았다. 비행기가 굉음을 내며 이륙하는 동안 압디는 너무나 무서워 큰 소리로 울기 시작했다. 압디는 귀가 찢어지는 듯한 통증을 느끼다 자신도 모르는 사이에 정신을 잃었다.

비행기가 11,600미터의 고도로 순항하는 동안 랜딩기어베이 안에 숨어 있던 압디는 깨어나지 못했다. 6시간 후 하와이 상공에 도착한 비행기에서 랜딩기어가 펼쳐지고 거센 바람과 소음이 랜딩기어베이 안으로 밀려 들어오자 압디는 간신히 눈을 떴다. 압디의 몸은 랜딩기어베이 안의 유압 파이프 사이에 끼어 있었다. 압디는 몸을 움직여 보려고 했지만 팔다리에 전혀 힘이 들어가지 않았다. 비행기가 주기장에 도착한 후 승객들이 모두 내릴 때까지도 압디의 몸은 뻣뻣하게 얼어붙어 있었다.

한 시간이 지나 하와이의 따뜻한 공기가 랜딩기어베이 안을 완전히 덥히고 나서야 압디는 몸을 움직일 수 있었다. 압디는 랜딩기어베이에서 기어 내려와 비틀거리며 주기장 안을 걸어가다 공항 직원에게 발견되었다. 공항 직원은 귀에서 피를 흘리며 비틀거리는 압디가 랜딩기어베이에 숨어 방금 태평양을 건너온 줄은 상상도 하지 못했다. 병원으로 이송된 압디는 정밀 검사를 받았다. 압디의 몸에는 고막 파열로 인한 일시적인 청력 상실 외에는 별다른 이상이 없었다.

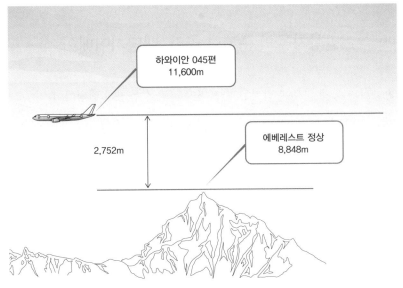

압디가 탄 하와이안 비행기의 순항고도와 에베레스트 정상 비교

압디가 탄 비행기가 태평양을 건너는 동안 비행기 외부의 온도는 영하 55도까지 떨어졌다. 이런 초저온 상태에서는 아무리 옷을 두껍게 입어도 저체온증을 피하지 못한다. 보통 사람들은 영하 50도 이하의 온도에서 한 시간만 지나도 귀와 손, 발가락과 같은 신체 말단이 얼어붙어 괴사하기 시작한다. 그러나 달랑 티셔츠 한 장만 입은 채 랜딩기어베이에서 6시간 동안이나 잠들어 있었던 압디는 산소 부족으로 인한 뇌 손상은 물론 가벼운 동상조차 입지 않았다. 의사들은 어떻게 이런 일이 가능했는지 설명하지 못했다.

•

밀항자들의 은밀한 공간, 랜딩기어베이

항공기의 동체 하부에 장착된 지지대와 바퀴를 통칭해 랜딩기어^{Landing Gear}
라고 한다. 랜딩기어는 착륙 시의 충격을 흡수하고 비행기가 지상에서 움
직이거나 서 있는 동안 동체를 지지하는 역할을 한다. 랜딩기어에는 지름
이 1.5미터가 넘는 항공용 타이어가 기종에 따라 6개에서 22개까지 장착
되어 있다. 유선형의 동체에서 툭 튀어나와 있는 이 타이어들은 비행 중
엄청난 공기저항을 유발하기 때문에 모든 대형기의 랜딩기어는 이륙 직
후 동체 안으로 접혀 들어갔다가 착륙 직전 다시 내려온다. 비행기의 배
면에는 동체 내부로 접혀 들어온 랜딩기어를 보관하는 넓은 공간이 있는
데 이 공간이 랜딩기어베이^{Landing Gear Bay}다.

대형기의 랜딩기어베이 내부는 성인이 들어가 숨을 수 있을 만큼 넓
다. 이를 아는 밀항자들은 민항 초기부터 비행기의 랜딩기어베이를 밀항
을 위한 은신처로 이용해 왔다. 영화 속에서는 종종 주인공이 움직이는
비행기의 랜딩기어를 붙잡고 기어 올라가 이륙한 비행기의 객실에서 테
러범과 사투를 벌이는 장면이 나오지만 이는 100퍼센트 허구다. 랜딩기
어베이와 객실 바닥은 두꺼운 알루미늄 합금으로 완전히 분리되어 있어
서로 공기조차 통하지 않는다.

이륙 후 랜딩기어는 3000psi의 유압으로 동체 안으로 접혀 들어간다.
이 힘은 1제곱미터를 약 2천 톤의 하중이 짓누르는 엄청난 힘이다. 랜딩
기어가 동체 안으로 접혀 들어가거나 내려올 때 그 동선에 있는 물체는
말 그대로 종잇장처럼 구겨져 버리기 때문에 정비사들도 지상에서 유압

을 작동시킬 때에는 극도의 주의를 기울인다.

미연방교통안전위원회(NTSB)의 항공사고조사보고서에는 랜딩기어 베이 안에 숨어 있다가 접혀 들어오는 랜딩기어에 끼어 사망한 밀항자들의 상태를 'crushed'로 표현하고 있다. 말 그대로 으깨져 있다는 뜻이다. 랜딩기어베이에 숨어 있던 밀항자들 중 생존한 사람들은 모두 랜딩기어가 접혀 들어오는 동선을 피해 자리를 잡고 있었기 때문에 운 좋게 목숨을 부지할 수 있었다.

•

"CHECK WHEELS DOWN"

이륙 후 랜딩기어가 접혀 들어가지 않으면 비행기는 정상 속도를 내지 못할 뿐만 아니라 순항고도까지 상승하지도 못한다. 무엇보다 랜딩기어가 내려와 있으면 공기저항으로 인해 엄청난 추가 연료를 소모하기 때문에 이륙 후 랜딩기어가 올라가지 않는 비행기는 출발 공항으로 회항할 수밖에 없다.

항공기가 현대화된 지금도 이륙 후 랜딩기어가 접혀 들어가지 않는 경우는 종종 발생한다. 지상에서 랜딩기어를 정비할 때는 랜딩기어가 접히지 않도록 랜딩기어 지지대에 기어핀Gear Pin을 장착하는데, 정비가 끝난 후이 기어핀을 빼지 않은 상태로 이륙하면 랜딩기어가 접히지 않는다. 나도 몇 년 전 인천공항에서 이륙 후 랜딩기어가 접혀 들어가지 않아 곧바로 되돌아 내린 적이 있었다. 이륙 후 랜딩기어 지지대를 짧게 당겨주는 핀이 부러져 랜딩기어가 접혀 들어가지 않았다.

이륙 후 랜딩기어가 동체 안으로 접혀 들어가고 랜딩기어도어Landing Gear

랜딩기어도어가 먼저 열린 후 랜딩기어가 내려온다. 랜딩기어가 완전히 내려오고 나면 랜딩기어도어는 다시 닫힌다.

Door가 닫히면 마침내 비행기는 매끈한 유선형 동체가 되어 순항속도로 증속할 수 있다. 착륙을 위해 랜딩기어를 내릴 때는 동체 배면의 랜딩기어도어가 먼저 열린 다음 랜딩기어가 내려온다.

착륙 전 조종사들은 착륙 준비가 완전히 갖추어졌는지를 확인하기 위해 랜딩 체크 리스트를 수행한다. 이 중 가장 중요한 항목이 '랜딩기어-다운Landing Gear- Down'이다. 랜딩기어가 내려오지 않으면 동체로 비상착륙을 해야 하는데, 동체 착륙은 비행기의 동체뿐 아니라 엔진과 날개에도 손상을 입혀 화재로 이어질 가능성이 매우 크다. 이런 위험에 대비해 현대의 모든 항공기에는 랜딩기어시스템에 이상이 생겼을 경우 중력으로 랜딩기어를 내릴 수 있는 수동 시스템이 백업되어 있다.

초기의 유인 비행기들은 모두 랜딩기어가 동체에 고정되어 있는 소위

'뻗정다리' 비행기였다. 2차 세계대전 중 항공기가 대형화, 고속화되면서 랜딩기어가 동체 안으로 접혀 들어가는 비행기가 개발되었는데, 이런 비행기들이 등장하자 뻗정다리 비행기에 익숙해져 있던 조종사들이 착륙 전 랜딩기어를 내리는 것을 잊어버려 의도하지 않은 동체 착륙을 하는 사례가 자주 발생했다. 그러자 미연방항공국(FAA)은 관제사로 하여금 조종사에게 착륙허가를 부여할 때 "Check wheels down(랜딩기어가 내려와 있는지 확인하라)"이라는 조언을 하도록 규정했다. 이 규정은 군용기에 한해서만 적용되는 것이었지만 일부 관제사들은 민항기에 대해서도 "Check wheels down" 조언을 했다.

1981년 8월 3일, 근로조건 개선과 교통관제 업무량 축소를 요구하던 미국 관제사 노조는 정부와의 협상이 실패로 돌아가자 파업에 돌입했다. 파업에는 13,000여 명의 관제사가 참가했고 파업 당일에만 약 7천 편의 항공편이 취소되었다. 격노한 레이건 대통령은 관제사들의 파업을 불법으로 선언하고 48시간 이내에 복귀하지 않으면 관제사들을 모두 해고하겠다고 위협했다.

레이건은 자신이 제시한 48시간이 지나고도 업무에 복귀하지 않은 11,359명의 관제사를 정말로 해고했다. 미연방항공국은 이들 11,359명의 관제사 복귀를 평생 금지한다고 발표하고 소형 공항들을 'Uncontrolled Airport'라는 자율 공항 시스템으로 전환했다. 작은 공항에서는 조종사들끼리 교신하며 활주로 상황을 알아서 파악하고 알아서 착륙하라는 것이었다.

그래도 여전히 국제선 공항에서 항공기 지연이 속출하자 보름 후 미연방항공국은 새 관제사들을 한꺼번에 선발했는데 이들 대다수는 얼마 전까지 군에서 근무하던 관제사들이었다. 이들 중 일부는 민간 공항에 와서도 군에서 하던 습관대로 착륙하는 비행기들에 "Check wheels down"
이라는 조언을 계속했다. 지금도 미국의 대형 국제공항에서는 "Check
wheels down" 조언을 해주는 관제사들이 남아 있다. 우리나라에서는 공
군과 함께 활주로를 사용하는 김해공항의 관제사들이 미연방항공국 규
정에 따라 "Check wheels down" 조언을 해주고 있다.

김포공항에 착륙하는 여객기의 경우 활주로의 방향에 따라 관악산 부
근이나 김포 한강신도시 상공에서 랜딩기어를 내린다. 랜딩기어가 내려
올 때는 객실에서도 들릴 정도로 큰 소음이 발생하기 때문에 승객들도 착
륙이 임박한 것을 금방 알 수 있다.

김포공항에 접근하는 항공기가 랜딩기어를 내리는 지점

1980년대 일본 도쿄에서는 랜딩기어를 내리는 비행기들의 바퀴에 붙어 있던 얼음덩어리가 주택가로 떨어져 건물과 시민들의 안전을 위협하는 일이 자주 발생했다. 주민들의 민원이 계속되자 일본 항공 당국은 비행기가 도쿄 도심에 진입하기 전에 미리 랜딩기어를 내리도록 규정했다. 현재 대부분의 국가에서는 새로 공항을 건설할 때 바다를 매립하거나 주거 밀집 지역을 멀리 피해 위치를 선정하는데, 그 이유는 모두 랜딩기어에서 떨어지는 낙하물과 이착륙 때 발생하는 소음을 피하기 위해서다. 도시가 발달할수록 공항과 도심 간의 거리는 점점 멀어질 수밖에 없다.

1980년대까지만 해도 여객기 조종사가 깜빡 잊고 랜딩기어를 내리지 않은 채 착륙을 하는 사고들이 종종 발생했다. 그러나 현대 항공기에서 조종사가 랜딩기어를 내리는 것을 잊어버릴 가능성은 전혀 없다. 착륙 전 랜딩기어가 내려와 있지 않으면 조종실에는 "Too Low Gear, Too Low Gear"라는 경보가 울린다. 이때 조종사는 즉시 착륙을 단념하고 다시 상승해 재접근을 하게 되어 있다.

●

최초의 비행기 밀항

최초의 랜딩기어베이 밀항은 1946년 8월, 12세의 인도네시아 소년이 KLM DC-3에 숨어 호주의 다윈시Darwin City까지 날아갔던 이른바 '쿠팡 키드Kupang Kid' 사건이다.

바스 위Bas Wie는 인도네시아의 티모르섬에 살던 전쟁고아였다. 2차 대전 중 일본군이 점령하고 있던 티모르에서 바스는 쿠팡공항의 허드렛일을 하는 대가로 주방에서 남은 음식을 얻어먹으며 살고 있었다. 어느 날

공항 청소를 끝낸 바스는 주방 쓰레기통에 버려진 닭 다리 튀김을 바지 주머니에 몰래 숨기고 나가다가 일본군 보초에게 들키고 말았다. 일본 군인들은 도둑질 버릇을 고쳐주겠다며 바스에게 모진 체벌을 가했다. 바스는 입술을 꾹 깨물고 살이 터지는 체벌을 견뎠다. 바스는 바닥에 엎드려 다시는 주방에서 어떤 것도 가지고 나가지 않을 테니 제발 공항에서 계속 일만 할 수 있게 해달라고 빌었다.

전쟁이 막바지에 이르자 연합군에 밀린 일본군은 티모르에서 퇴각했다. 일본군들이 있던 자리에는 호주 군인들이 들어왔다. 바스에게 모질었던 일본군들과는 달리 호주 군인들은 바스를 친동생처럼 대했다. 호주 군인들은 바스가 공항 청소를 마치고 돌아갈 때면 늘 과자나 통조림 같은 것들을 주었고, 바스는 이들과 장난을 주고받으며 난생처음 어린아이의 모습으로 돌아갈 수 있었다.

전쟁이 끝나자 호주 군인들은 모두 본국으로 돌아갔다. 폐허가 된 티모르에서 바스는 여전히 고단한 하루하루를 보내야 했다. 바스는 천장도 없는 흙더미 집에서 호주 군인들이 고국으로 돌아갈 때 준 담요를 덮고 잤다.

어느 날 평소와 같이 공항에서 쓰레기를 치우던 바스는 공항 직원으로부터 며칠째 주기장에 서 있던 KLM 비행기가 다음 날 호주로 간다는 소식을 들었다. 바스는 호주 이야기를 듣자 심장이 뛰었다. 하루 종일 비행기를 바라보던 바스는 그날 저녁 비행기 바퀴 위로 기어 올라가 랜딩기어 베이 안에 자신의 조그만 몸을 숨겼다.

DC-3의 랜딩기어베이 안은 12세의 왜소한 동양 소년이 앉아 있기에도 좁았다. 비행기가 이륙하자 바스가 앉아 있는 공간으로 랜딩기어가 접

바스 위가 숨어들었던 KLM DC-3

혀 들어왔지만 바스는 몸을 돌릴 수조차 없었다. 랜딩기어는 어린 바스의 쇄골을 그대로 으스러뜨려 버렸다. 바스는 이를 악물고 말 그대로 뼈가 부서지는 고통을 참았다.

DC-3는 엔진의 배기가스가 랜딩기어베이를 통과해 외부로 배출되는 비행기였다. 어깨뼈가 으스러진 바스는 배기가스의 열기를 온몸으로 맞다가 곧 정신을 잃었다. 비행기가 다윈공항에 착륙했을 때 바스는 온몸에 심한 화상을 입고 피떡이 된 채로 랜딩기어베이 안에서 발견되었다.

바스의 밀항 소식은 신문을 통해 호주 전역에 알려졌다. 조사관들이 병원에서 치료를 받고 있는 바스에게 왜 비행기에 숨어 다윈까지 왔는지를 묻자 바스는 티모르에서 친구가 되어준 군인들을 만나러 왔다고 대답했다. 만신창이가 된 몸으로 천진난만하게 친구를 만나러 왔다고 대답하는 바스를 보며 눈물을 흘리지 않는 사람은 없었다. 시민들은 뼈가 으스러지는 고통을 견디며 호주까지 날아온 바스의 강한 의지에 깊은 감명을 받았다.

바스가 치료를 받는 동안 병실에는 시민들이 보낸 꽃다발과 편지가 끊이지 않았다. 의료진의 정성스러운 치료 덕분에 바스가 거의 몸을 회복하자 신문들은 "다윈시는 자바 소년과 함께 살기를 원한다"라는 기사를 내보냈다. 시민들은 바스가 건강한 몸으로 병원을 나와 티모르에서 친구가 되어준 군인들과 재회하는 모습을 보고 싶어 했다.

그러나 호주 정부의 생각은 달랐다. 호주 정부는 바스의 정착을 허용할 경우 동남아시아와 중국계 이민자들이 몰려들어 와 화이트 오스트레일리아 정책White Australia policy이 걷잡을 수 없이 무너질 수 있다고 생각했다.

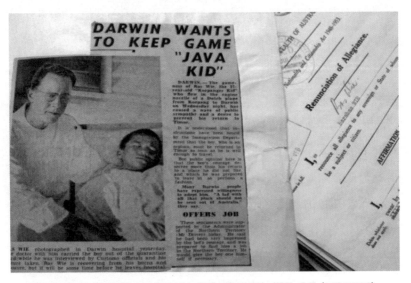

호주국립보존기록관에서 소장 중인 바스 위의 신문 기사와 기록들, 호주 〈ABC NEWS〉

1850년대까지 서구 열강의 식민지로 분할되어 있던 호주는 10년 동안이나 계속된 미국발 대공황의 여파로 심각한 경제 위기를 맞고 있었다. 그러던 중 호주 내륙 곳곳에서 연달아 금광이 발견되자 동남아시아 국가들을 선두로 전 세계의 이민 희망자들이 호주로 몰려들었다. 이들 중에는 중국인이 가장 많았는데 1881년 한 해에만 자그마치 5만 명이 넘는 중국인들이 호주로 들어왔다.

저임금에도 불평 없이 일을 하는 동양계 노동자들은 기존의 백인 노동자를 빠르게 대체하며 호주 노동자들의 임금을 전체적으로 저하시키는 결과를 가져왔다. 백인들은 중국 노동자들이 생산한 가공품에 '중국 노동자 제작품'이란 라벨을 붙여 유통 가격을 인위적으로 조작하고 같은 일을 하는 중국 노동자들과 백인 노동자들의 급여에 차등을 두었지만 중국인들의 이민 러시는 전혀 위축되지 않았다.

유럽과 같은 백인 사회의 건설을 꿈꿔왔던 호주인들은 호주가 동남아 국가들이나 중국과 같이 인구는 많고 생활 수준이 낮은 사회가 될 것을 우려하기 시작했다. 초기 호주 의회는 제한적인 이민법을 제정해 백인 사회를 보호하려고 했다. 이들 법안의 주요 내용은 중국 이민자들의 거주지를 제한하고 세금을 차등적으로 부과하는 정도였지만, 곧 이 법안들은 동남아시아인들과 폴리네시아계 등 비백인계 전반을 대상으로 확대되었다.

1896년 호주 연방의회는 모든 유색인종을 배척하는 결의안을 통과시키고 호주 사회를 백인들만을 위한, 백인들만의 사회로 만들 것임을 대내외에 선포했다. 1901년 호주연방이 수립되자 백호주의는 국가 체제의 기본 원칙으로 간주되었고 첫 수상으로 취임한 에드먼드 바턴은 백인 우월주의에 대한 그의 신념을 이렇게 밝혔다.

"인종 간 평등이란 없습니다. 백인과 비교해 볼 때 다른 인종에는 본질

1888년 중국인을 '페스트'로 묘사한 호주의 반(反)이민 정책 포스터. 호주국립도서관

적으로 불평등한 열등성이 존재합니다."

바스가 랜딩기어베이에 숨어 다윈에 도착한 1946년은 호주 전역에 정부의 인종차별 정책이 공고하게 유지되고 있던 시기였다. 당시의 호주 시민들 역시 정부의 정책을 열렬히 지지하고 있었다.

이런 분위기에서 바스의 호주 정착을 허용하라는 시민들의 요구가 정부에 받아들여질 리가 없었다. 호주 정부는 바스가 병원에서 퇴원하는 즉시 티모르로 추방하기로 결정했다. 그러나 그동안 정부의 백호주의 정책에 적극적으로 동조하던 호주 시민들조차 정부가 바스를 추방하기로 한 결정에 대해서만큼은 등을 돌렸다. 언론을 통해 티모르에서 바스가 견뎌온 처참한 삶의 실상을 알게 된 호주 시민들은 바스에 대한 정부의 추방 결정에 대해 인간성을 상실한 야만적인 태도라고 맹비난했다.

시민들은 어린 바스가 보여준 삶에 대한 강한 의지야말로 호주가 그동안 주창해 온 개척 정신의 본보기라며 바스의 호주 정착을 허용하라고 강력히 요구했다. 바스의 호주 정착을 지지하는 시민들의 모임이 생기고 언론마저 시민들과 합세해 정부를 압박하자, 호주 정부는 바스를 티모르로 되돌려 보낼 경우 시민들의 여론이 백호주의 자체에 대한 반대로 비화될 것을 우려했다. 결국 호

1992년 자신이 숨어 있던 DC-3의 랜딩기어베이에 올라가 포즈를 취한 바스 위

주 정부는 북부 지방 장관인 아서 로버트의 가정에서 바스를 보호하는 조건으로 바스의 임시 호주 정착을 허가했다. 바스는 그로부터 12년이 지난 24세가 되어서야 정식 호주 시민이 될 수 있었다.

•

비행기에서 떨어져 죽는 사람들

항공 당국의 공식 사고 조사 기록이 시작된 1947년부터 2016년까지 랜딩기어베이에 숨어 밀항을 시도한 사람은 모두 113명이나 된다. 그러나

당국에 발견되지 않은 생존자나 공중에서 떨어져 실종된 사람을 포함하면 실제 랜딩기어베이 밀항자의 수는 최소한 그 두 배 이상으로 추정한다.

랜딩기어베이 안에 숨어든 113명의 밀항자 중 86명은 도착한 비행기에서 얼어붙은 사체로 발견되거나 이착륙 중 랜딩기어베이에서 추락해 사망했다. 랜딩기어가 동체 안으로 접혀 들어가거나 내려올 때에는 랜딩기어도어가 먼저 열리는데 이때 랜딩기어도어 위에 앉아 있던 밀항자들이 추락했던 것이다.

1970년 2월 24일 호주에서는 도쿄를 향해 이륙한 일본항공 비행기에서 살아 있는 사람이 떨어지는 모습이 카메라에 잡혀 전 세계에 엄청난 충격을 준 사건이 있었다.

키이스Keith Sapsford는 시드니에 살고 있던 14세의 호기심 많은 소년이었다. 키이스가 가출을 반복하자 그의 부친은 키이스와 함께 일주일이 넘도록 해외여행을 다녀왔지만 집에 돌아온 키이스는 또 해외여행을 가자고 졸랐다. 온 가족이 일상을 포기하고 매일 해외여행만 다닐 수는 없었기에 그의 부친은 학기가 끝나면 여행을 가자고 키이스를 달랬다. 그러나 학업에 전혀 관심이 없었던 키이스는 학교생활을 아예 내팽개치고 온종일 거리를 배회했다. 가족들은 키이스를 가톨릭 단체에서 운영하는 청소년학교에 보냈지만 키이스는 2주 만에 다시 학교를 빠져나와 길거리에서 며칠을 보낸 후 집으로 돌아왔다.

어느 날 잡지에서 비행기의 랜딩기어베이에 숨어 밀항을 한 사람의 기사를 읽은 키이스는 저녁 자리에서 그 기사를 화제에 올렸다. 그의 아버지는 공중에서 비행기의 랜딩기어베이 내부는 기압과 온도 조절이 되지 않기 때문에 그 안에 있던 사람은 죽었을 거라고 설명해 주었다. 그는 아들이 설마 랜딩기어베이에 숨어 밀항을 시도할 것이라고는 꿈에도 생각지 않았다.

그러나 키이스는 랜딩기어베이에 숨어 밀항에 성공한 사람들이 있다는 것을 알고 있었다. 당시 서구에서는 동양 사회의 공동체 문화가 과장되어 동양을 피안의 세상으로 상상하는 분위기가 있었는데, 키이스 역시 TV에 소개된 일본 문화에 푹 빠져 일본으로 갈 수 있는 방법을 찾고 있었다. 결국 키이스는 랜딩기어베이에 숨어 혼자 일본으로 가기로 결심했다.

도쿄로 가는 여객기를 물색한 키이스는 며칠 후 시드니공항으로 가서 주기장에서 출발을 기다리는 JAL DC-8 비행기의 랜딩기어베이에 기어올라갔다. 주기장을 감시하는 보안 요원이 없었기 때문에 키이스는 별 어려움 없이 랜딩기어베이에 올라가 숨을 수 있었다.

자신이 앉아 있는 동체의 바닥 면이 닫혀 있는 랜딩기어도어라는 것을 몰랐던 키이스는 비행기가 이륙한 직후 랜딩기어도어가 열리면서 그대로 추락하고 말았다.

14세의 소년이 산 채로 비행기에서 떨어지는 이 끔찍한 장면은 사진을 찍은 작가도 모르는 사이에 촬영되었다. 아마추어 사진가였던 존 길핀은 새로 장만한 카메라 렌즈를 시험하기 위해 날씨가 맑은 날 시드니공항에서 이착륙하는 비행기들을 촬영했는데, 몇 달 후 자신이 찍은 사진들을 정리할 때까지 사람이 추락하는 장면이 찍혔다는 사실을 전혀 모르고 있었다.

길핀의 사진은 전 세계인들에게 엄청난 충격을 주었다. 그러나 사람들은 14세의 소년이 이륙하는 비행기에서 산 채로 떨어졌다는 사실만 이야기할 뿐, 어떻게 사람이 여객기의 랜딩기어베이 안에 들어가 있을 수 있었는지에 대해서는 별 관심이 없었다.

JAL DC-8기에서 추락하는 키이스, © John Gilpin

지금도 여전히 사람들은 랜딩기어베이에 기어 올라가 밀항을 시도한다. 2018년 한 해에만 항공 당국에 의해 공식 보고서가 나온 랜딩기어베이 밀항자만 모두 5명이었다. 발견되지 않은 이들을 고려하면 매년 10명 이상이 랜딩기어베이에 숨어 밀항을 시도하고 있다. 이들 대부분은 여전히 랜딩기어베이 안이 얼마나 위험한 공간인지 알지 못한다.

2018년 발견된 5명은 모두 제삼세계 국가에 살던 19세 이하의 청소년들이었다. 이들은 모두 착륙 중 랜딩기어도어가 열리는 순간 추락해 사망했다. 2018년 2월 26일 뉴욕을 향해 산티아고를 이륙한 칠레항공 B767 기에서 추락한 소년들의 나이는 겨우 16세였다.

•

고공에 숨어 있는 치명적인 위험들

비행 중 객실에는 엔진을 통해 압축된 공기가 인체에 적정한 온도로 조절되어 공급된다. 그러나 사람이나 생동물이 타지 않는 동체 하부의 전자장비실이나 랜딩기어베이에는 여압이나 온도 조절 시스템이 없기 때문에 고도가 올라갈수록 기압과 온도가 급격하게 떨어진다.

공중에서 랜딩기어베이 안에 있는 사람에게 가장 먼저 닥치는 증상은 색전증이다. 이륙 직후 비행기는 분당 천 미터 이상의 수직 속도로 상승하는데, 이때 기압이 급격히 감소하면서 인체의 장기와 혈액 속에 녹아 있던 질소가 기포로 변한다. 이 기포가 혈류를 따라 돌아다니다가 심장이나 척추와 같은 인체의 주요 기관으로 가는 혈관을 차단해 발생하는 증상을 색전증이라고 한다. 가장 위험한 경우는 이 질소 기포가 뇌로 가는 혈관을 차단할 때다. 뇌에 혈류가 차단되면 곧바로 전신이 마비되고 아주 짧은 시간 내에 의식을 상실한다. 이때 즉각적인 의료 조치가 이뤄지지 않으면 쇼크로 사망한다.

운 좋게 색전증이 발생하지 않더라도 랜딩기어베이 안에 있는 사람은 저산소증을 피할 수 없다. 비행기가 순항하는 고도의 공기 중 산소는 지상의 20퍼센트 수준에 불과하다. 이런 공기를 마시면 뇌에 산소가 부족해지면서 몽롱한 쾌감이 밀려온다. 산소 부족은 죽는 순간까지 전혀 고통을 주지 않고 서서히 생명을 빼앗기 때문에 'euphoria(행복한 죽음)'라고도 한다. 저산소증에 걸리면 사람은 마약에 중독된 것처럼 묘한 쾌감에 빠져 서서히 의식과 운동 능력을 잃다가 결국 폐부종이나 뇌부종으로 사망한다.

고공의 랜딩기어베이에서 맞닥뜨릴 수 있는 또 하나의 치명적인 위험은 저체온증이다. 고도가 300미터 상승할 때마다 외기 온도는 2도씩 떨어진다. 여객기가 순항하는 1만1천 미터 이상의 고도에서 대기의 온도는 섭씨 영하 50~60도까지 내려간다. 이륙 중 뜨거워진 랜딩기어와 유압 파이프가 방출하는 복사열 때문에 랜딩기어베이 내부의 온도가 단숨에 내려가지는 않지만, 순항 시간이 길어지면서 랜딩기어베이 내부의 온도는 점점 외기 온도에 수렴한다. 랜딩기어베이에 숨어 있던 사람들은 모두 이런 저압과 저산소, 그리고 초저온의 극한 상황에 노출되었다.

랜딩기어 밀항자들 중 도착지에서 죽지 않고 발견된 사람은 모두 스무 살 이하의 젊고 건강한 사람들이었다. 이들은 비행 중 의식을 잃고 있었지만 운 좋게도 랜딩기어베이 내부의 유압 파이프 사이에 끼어 있는 바람에 랜딩기어가 펼쳐질 때 추락하지 않았다.

의학자들의 연구 결과, 생명력이 강한 일부 젊은 사람들은 초저온에 장시간 노출되면 일종의 동면 상태에 들어가는 것으로 밝혀졌다. 배터리가 거의 소진된 스마트폰이 자동으로 절전모드로 전환되는 것처럼, 극한 환경에서는 인체의 자율신경계가 체온을 스스로 낮추고 뇌와 심장 등 생존을 위한 최소한의 장기에만 혈류를 집중시킨다는 것이다. 그러나 이렇게 살아남은 사람들 역시 동상이나 뇌 손상을 완전히 피하지는 못했다. 랜딩기어베이에서 살아남은 사람들 중 절반은 평생을 반신불수나 동상의 후유증을 안고 살았다.

2007년 9월 25일 모스크바에 살던 15세의 소년 안드레이는 술주정을 일삼는 아버지를 피해 유럽으로 가는 비행기의 랜딩기어베이에 숨어 있다가 공중에서 손과 발에 심한 동상을 입었다. 비행기가 착륙한 후 지상 직원에 의해 발견되었을 때 안드레이의 손과 발은 이미 괴사가 진행되고 있었고 구급 대원들은 그를 꺼내기 위해 옷과 피부를 잘라내야 했다. 병원으로 후송된 후 의사는 안드레이를 살리기 위해 썩어 들어가는 손과 발을 절단했다.

●

달리는 비행기에 뛰어들기 시작하다

대부분의 랜딩기어베이 밀항자들은 어두운 밤 공항 보안 요원의 눈을 피해 주기장에 서 있는 비행기의 랜딩기어베이에 몰래 기어 올라갔다. 그러나 랜딩기어베이 밀항이 계속되자 항공 당국은 공항 터미널의 출입 절차를 강화하고 비행기 주기장에 감시카메라와 경비 요원을 배치했다. 주기되어 있는 비행기에 접근하는 것이 어려워지자 놀랍게도 밀항자들은 활주로 주변에 숨어 있다가 이륙하는 비행기의 랜딩기어베이에 기어오르기 시작했다. 비행기들은 활주로 말단에서 이륙 순서를 기다리고 서 있다가 관제사로부터 이륙 허가를 받으면 활주로에 진입하는데, 밀항자들은 이때를 노려 움직이는 비행기의 랜딩기어로 뛰어 올라갔다.

2013년 8월 나이지리아에서는 이륙 직전 비행기에 뛰어드는 소년을 객실에 앉아 있던 승객들이 발견하고 큰 소동이 벌어진 일이 있었다. 비행기에 뛰어든 소년은 모친과 단둘이 어렵게 살아가던 13세의 다니엘이었다.

활주로 말단에서 이륙 허가를 기다리고 있는 비행기들. 혼잡한 국제공항에서는 20분 이상 대기하기도 한다.

　　다니엘의 모친은 변변한 직업도, 서로를 돌봐줄 친지도 없었다. 어려운 가정 형편 때문에 다니엘은 학교에도 다니지 못하고 하루 종일 동네를 배회하며 시간을 보냈다. 다니엘이 살던 마을은 거리에 쓰레기 더미와 파리가 들끓고 일거리가 없는 청년들이 하루 종일 길거리에 나와 우두커니 앉아 있는 그런 곳이었다. 평소 책을 좋아하던 다니엘은 쓰레기 더미 속에서 찾아낸 잡지를 읽으며 배고픔과 무료함을 달랬다. 다니엘의 꿈은 미국에 가서 학교에 다니는 것이었다.

　　어느 날 다니엘은 버려진 신문에서 랜딩기어베이에 숨어 미국으로 밀항한 사람의 기사를 읽었다. 캘리포니아에 도착한 비행기의 랜딩기어베이 안에서 발견된 밀항자를 미국 정부가 병원으로 이송해 치료를 해주었다는 내용이었다. 다니엘은 미국으로 갈 수 있는 방법을 찾아냈다는 생각에 가슴이 두근거렸다.

며칠 후 밀항을 결심한 다니엘은 집을 나와 베냉공항까지 걸어갔다. 그러나 막상 공항에 도착한 다니엘은 터미널 안으로 들어갈 수조차 없었다. 건물 입구에는 제복을 입은 경비원들이 돌아다니고 있었고 항공권을 가지고 있는 사람만 터미널 안으로 들어갈 수 있었다.

다니엘은 공항 담장을 따라 계속 걸어갔다. 터미널과 멀리 떨어진 활주로 부근에는 경비원이 보이지 않았다. 다니엘은 철조망이 쳐져 있는 담장을 타고 넘어 활주로 말단에 불거진 덤불 속에 몸을 숨겼다. 비행기가 이륙할 때마다 엄청난 굉음과 함께 덤불을 통째로 날려버릴 것 같은 거센 후류가 불어닥쳤지만 다니엘은 덤불 속에 숨은 채 꼼짝도 하지 않았다.

비행기가 이륙하는 모습을 지켜보던 다니엘은 활주로에 진입하는 비행기들이 아주 천천히 움직인다는 사실을 알아냈다. 날이 어두워지기를 기다린 다니엘은 제일 큰 비행기가 활주로로 들어오는 순간 덤불 속에서 뛰어나와 비행기의 바퀴를 붙잡고 랜딩기어베이 위로 기어 올라갔다.

객실 창밖을 바라보며 이륙을 기다리던 승객들은 갑자기 덤불 속에서 뛰어나와 비행기로 달려드는 다니엘을 발견하고 깜짝 놀랐다. 승객들은 다급히 승무원을 불렀지만 승무원이 기장에게 연락을 하기도 전에 비행기는 그대로 이륙하기 시작했다. 달리는 비행기가 뭔가를 밟은 듯 덜컹거리자 다니엘이 비행기 바퀴에 깔린 것으로 생각한 승객들은 일제히 비명을 질렀다.

다니엘이 올라탄 비행기는 아쉽게도(?) 미국이 아니라 인근의 라고스Lagos로 가는 국내선 여객기였다. 비행기가 이륙하기 직전 가까스로 랜딩기어베이 안으로 기어 올라간 다니엘은 한 시간도 안 되어 비행기가 다시 착륙하자 몹시 실망했다. 주기장에 도착한 비행기에 트랩이 연결되는 것을 본 다니엘은 서둘러 랜딩기어베이에서 내려왔다.

다니엘이 이륙 중 깔려 죽은 것으로 생각했던 승객들은 바퀴를 붙잡고 내려오는 다니엘을 발견하고 환호를 올렸다. 다니엘은 그 자리에서 공항 보안 요원에게 체포되었다.

그러나 사건의 경위를 조사한 정부는 다니엘을 처벌하는 대신 기숙사가 있는 나이지리아의 최고급 학교에 보내주었다. 라고스 시장은 다니엘이 졸업할 때까지 별도의 장학금까지 지원하겠다고 약속했다.

항공 전문가들은 성공한 밀항에 보상을 주는 것은 아마추어적인 조치라고 나이지리아 정부를 비판했다. 공항과 비행기의 허술한 보안 시스템을 보완하지 않고 정부가 어려운 소년을 돕는 미담으로 밀항 사건을 종결하는 것은 성공한 밀항에 대한 잘못된 기대를 부추길 수 있다는 지적이었다. 유사한 방법으로 테러범이 랜딩기어베이에 폭발물을 설치할 수도 있다는 비판이 있었지만 나이지리아 정부는 다니엘에 대한 불기소 처분과 지원 결정을 번복하지 않았다.

1970년대까지만 해도 랜딩기어베이에 숨어 밀항한 사람들의 이야기는 세간의 큰 화제가 되었다. 사람들은 그들의 비참한 처지를 동정했고 도착국 정부도 인도적 차원에서 랜딩기어베이 밀항자의 자국 정착을 허용했다. 1980년대 후반 냉전 시대가 끝나기 전까지 서방국들은 공산국 출신 밀항자들의 망명을 대부분 수용했는데 이는 자본주의 체제의 우월성을 과시하고 적대국의 낙후성을 증명하는 데 밀항자들을 이용할 수 있기 때문이었다.

해피엔딩으로 끝난 밀항 사례들이 알려질수록 수많은 예비 밀항자의 기대와 희망은 점점 확신이 되었다. 언론은 랜딩기어베이 밀항자 대다수가 비참하게 사망한다는 사실은 거의 보도하지 않는 대신, 병원에서 치료를 받거나 당국의 시혜적 보상을 받고 감격하는 밀항자들의 모습은 자세히 내보냈다.

　이념의 시대가 끝나자 밀항자에 대한 정치적 효용과 함께 국가 차원의 시혜적 조치들도 사라졌다. 밀항 사건을 바라보는 관점이 목숨을 건 체제 탈출에서 항공 보안의 문제로 바뀐 것이다. 한 해에만 10건이 넘는 랜딩 기어 밀항 사건이 잇따르자 시민들은 항공 보안 체계를 의심하기 시작했고, 정부는 공항 경비 시스템과 관계 법령을 대폭 강화했다. 특히 아프리카와 남미 밀항자들의 주요 목적지가 되어온 유럽의 선진국들은 랜딩기어베이 밀항자들을 출입국 관리법에 따라 엄격히 처벌한 뒤 본국으로 추방하는 정책으로 급선회했다.

●

살아남은 자의 슬픔

1996년 10월 24일 런던 교외의 한 카페에서 데이트를 즐기던 한 커플이 히스로공항에 접근 중이던 브리티시에어 B747-400 비행기에서 사람이 떨어지는 것을 목격했다. 비행기 안에서 살인 사건이 벌어진 것으로 생각한 이들은 급히 공항 당국에 전화를 걸어 리치먼드 상공을 날고 있던 비행기에서 사람이 떨어졌다고 신고했다. 출동한 경찰은 비행기의 접근 경로를 수색하던 중 리치먼드가의 한 건물 옥상에서 온몸의 뼈마디가 산산조각이 나 있는 남성의 시체를 발견했다. 일대의 CCTV를 모두 조사한 결과 이 남성은 착륙을 위해 강하 중이던 비행기 랜딩기어가 펼쳐지는 순간 떨어진 것으로 확인되었다.

　비행기가 공항에 착륙한 후 비행기 내외부를 샅샅이 조사한 공항 당국은 랜딩기어베이 안에서 동공이 풀린 채 온몸을 부들부들 떨고 있는 한 남자를 발견했다. 이 남자는 비행기가 델리를 출발하기 전 동생과 함께 랜딩기어베이 안에 숨어들었던 파딥이었다. 착륙 직전 리치먼드 거리에 떨어진 사람은 그의 동생인 비제이였다.

인도에 살던 파딥과 비제이 형제는 시크 무장 세력과 연계되었다는 혐의로 델리 법정에 기소되었다. 인도에서 시크 무장 세력 관련 혐의는 중벌을 피할 수 없다는 것을 잘 알고 있던 형제는 재판을 받기 전에 서둘러 인도를 떠나기로 결심했다. 밀항 알선 브로커에게 큰돈을 주고 비행기의 랜딩기어베이에 숨어 밀항하는 방법을 배운 파딥은 인도인 커뮤니티가 크게 형성되어 있는 영국행 비행기를 물색했다.

모든 준비를 마친 형제는 다음 날 아침 일찍 델리공항으로 갔다. 델리공항은 보안이 매우 삼엄해 경비원들이 공항 터미널 안으로 들어오는 모든 사람의 신원을 일일이 조회한다. 항공권이 없는 사람은 아예 터미널 안으로 들어갈 수조차 없다. 그러나 파딥과 비제이는 브로커가 가르쳐 준 경로로 터미널 안으로 들어가 브리티시에어 비행기의 랜딩기어베이에 기어 올라가는 데 성공했다.

손님을 모두 태운 비행기가 움직이기 시작하자 마침내 인도를 탈출하게 되었다는 생각에 형제는 안도의 한숨을 내쉬었다. 그러나 막상 비행기가 굉음을 내며 활주로를 달리기 시작하자 마치 블랙홀로 빨려 들어가는 것 같은 공포를 느낀 두 형제는 누가 먼저랄 것도 없이 비명을 질렀다. 이들은 비행기가 이륙하자마자 곧바로 의식을 잃었다.

비행기가 1만 1천 미터의 고도로 10시간을 순항하는 동안 랜딩기어베이 내부의 온도는 영하 43도까지 떨어졌다. 비행기가 런던 상공에 도착할 때까지 형제는 의식을 잃고 있었다. 조종사가 착륙을 위해 랜딩기어를 내리는 순간 동생 비제이는 랜딩기어베이에서 미끄러지면서 그대로 추락했다. 유압 파이프 사이에 낀 채 얼어붙은 몸으로 간신히 눈만 뜨고 있던 형 파딥은 동생이 떨어지는 모습을 바라보고 있어야 했다.

비행기가 주기장에 도착한 후 랜딩기어베이에서 뻣뻣하게 군은 몸으로 발견된 파딥은 입술과 손발에서 괴사가 진행되고 있었다. 파딥은 즉시 런던 병원으로 이송되었다. 병원에서 치료를 받는 도중 파딥은 인도로 추방될 경우 사형을 피하지 못할 것이라며 영국에 정치적 망명을 신청했다. 그러나 영국의 사법부는 파딥의 정치적 망명을 인정하지 않았다. 병원에서 퇴원하는 날 파딥은 인도로 추방되었다.

이 형제가 숨어들었던 브리티시에어 비행기의 기장은 자신의 비행기에서 사람이 떨어져 죽었다는 소식을 듣고 한동안 비행을 할 수 없을 정도로 큰 충격을 받았다. 며칠 간의 휴가 후 다시 비행에 복귀한 기장은 병원에 있는 파딥에게 '당신이 살아 있음에 신께 감사드린다. 다음에는 꼭 기내에서 합법적인 승객으로 만날 수 있기를 바란다'는 편지를 보냈다.

•

죽어서도 고향에 돌아가지 못하는 사람들

여객기가 출발하기 전 기장은 비행기 밖으로 나가 육안으로 비행기 외부의 상태를 점검한다. 그러나 지상에 서 있는 비행기의 랜딩기어베이는 조종사의 눈보다 상당히 높은 위치에 있기 때문에 그 안에 숨어 있는 사람을 발견하는 것은 매우 어렵다. 특히 날이 어두워지고 나면 사다리를 타고 올라가 플래시를 비추어 보지 않는 한 랜딩기어베이 안에 무엇이 들어 있는지 확인하는 것은 불가능하다. 대부분의 밀항자는 이런 점을 노리고 비행기가 출발하기 수 시간 전부터 랜딩기어베이에 올라가 숨어 있었다.

테러리스트가 밀항자들과 같은 방법으로 주기되어 있는 비행기의 랜딩기어베이에 폭발물을 설치할 수도 있다는 지적을 인정한 항공 당국은 공항 주기장에 24시간 작동하는 감시카메라와 보안 요원을 배치했다. 주기장에 배치된 보안 요원은 객실 출입구와 비행기 외부에서 기내 작업자와 항공사 직원 등 비행기에 출입하는 모든 사람의 신원을 확인한다. 현재 대부분의 국제공항은 이런 보안 시스템이 잘 갖추어져 있기 때문에 더 이상 주기되어 있는 비행기의 랜딩기어베이에 숨어들어 가는 것은 거의 불가능하다.

랜딩기어베이에 숨어 밀항을 시도한 사람들은 모두 목숨을 걸어야 할 만큼 매우 절박한 사람들이었다. 드물게 철없는 소년이 호기심으로 랜딩기어베이에 숨어든 사례도 있었지만 대부분의 밀항자들은 정치적, 경제적으로 매우 열악한 지역에서 국가의 제도적 지원이나 주변의 도움을 받지 못하고 간신히 하루하루 연명하던 사람들이었다. 말 그대로 목숨밖에는 잃을 것이 없는 사람들이 이륙하는 비행기에 뛰어들었던 것이다.

랜딩기어베이 안에서 그들은 최소한 학대를 받거나 굶어 죽지는 않는 곳으로 가는 꿈을 꾸었다. 그러나 그들 대부분은 비행기가 이륙한 후 극한의 추위와 공포에 떨다가 사망했다. 설사 모든 죽음의 고비를 딛고 목적지에 살아 도착해도 더 이상 그들이 기대했던 새 삶은 얻지 못한다. 현재 대부분의 국가는 랜딩기어베이에서 살아남은 생존자들을 출입국 관리법에 따라 밀항자로 처벌한 후 형기가 끝나면 본국으로 추방한다. 심지어 랜딩기어베이에서 추락해 사망한 사람들조차 밀항의 책임을 면하지 못한다.

2012년 모잠비크의 한 가족은 가출한 아들이 런던으로 가는 브리티시 에어 비행기의 랜딩기어베이에서 추락해 사망했다는 소식을 들었다. 수소문 끝에 아들이 밀항자로 처리되어 런던 교외의 트위크넘 무연고자 묘지에 묻혀 있다는 것을 알게 된 가족은 아들을 고향에 묻기 위해 영국 정부에 시신 인도를 요청했다. 그러나 이들이 영국 정부로부터 받은 건 시신을 인수하려면 그동안 사건의 처리와 관련해 지출된 7천 파운드(약 1,300만 원)를 배상해야 한다는 청구서였다. 온 가족이 하루 1달러로 연명하던 이들은 결국 아들의 시신 인수를 포기했다.

메스너는 그의 저서 《검은 고독 흰 고독》에서 에베레스트 중턱에서 홀로 캄캄한 에베레스트 정상을 향해 오르던 기억을 이렇게 썼다.

"무서워 울면서도 앞으로 가야만 한다. 계속 앞으로 걸어가는 것만이 내가 여기서 살아남을 수 있는 유일한 길이다."

두려움에 떨며 이륙하는 비행기의 랜딩기어베이 안에 앉아 있던 사람들도 같은 심정이 아니었을까. 지금 서 있는 곳에서 벗어나지 않고는 살아남을 수 없었던 사람들, 그들은 더 나은 세상을 찾아서가 아니라 어디에서든 살아남기 위해 무서워 울면서도 이를 악물고 달리는 비행기에 뛰어들었을지도 모른다.

비행기의 구조와
각 부분의 역할

현대의 여객기는 크기와 모양만 약간 다를 뿐 모두 같은 구조다. 조종사들이 하나의 비행기를 완벽히 마스터하면 다른 비행기로 쉽게 전환할 수 있는 것도 현대 비행기들의 구조와 시스템이 기본적으로 거의 같기 때문이다.

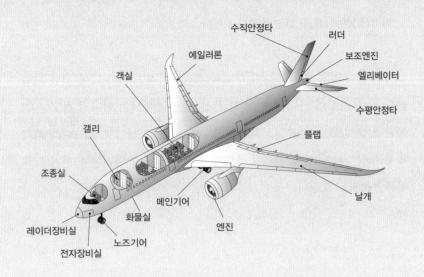

비행기의 구조

★ 전자장비실(Avionics Bay)

비행기를 인체에 비유하면 전자장비실은 뇌, 엔진은 심장, 조종실은 영혼이다. 조종실 바로 아래 위치한 전자장비실에는 비행기의 각종 시스템을 제어하는 컴퓨터들이 즐비하게 들어차 있다. 전자장비실로 들어가는 문은 동체 배면의 노즈기어도어Nose Gear Door 앞에 있지만, 조종실 바닥에도 전자장비실로 내려갈 수 있는 작은 개폐구가 있다. 전자장비실에는 지상에서 정비 목적으로만 들어갈 수 있으며, 비행 중에는 극히 특별한 비상상황을 제외하고는 조종사들도 들어갈 수 없다.

★ 조종실(Cockpit)

조종실은 비행기의 중앙 통제실이다. 비행 중 조종석에는 조종사 외에 누구도 앉을 수 없다. 2019년 11월 중국에서는 조종석에 앉아 있는 젊은 여성의 사진이 소셜 미디어에 올라와 논란이 된 적이 있었다. 미연방항공국을 비롯한 대부분의 항공 당국은 비행기가 공중에 있을 때 조종사가 스마트폰을 개인적인 용도로 사용하는 것을 금지하고 있는데, 이 기장은 해당 여성을 기장석에 앉힌 뒤 사진을 찍어준 것으로 드러났다. 사건을 조사한 중국민항 당국은 해당 기장의 자격을 영구 박탈했다.

장거리 비행 중 조종사들은 조종석에 앉은 채로 식사를 한다. 에어버스 기종의 조종사들은 조종석 앞에 장착된 접이식 테이블을 사용하지만 보잉 기종의 조종사들은 무릎에 트레이를 올려놓고 식사를 한다. B747-400과 같은 초대형 기종의 조종실 안에는 별도의 2층 침대실이 있어 조종석 근무를 마친 조종사들이 교대로 휴식을 취할 수 있다.

★ 갤리(Galley)

갤리는 기내식을 보관하고 준비하는 객실승무원들의 전용 공간이다. 기종에 따라 약간씩 차이는 있지만 대개 객실 전방과 중간, 후방에 각각의 좌석 클래스에 맞는 갤리가 설치되어 있다.

비행 중 기내에서 식중독 환자가 발생하면 비상 회항을 해야 하기 때문에 모든 기내식은 엄격한 품질관리와 보안검사를 거친 후 탑재된다. 남은 기내식은 도착지에서 즉시 폐기된다. 비행 중 기장과 부기장은 각각 다른 종류의 기내식을 섭취해야 하며 기내식 외의 다른 음식은 일절 먹을 수 없다.

★ 객실(Cabin)

객실의 좌석 배열은 항공사가 비행기를 도입할 때 선택하는 옵션이다. 객실 전체를 모두 일반석으로 배치할 수도 있고 구간을 나누어 퍼스트나 비즈니스 클래스를 함께 배치할 수도 있다.

현재 운영되고 있는 가장 큰 여객기인 A380에 인가된 최대 좌석은 868석이지만 대부분의 항공사는 클래스를 나누어 500석 정도로 배열한다.

비상상황이 발생하면 매우 짧은 시간 내에 모든 승객이 안전하게 탈출해야 하기 때문에 기종별 최대 좌석 수는 법으로 정해져 있다. 800석이 넘게 설계된 A380도 이런 비상탈출 인가요건을 충족시키기 위해 2006년 3월 천여 명의 자원봉사자들을 동원해 실제 비행기에서 비상탈출 테스트를 했다. 국제항공 안전규정에 따라 당시 A380 비상탈출 테스트 참가자들의 35퍼센트는 50세 이상, 40퍼센트는 여성, 15퍼센트는 여성이면

서 50세 이상으로 구성되었다. 비 상탈출 테스트는 착륙 후 왼쪽 엔 진에서 화재가 발생한 상황을 모 의해 진행되었다. 참가자들이 객실 에 앉아 브리핑을 기다리는 상태에 서 갑자기 모든 조명이 꺼지고 승 무원들이 비상탈출을 지시하자 참 가자들은 매우 당황했다. 참가자들 이 서로 부딪히며 우왕좌왕하는 가 운데 승무원들은 우측 비상 슬라이 드로만 승객들의 탈출을 지휘했다. 이틀 후 유럽 항공 당국은 853명의

승객과 18명의 승무원, 2명의 조종사가 무사히 비상탈출에 성공했다고 발표했다.

법적으로 일정 시간을 초과하는 장거리 비행의 여객기에는 조종사들이 평평하게 누울 수 있는 휴식 시설이 구비되어 있어야 한다. 장거리 비행 중에는 객실승무원도 교대로 휴식을 해야 하기 때문에 일부 여객기의 객실 후방에는 승무원 전용 휴식 공간이 있다.

★ 화물실(Cargo Compartment)

동체의 하부 공간 대부분은 화물실과 랜딩기어베이다. 화물실은 승객들의 여행 가방 등 개별 화물을 탑재하는 벌크Bulk 화물칸과 표준 컨테이너를 탑재하는 메인Main 화물칸으 로 나누어져 있다. 온도와 여압이 조절되기 때문에 반려견과 같은 동물들도 화물실에 실린다.

화물 탑재에서 가장 중요한 두 가지 원칙은 화물의 무게 균형을 맞추는 것과 위험물을 안전하게 분리하는 것이다. 무거운 화물이 비행기의 앞이나 뒤에 쏠려 있으면 비행기 통제가 불가능해질 수도 있다. 1997년 7월 파리 드골공항에서는 이륙 중이던 에미레이 트 항공기의 기수가 기장이 조종간을 당기기도 전에 번쩍 들려 테일콘이 활주로에 부딪

히는 사고가 발생했다. 유럽 항공
당국의 조사 결과, 이 비행기에는
화물이 후방 화물칸에만 집중적으
로 탑재되어 있었다. 우리나라에서
도 화물칸 앞쪽에 실린 자성magnetic
물질이 조종실의 비행계기를 왜곡
시켜 이륙 직전의 비행기가 게이트
로 돌아온 일이 있었다.

★ 노즈기어(Nose Gear)와 메인기어(Main Gear)

비행기 하중의 85퍼센트 이상은 메인기어라고 부르는 뒷바퀴에 실린다. 앞쪽에 장착된
노즈기어는 비행기가 지상에서 선회를 할 때 사용된다. 노즈기어는 비행기의 무게를 거
의 지탱하지 못하기 때문에 착륙 중 노즈기어가 먼저 닿으면 기어가 부러지면서 대형
사고로 이어진다. 비행기가 착륙할 때 머리를 번쩍 들고 있는 것도 메인기어가 먼저 접
지되도록 하기 위해서다

항공기 타이어 속에는 질소가 들어 있다. 공기 대신 질소를 채우는 이유는 고공의 초저
온에서 타이어 속에 빙결이 생기지 않게 하기 위한 것이다. 또 이륙 중 엔진 고장 등으로
활주로에서 이륙을 단념할 경우 급브레이크로 인한 고열로 보통 타이어에서 화재가 발
생하는데, 공기가 주입된 타이어는 터져 나온 공기가 풀무 역할을 하면서 화재를 악화시

노즈기어
(Nose Gear)

메인기어
(Main Gear)

킬 수 있다. 반면 질소는 타이어에서 발생한 화재를 진압하는 소화가스 역할을 한다.

★ 주 엔진과 보조엔진(APU)

비행기의 날개에 달려 있는 엔진은 추력은 물론, 전력과 유압, 객실에 공급되는 공기까지 비행에 필요한 모든 에너지를 제공하는 비행기의 심장이다. 일단 엔진이 시동되면 트럭을 날려버릴 정도의 강한 후류가 발생하기 때문에 사람은 물론 차량도 비행기에 접근할 수 없다. 게이트에서 승객이 탑승하는 동안에는 엔진 대신 비행기의 후미에 내장되어 있는 보조엔진이 비행

푸시백 트럭

기에 전력과 에어컨디셔닝을 제공한다. 승객 탑승이 끝나고 모든 비상구가 닫히면 푸시백 트럭pushback truck이 비행기를 유도로까지 밀어주는 동안 엔진을 시동한다.

비행 중 엔진이 고장을 일으키면 추력과 전력, 유압, 여압시스템을 한꺼번에 잃게 되어 심각한 비상상황이 초래되기 때문에 비행기 엔진의 핵심은 추력보다 안정성에 있다. 모든 시스템은 단순할수록 안정성이 크다. 실제로 비행기의 엔진은 자동차 엔진보다 훨씬 단순한 구조로 되어 있다.

일단 엔진 시동이 되고 나면 엔진 내부의 팬fan이 고속으로 회전하여 추력을 생성하는데, 작동 중인 엔진에 이물질이 흡입되면 팬이 깨지거나 탈락한다. 비행 중 엔진이 손상을 입는 가장 흔한 경우는 조류와 충돌하는 것이다. 참새 정도의 작은 새는 엔진으로 빨려 들어가면 팬에 갈려 후방으로 빠져나가지만 허드슨강에 비상 착수했던 US에어웨이스 비행기처럼 기러기 정도의 큰 새가 흡입되면 엔진은 완전히 망가진다.

★ 날개(Wing), 에일러론(Aileron), 플랩(Flap)

비행기의 양력은 날개 윗면과 아랫면을 흐르는 공기의 속도 차이로 발생한다. 유체의 속도가 빠를수록 압력은 낮아진다. 둥글게 휘어진 날개 윗면을 흐르는 공기가 날개 아랫면의 공기보다 빠르기 때문에 날개의 아래에서 위로 밀어 올리는 힘이 생성된다. 날개의 모양과 크기에 따라 비행기가 얼마나 빠르고 높이 날 수 있는지가 결정된다.

날개 후면에 장착되어 있는 플랩은 비행기가 이착륙을 할 때 줄어든 속도만큼 양력을 증가시켜 주는 보조날개다. 순항 중 플랩은 날개 아래에 들어가 있다가 이착륙 때만 펼쳐져 날개의 면적을 크게 만든다.

날개 말단에 있는 에일러론이라고 하는 탭은 조종간과 연결되어 있어 조종사가 비행기를 선회시킬 수 있게 해준다. 조종간을 왼쪽으로 돌리면 왼쪽 날개의 에일러론이 올라가 좌우측 날개의 양력에 차이를 발생시켜 비행기가 왼쪽으로 선회한다.

모든 비행기의 날개는 거대한 연료탱크다. 엔진은 날개 내부의 연료탱크와 직접 연결되어 있어 엔진이 손상되면 연료가 누출되면서 비행기가 폭발할 수 있다. 비행 중 엔진이 손상을 입었을 때 조종사가 제일 먼저 하는 조치도 연료라인을 차단하는 것이다.

대형 여객기는 대부분 동체보다 날개가 더 길다. 매년 십여 건씩 지상 활주 중 날개가 다른 비행기나 지상 장애물과 충돌하는 사고가 발생하는 것도 대형 항공기의 조종석에서 육안으로 날개 끝이 보이지 않기 때문이다. 지상 활주 중 비행기 날개가 외부 장애물이나 다른 비행기의 날개와 충돌해도 조종석에서는 거의 충격이 느껴지지 않기 때문에 대부분의 지상 충돌 사고는 승객이나 다른 비행기들에 의해 발견된다.

★ 수직안정타(Vertical Stabilizer)와 러더(Rudder),
　 수평안정타(Horizontal Stabilizer)와 엘리베이터(Elevator)

수직안정타
러더
엘리베이터
수평안정타
보조엔진

이름 그대로 수직안정타는 비행기의 이동 방향에 대한 수직 안정성을, 수평안정타는 수평 안정성을 유지해 주는 날개다. 수직안정타나 수평안정타가 탈락하면 그 비행기는 통제가 불가능해진다.

자동 비행 중 기류의 변화 등으로 비행기의 자세가 변화하면 컴퓨터는 엘리베이터와 러더를 제어해 비행기를 다시 안정된 상태로 복귀시킨다. 수동 비행 중에는 조종사가 러더와 엘리베이터를 제어한다. 조종간을 몸 쪽으로 당기면 엘리베이터가 위로 움직여 비행기의 기수가 들리고 반대로 조종간을 밀면 기수가 내려간다.

고속으로 비행하는 현대 비행기의 러더와 엘리베이터는 지속적인 피로에 노출된다. 1998년 로스앤젤레스에서는 정비사가 출발을 준비하던 B747-400기의 러더에서 작은 크랙(실금)을 발견하고 기장에게 정밀 검사를 제안했는데, 기장이 비행기에 곧 VIP가 탑승할 예정이라며 그대로 출발을 강행한 일이 있었다. 비행기의 조종면^{Control Surface}에서 육안으로 보일 정도의 크랙이 발견되었다면 그 비행기는 당장 운항을 중지해야 한다. 로스앤젤레스에서 최초로 크랙을 발견했던 정비사는 이 기장을 안전조치 미준수로 미연방항공국에 고발했다. 만약 비행 중 러더의 크랙이 악화되어 심한 손상이 발생했다면 VIP를 포함한 그 비행기의 모든 승객은 심각한 위험에 빠졌을 것이다.

3

제너두,
순수의 시대를 호출하다

비행시간 25분짜리 정기편 여객기

미국 플로리다주 서부 해안의 탬파베이 일대는 수천 년 전부터 인류가 집단을 이루어 살던 비옥한 땅이었다. 독자적인 부족을 이루어 살던 탬파베이의 원주민들은 1513년 스페인인들이 들여온 전염병에 초토화되었고, 1824년 미국이 탬파베이를 전략 항구로 개발하기 전까지 대부분의 땅은 거의 비어 있다시피 했다.

19세기 초반 탬파베이의 전략적 가치를 깨달은 미국은 스페인으로부터 탬파베이 일대를 사들이고 본격적인 개발을 시작했다. 탬파를 관통하는 철도가 건설되었고 힐스버러강을 따라 관광객을 끌어들이기 위한 호화로운 호텔들이 속속 들어섰다. 1900년대 들어 플로리다 일대에 비료의 중요한 원료인 인산염이 대량 매장되어 있는 것이 확인되자 탬파베이 일대에는 전국에서 대형 민간 자본이 몰려들기 시작했다.

탬파 일대가 본격적인 도시로 개발된 것은 이때부터다. 탬파베이 서부의 세인트피터즈버그항은 채굴된 인산염을 수송하기 위해 전국에서 모여든 배들로 항상 북적거렸고 은행, 숙박, 교통과 관련된 산업이 급속히 발달하며 다양한 노동력을 필요로 하게 되었다.

 템파에 가면 누구든 좋은 일자리를 구할 수 있다는 소문이 퍼지면서 쿠바와 이탈리아, 러시아 등에서 이민자가 폭주했다. 대규모의 값싼 노동력이 필요했던 주 정부는 이들의 이민 신청을 대부분 받아들였고 템파는 곧 미국에서 일곱 번째로 큰 항구 도시가 되었다.

 상업과 금융이 발달할수록 시간은 곧 돈이었다. 템파베이를 사이에 두고 있는 템파시와 세인트피터즈버그 간의 직선거리는 34킬로미터에 불과했지만 세인트피터즈버그항을 출발한 증기선이 템파에 도착하기까지는 5시간이 걸렸고 열차로는 무려 12시간이 소요되었다.

 템파베이를 빙 돌아가는 열차나 느려터진 증기선은 인산염과 같은 대량 화물을 운송하기에는 그럭저럭 쓸 만했지만 급한 문서를 전달하거나 사람이 이동하기에는 너무나 비효율적이었다. 쌍방 간 이미 구두로 확정한 단순 거래계약서를 확인하는 데만도 고스란히 하루 이상이 소모되었다.

 화물은 그렇다 치더라도 사람이나 급한 서류가 눈앞에 빤히 보이는 템파까지 가는 데 하루 종일 기다려야 할 필요가 있을까. 세인트피터즈버그의 젊은 사업가 엘리엇은 나날이 발전하는 템파의 교통 문제에서 완전히 새로운 사업을 떠올렸다.

 엘리엇은 템파베이를 비행기로 왕복하는 정기항공운송

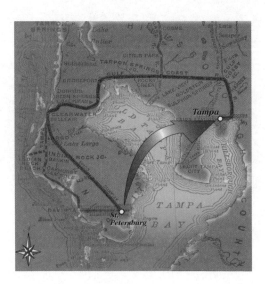

1930년 당시 템파베이 지역의 철도 노선도, 스미스소니언 항공우주박물관

사업을 구상하고 있었다. 정기항공운송사업은 당시 수상비행기에 매료
되어 있던 엘리엇의 드림 비즈니스였다. 사업이 안정적으로 정착될 때까
지만 탬파시나 주 정부에서 지원을 받을 수 있다면 정기항공운송사업은
도전해 볼 만한 사업 같았다.

엘리엇은 SPT 에어보트 라인St. Petersburg-Tampa Airboat Lines이라는 항공운송회
사를 설립하고 2인용 수상비행기인 베노아Benoist 한 대를 구입했다.

베노아는 가문비나무 프레임에 직물을 씌워 만든 복엽 단발기였다. 초
기 비행기들은 엔진의 성능이 약해 비행기의 무게를 최소화해야 했기 때
문에 동체는 물론 날개도 나무 뼈대에 천을 씌워 만들었다. 엘리엇이 도입
한 베노아의 최고 속도는 시속 120킬로미터밖에 되지 않았지만 세인트피
터즈버그에서 탬파까지는 이 속도로도 25분이면 갈 수 있는 거리였다.

모든 준비를 마친 엘리엇은 탬파 일대의 신문에 1914년 1월 1일을 기
해 세인트피터즈버그와 탬파 간
을 운항하는 역사상 최초의 정기
항공운송 서비스를 시작한다는
대대적인 광고를 냈다.

엘리엇은 사업의 홍보 효과를
극대화하기 위해 당시 미국 최초
의 낙하산 비행기 조종사로 유명
한 토니 제너스를 기장으로 영입
했다. 탑승권의 가격은 5달러였

세인트피터즈버그와 탬파 간 정기운항 서비스
광고, 스미스소니언 항공우주박물관

고 좌석은 조종석 옆의 단 한 석뿐이었다.

토니 제너스와 나란히 앉아 탬파베이를 비행기로 건넌다는 데 대한 사람들의 관심은 대단했다.

엘리엇은 역사적인 첫 정기편의 좌석을 공개 경매에 부쳤다. 첫 편의 낙찰자는 400달러를 부른 탬파시의 전임 시장 아브람 페일이었다.

1914년 1월 1일 토니 제너스는 그의 첫 승객인 아브람 페일을 태우고 세인트피터즈버그 항구를 이륙했다. 제너스는 출발 전 미리 지도상에서 계산해 둔 방위각을 따라 해상 5미터의 고도로 탬파까지 일직선으로 날아갔다. 비행시간은 23분에 불과했다.

비행기가 도착하는 탬파의 힐스버러 강변에는 3,500여 명의 군중이 몰려들어 토니 제너스가 조종하는 첫 상업용 정기편의 착수를 지켜보았

힐스버러강에 착수하는 토니 제너스를 환영하는 시민들, 플로리다주 국가기록보관소

다. 기자들 중에는 토니 제너스의 베노아가 착수하는 장면을 찍기 위해 서로 좋은 자리를 차지하려다 강물에 빠지는 사람도 있었다.

다음 날 플로리다의 조간신문 1면에는 일제히 토니 제너스의 힐스버러강 착수 장면이 톱 사진으로 실렸다. 사진 아래에는 탬파베이를 왕복하는 엘리엇의 정기항공운송사업이 소개되었다. 엘리엇은 사업의 성공을 확신했다.

토니 제너스는 매일 두 차례씩 탬파와 세인트피터즈버그 간의 왕복 노선을 운항했다. 탬파베이의 교통난에 골머리를 앓고 있던 탬파시는 초기부터 엘리엇이 제안한 정기항공운송사업을 적극적으로 지원했고, 시로부터 받는 보조금 덕분에 엘리엇은 편당 단 한 좌석뿐인 탑승권을 5달러라는 비교적 저렴한 가격으로 제공할 수 있었다. 엘리엇은 화물 45킬로그램마다 5달러의 별도 운임을 부과했다.

SPT의 정기항공운송 서비스는 탬파베이의 사업가들은 물론 플로리다를 방문하는 관광객들로부터도 큰 인기를 끌었다. 사람들은 토니 제너스와 나란히 앉아 탬파베이를 비행기로 건너는 데 기꺼이 5달러를 지불할 의향이 있었다. 탑승권을 구입하려는 사람이 너무 많아 일반인들이 탑승권을 예매하기 위해서는 석 달 이상을 기다려야 했다.

그러나 엘리엇의 SPT 정기항공운송 서비스는 4개월 만에 중단되었다. 시에서 지원하는 보조금이 소진되자 엘리엇은 편당 5달러의 매출로는 조종사의 임금과 비행기 운영비를 감당할 수 없었다. 보조금 없이도 독자적인 재정으로 사업을 운영하려면 편당 매출액이 최소한 50달러는 되어야 했다. 엘리엇은 정기항공운송사업이 안정적으로 정착되면 높은 가격에도 탑승권 구입을 희망하는 사람들이 있을 것으로 예상했지만 그동안 5달러라는 가격에 익숙해진 사람들은 갑자기 50달러라는 거금을 지불할 생각이 전혀 없었다.

엘리엇의 SPT 에어보트 사업은 최초의 상업용 정기운송사업으로 기록될 수 있었지만 사업적으로는 실패했다. 정기항공운송사업을 자체적인 힘으로 운영하려면 보조금 없이도 누구나 이용할 수 있는 가격에 많은 좌석을 제공할 수 있는 훨씬 크고 우수한 성능의 비행기가 필요했다.

•

스튜어디스의 탄생

초기 항공운송사업이 소비자에게 제공하는 편익은 지상 교통수단과는 비교할 수 없을 만큼 빠른 이동 속도였다. 사람들은 불편한 좌석에서 시끄러운 소음을 들으면서도 오로지 빠른 이동을 위해 항공기를 이용했다. 그러나 2차 대전이 끝나고 군용기 사업체들이 민간 항공 시장에 뛰어들면서 비행기와 항공사들이 대형화되자 승객들은 속도 이상의 서비스를 요구하기 시작했다.

현대와 같이 기내에서 식사와 휴식, 오락까지 제공하는 토털 항공운송사업은 1930년 5월 15일 보잉항공Boeing Air Transport이 최초로 여성 객실승무원을 탑승시키면서 시작되었다. 여기엔 다분히 여성성을 상업적으로 이용하려는 의도가 포함되어 있었다.

여객선이나 열차와 마찬가지로 여객기에도 초기부터 승무원이 탑승했지만 이들의 역할은 승객들의 탑승권을 확인하고 이착륙 중 좌석벨트를 매도록 하는 등 일반적인 탑승 안내 업무에 국한되어 있었다. 보잉항공이 여성 승무원을 탑승시키기 전까지 미국과 유럽의 여객기 승무원들은 모두 남성이었다.

스튜어디스stewardess라고 불린 보잉의 여성 승무원들은 탑승권을 확인하고 비상장비 사용법을 안내하는 크루crew로서의 역할 외에도 비행 중 승객들에게 음료나 샌드위치 등을 서비스하며 폭발적인 인기를 끌었다. 항공운송사업이 단순히 이동 수단을 제공하는 것이 아니라 레스토랑이나 카페에서와 같은 다양한 서비스를 제공하는 토털 서비스업으로 탈바꿈하기 시작한 것이다. 같은 노선에서 보잉의 항공권이 매진된 후에야 다른 항공사들의 좌석이 팔리기 시작하는 상황에 이르자 아메리칸에어를 필두로 다른 항공사들도 앞다투어 신문에 스튜어디스 모집 공고를 냈다. 1936년이 되자 미국의 거의 모든 항공사는 스튜어디스를 탑승시켰다.

1930년대 미국 여성들의 대학 진학률은 13퍼센트 정도에 불과했다. 당시 미국 항공사의 스튜어디스로 지원하려면 대학을 졸업하고 간호사 자격증을 보유하고 있어야 했으며 무엇보다 엄격한 외모 기준을 통과해야 했다. 항공사들이 일반 노동자보다 상당히 높은 보수를 제시했기 때문에 스튜어디스의 모집 경쟁률은 매우 높았다. 1935년 12월 트랜스콘티넨탈과 웨스턴에어라인이 43명의 스튜어디스를 뽑는 신문 공고를 냈을 때 최종 응시자는 무려 2천 명이 넘었다.

항공사들이 간호사 자격증을 요구한 것은 당시 비행기의 여압시스템 성능이 뛰어나지 않아 이착륙 중 중이통을 호소하는 승객들이 많아서이기도 했지만, 비행 중 환자 발생으로 인한 회항 사례의 대부분이 간단한 응급처치로 목적지까지 계속 비행할 수 있었던 증상들이기 때문이었다. 전원이 간호사 출신이었던 보잉항공의 스튜어디스들은 비행 중 갑작스럽게 건강 이상 증세를 보이는 승객들을 능숙하게 보살폈고 비행 중 환자 발생으로 인한 회항률은 크게 줄어들었다.

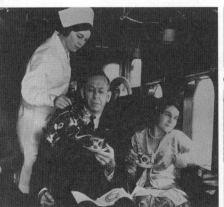

(좌)1930년 보잉항공의 여성 객실승무원, © BOEING SYSTEM PHOTO (우)수영복과 하이힐 차림의 스튜어디스를 내세운 1930년대 미국 항공사 광고

초기 프로펠러 여객기는 이륙 중량의 제한이 컸기 때문에 내부 공간이 아주 좁았다. 당시의 스튜어디스들에게 엄격한 신체 규정이 있었던 이유 중 하나는 비행 중 이들이 객실의 좁고 낮은 복도를 계속 오가며 일을 해야 했기 때문이다. 스튜어디스 모집에 응시하려면 키는 163센티미터 이하에 체중은 53킬로그램을 넘을 수 없었고 반드시 미혼이어야 했다. 이러한 신체 규정은 1960년대 이후 B707과 같은 대형 제트여객기가 나오기 전까지 모든 항공사에서 공통적으로 요구하는 조건이었다.

신체 규정과 함께 매력적인 외모는 스튜어디스로 선발되기 위해 가장 중요한 요소였다. 인권에 대한 보편적 인식이 부족했던 당시 항공사들은 여성성을 상품으로 내세우는 데 문제의식이 전혀 없었다. 항공사들은 스튜어디스의 유니폼을 흰 장갑과 하이힐로 맞추고 신문과 TV 광고 전면에 일제히 승무원들의 여성성을 내세웠다.

1968년 이전까지 미국 항공사에 근무하는 스튜어디스들은 결혼을 하 거나 체중이 규정을 초과하면 즉시 해고되었다. 나이 제한도 있었는데, 미혼으로 날씬한 몸매를 유지하고 있더라도 항공사에 따라 32세 또는 35 세를 초과하면 더 이상 스튜어디스로 근무할 수 없었다.

이러한 비인권적 규정들은 1968년 미국의 평등고용위원회가 여성의 차별금지법을 제정하면서 단계적으로 폐지되었다. 1990년 미국의 대법 원은 모든 항공사에 대해 여성의 결혼, 몸무게 등을 이유로 채용과 근무 를 제한할 수 없다고 판결했다. 그러나 기내 안전 요원으로서의 업무를 위해 필요한 시력이나 신장 등 성차별과 무관한 신체 조건은 계속 유지할 수 있다고 판결했다.

•

프로펠러기의 전설 DC-3

상업용 항공운송사업의 규모와 항공사들의 기내 서비스 내용을 획기적 으로 발전시킨 비행기는 1935년 더글러스가 출시한 DC-3였다. DC-3 는 이전의 비행기들과는 성능의 차원이 다른 비행기였다. 쌍발 프로펠러 기인 DC-3는 시속 330킬로미터의 속도를 낼 수 있었는데, 이 속도는 현 대의 제트여객기와 비교해도 크게 뒤처지지 않는 대단한 것이었다.

DC-3의 가장 큰 장점은 미 대륙을 논스톱으로 횡단할 수 있는 장거리 체공 능력이었다. DC-3가 도입되기 전까지 뉴욕에서 로스앤젤레스까지 비행기를 타고 이동하려면 승객들은 최소한 두 번 이상 비행기를 갈아타 야 했다. 비행시간만 25시간이 넘었고 경유지에서 비행기를 갈아타는 시 간까지 감안하면 승객들은 뉴욕에서 캘리포니아로 가는 데 꼬박 이틀이

스미스소니언 항공우주박물관에 전시되어 있는 DC-3

넘는 여정을 감수해야만 했다. 비행기 내부는 다리를 펼 수 없을 만큼 좁았고, 시끄러운 프로펠러 소음이 객실까지 들어와 승객들은 소리를 지르지 않고서는 옆 사람과 대화를 나눌 수조차 없었다. 이런 상황에서 더글러스가 출시한 DC-3는 뉴욕-로스앤젤레스 노선을 단 18시간에 주파할 수 있었을 뿐만 아니라 객실에서 승객들이 평소의 톤으로 대화를 나눌 수 있을 만큼 뛰어난 정숙성을 갖추고 있었다.

DC-3가 출시되자 승객들은 더 이상 비행기를 갈아탈 필요가 없게 되었다. 이는 항공사 입장에서 보면 식사와 휴식 등 또 다른 기내 서비스를 제공해야 하는 것이었다. 비행기를 갈아타던 시절에는 승객들이 중간 기착지에서 식사를 하고 휴식을 취했지만, 승객들이 비행기에 10시간 이상을 앉아 있게 되자 항공사들은 그 모든 서비스를 기내에서 해결해 주어야 했다.

항공사들은 그때까지 제공하던 샌드위치 대신 샐러드와 스테이크, 아이스크림 등 풀코스 메뉴를 서비스하기 시작했다. 뉴욕-로스앤젤레스 구간을 여행하는 승객들은 한 편의 비행에서 세 번의 풀코스 식사 서비스와 누워서 잘 수 있는 넓은 좌석에 거위털 이불을 제공받았다. 이런 수준의 서비스를 제공하기 위해서는 상당한 부피의 품목을 탑재할 수 있는 기내 공간이 있어야 할 뿐만 아니라 그 무게를 지원할 수 있는 엔진 성능이 뒷받침되어야 한다. 1,200마력의 강력한 트윈 엔진을 장착한 DC-3는 이모든 것들을 소화할 만큼 넉넉한 기내 공간과 엔진 출력을 지녔던 최초의 비행기였다.

항공운송사업의 운영 효율은 승객 한 명당 1마일의 여행을 제공하는데 소요되는 비용으로 계산한다. DC-3가 출현하기 전까지 미국 항공사들의 1마일당 평균 비용은 5.7센트였는데 DC-3가 출시되자 이 비용은 무려 0.5센트로 줄어들었다. 회사의 운영 비용이 자그마치 10분의 1 이하로 줄어든 것이다. DC-3는 전 세계 항공사의 75퍼센트가 보유했던 최초의 여객기였는데 항공사들이 DC-3를 경쟁적으로 수주하게 된 이유는 전적으로 이런 획기적인 성능 덕분이었다.

DC-3는 미 대륙을 종횡무진하며 매일 미 전역의 새 항로들을 개척해나갔다. 미국의 항공 여행객은 1936년 이후 5년간 600퍼센트나 증가했는데 이는 DC-3가 끊임없이 새로운 노선을 개척한 덕분이었다. 〈007 제임스 본드〉 시리즈와 〈레이더스〉처럼 1940~50년대를 배경으로 하는 영화에 DC-3가 단골로 등장하는 것도 DC-3가 그 시대를 대표하는 비행기이기 때문이다.

DC-3는 총 16,079대가 생산되었다. 이 중 잘 관리된 비행기들은 출시된 지 80년이 넘은 지금까지도 운영되고 있다. 캐나다 북서부와 앵커리지처럼 지형이 험한 산악 지역에서는 주로 화물기로 운영되고 있지만, 남미와 호주에서는 전세 비행기로 승객들을 태우는 DC-3를 실제로 타볼 수도 있다.

•

그랜드캐니언 상공에서 충돌한 비행기

1950년대는 보잉과 더글러스가 각각 스트라토크루저와 DC-7 같은 대형 프로펠러 여객기들을 경쟁적으로 출시하며 항공 여행의 대중화 시대를 열어가던 시기였다. 1950년 한 해에만 17개의 항공사가 새로 생겨날 정도로 온종일 상업용 비행기가 하늘을 떠다녔지만 비행기가 공중에서 서로 충돌할까 봐 걱정하는 사람은 없었다. 끝없이 펼쳐진 3차원의 공간에서 두 비행기가 정확히 같은 시간에 한 점에서 만난다는 것은 상상할 수 없었다.

1956년 미국의 그랜드캐니언 상공에서 유나이티드의 DC-7과 TWA의 슈퍼 콘스텔레이션이 충돌하자 미국 사회는 발칵 뒤집혔다. 그동안 기체 결함이나 악기상으로 인한 작은 사고들은 있었지만 공중에서 여객기끼리 충돌해 한꺼번에 100명이 넘는 사망자가 발생한 것은 민항 역사상 최초의 사건이었다.

1956년 6월 30일 9시 1분 로스앤젤레스공항을 이륙한 TWA 002편은 5,800미터의 고도로 캔자스를 향해 순항 중이었다. TWA 002의 뒤를 이어 로스앤젤레스공항을 이륙한 유나이티드 718편도 TWA기와 같은 항

독특한 3개의 수직안정타를 가진 록히드의 슈퍼 콘스텔레이션

더글러스의 마지막 프로펠러 모델이었던 DC-7

로를 타고 시카고로 가는 중이었다.

그랜드캐니언 상공을 지날 무렵 TWA 기장은 항로상에 높게 솟아오른 뇌우를 발견하고 관제소에 6,400미터로 고도 상승을 요청했다. 그러나 TWA기의 뒤를 바짝 쫓아오던 유나이티드 항공기가 이미 6,400미터로 비행 중이었기 때문에 관제사는 TWA 기장의 상승 요청을 허가하지 않았다. 고도를 높여 뇌우를 피하려던 TWA 기장은 관제사가 고도 상승을 허가해 주지 않자 'VFR ON TOP'을 요청했다. VFR ON TOP이란 조종사

가 임의의 고도로 상승해 육안으로 다른 항공기나 구름을 회피하며 비행하는 것을 말한다. 관제사가 VFR ON TOP을 허가하자 TWA 기장은 구름 위로 올라가 그랜드캐니언 상공의 뇌우를 이리저리 피해가며 비행을 계속했다.

이때 TWA를 뒤따라오던 유나이티드도 잠깐씩 항로를 벗어나 곳곳에 솟아오른 뇌우를 피해가며 비행하고 있었다. 계곡 사이로 높게 솟아오른 뇌우를 거의 다 피했다고 생각한 순간 유나이티드의 기장은 인접한 구름을 빠져나오는 TWA기를 발견했다. 유나이티드기는 긴급히 우선회를 시도했지만 두 비행기는 눈 깜짝할 사이에 그대로 충돌하고 말았다.

유나이티드 DC-7은 TWA 슈퍼 콘스텔레이션의 동체 후미를 왼쪽 날개로 동강 내며 그랜드캐니언 남쪽 절벽 아래로 추락했다. 수직안정타가 통째로 잘려 나간 TWA기 역시 통제력을 잃고 계곡 아래로 수직으로 떨어졌다. 두 비행기는 거의 동시에 그랜드캐니언 계곡에 부딪혀 폭발했다.

128명의 탑승자가 사망하는 미국 초유의 공중 충돌 사고가 발생하자 그때까지 항공 여행이 안전하다고 믿어왔던 미국 시민들은 엄청난 충격을 받았다. 사건 조사가 끝나기도 전에 의회 청문회가 열렸고 사람들은 매일 저녁 TV 앞에 모여 사고 조사 속보와 희생자들의 시신을 찾는 특별방송을 시청했다.

사건 초기 언론과 대중의 비난은 두 항공기를 안전하게 분리하지 못한 관제사에게 집중되었다. 그러나 엄밀히 말해 사고는 관제사의 잘못만은 아니었다. 두 비행기는 구름을 피하기 위해 각각 시계비행을 하고 있었고, 시계비행 중 항공기 간의 분리는 전적으로 조종사의 책임이었다.

사고조사위원회는 사고의 가장 큰 원인으로 관제 시스템의 미비를 지

유나이티드와 TWA가 추락한 그랜드캐니언의 희생자 추모비. 계곡을 트래킹하는 사람들은 지금도 수거되지 않은 두 비행기의 잔해를 발견한다.

적했다. 당시 미국은 군용기와 민간 항공기의 관리 당국이 분리되어 있었는데, 군용기에 대해서는 레이더 감시와 유도가 제공되었던 반면 민간 항공기의 관제 시스템은 조종사의 위치 보고에 의존해 도면상에서 항공기를 분리하는 원시적 수준에 머물러 있었다. 청문회에서 이런 사실이 밝혀지자 그때까지 민항기에도 레이더 감시 시스템이 제공되는 줄로 알고 있었던 시민들의 분노는 극에 달했다.

항공 당국에 대한 시민들의 항의가 빗발치자 미 의회는 서둘러 군용기와 민항기를 통합 관할하는 새로운 연방항공법을 통과시켰다. 미연방항공국(FAA)이 탄생한 것이다. 미연방항공국은 군용기와 민항기의 구분 없이 미국 영공에 떠 있는 모든 비행기에 대한 완전한 통제 권한을 보장받고 곧바로 민간 항공관제 시스템을 현대화하는 작업에 착수했다.

레이더와 무선 라디오의 출현

그랜드캐니언에서의 공중 충돌 사고는 더 이상 조종사의 스킬만으로는 비행 안전이 보장될 수 없는 시대가 되었다는 것을 보여주었다. 상업용 비행기의 안전이 조종사 개인의 역량을 넘어 국가 차원의 시스템이 필요하다는 것을 깨달은 미국과 유럽은 민간 항공에 대한 관제 시스템 현대화 사업을 서둘렀다.

항공관제는 지상과 공중에서 비행기가 안전하고 효율적으로 이동할 수 있도록 비행기들을 적절히 분리하고 유도하는 것이다. 항공관제 시스템의 두 가지 핵심은 관제사가 비행기들의 움직임을 실시간으로 파악할 수 있는 레이더 시스템과, 조종사와 자유롭게 의사를 교환할 수 있는 항공통신이다.

오늘날 모든 민항기는 반드시 관제사와 쌍방 교신이 가능한 무선 라디오를 장착해야 한다. 조종사는 비행하는 내내 그 공역을 관장하는 관제사와 실시간 무선 교신을 유지해야 하며, 무선 라디오가 고장 나면 그 비행은 바로 비상사태로 전환된다.

1980년대 후반 들어 아마추어용 VHF 무선 교신기의 성능이 획기적으로 발달하고 가격이 저렴해지자 일반인이 관제사를 사칭하고 비행기에 가짜 관제를 시도하는 일이 발생하기 시작했다. 대부분의 국가에서는 아마추어 라디오 교신을 하려고 해도 신분이 등록된 라이센스를 받아야 하는데, 이들 중 일부가 휴대용 무선 라디오를 들고 공항 인근 건물의 옥상으로 올라가 가짜 관제사 노릇을 한 것이었다. 지금도 전 세계 곳곳에서 조종사와 관제사의 교신을 가로채려고 시도하는 가짜 관제사들이 심심치 않게 출몰한다. 그러나 에어라인 조종사가 이런 가짜 관제에 속을 가능성은 전혀 없다. 무엇보다 전문적으로 훈련되지 않은 가짜 관제사들의 말투와 용어는 듣는 순간 단번에 가짜라는 것이 티가 난다. 또 기장이 비행 전 항공 당국에 제출한 비행계획서에는 관제지시의 진위 여부가 의심스러울 때 관제사에게 확인을 요청할 수 있는 암호가 포함되어 있기 때문에, 가짜 관제사가 암호를 대지 못하면 바로 비상주파수로 전환해 '진짜' 관제사와 교신할 수 있다.

비행기에 무선 라디오가 장착되었다고 해서 관제사와 조종사의 커뮤니케이션 문제가 모두 해결된 것은 아니었다. 자국 영공을 벗어나면 다른 국가의 관제사와 교신을 해야 하는데, 1930년대까지만 해도 각국의 지역 관제사들은 프랑스어, 영어, 독일어 등 각자의 언어로 관제교신을 했다.

1951년 국제민간항공기구(ICAO)는 모든 국가의 항공기가 공중에서 항상 원활한 의사소통을 할 수 있도록 영어를 항공통신 국제표준언어로 지정했다. 그리고 그 전까지 지역별, 국가별 표현의 차이로 혼선을 초래하던 관제용어를 모두 정리해 국제표준관제용어를 공표했다. 이 표준관제용어는 관제사와 조종사가 서로 명확한 의사소통을 할 수 있도록 고도로 전문화되어 있기 때문에, 영어가 모국어인 원어민이라도 일반인이 관제교신을 들으면 내용을 거의 알아듣기 어렵다.

영화 〈다이하드 2〉를 보면 관제탑을 장악한 테러범이 관제사로 위장해 여객기를 추락시키는 장면이 나온다. 영화 속 테러범은 능숙하게 관제지시를 하고 있는 것처럼 보이지만 실제로는 표준관제용어를 전혀 사용하지 않기 때문에 에어라인 조종사라면 이들이 가짜라는 것을 바로 알아차릴 수 있다.

•

집단주의 조종사와 개인주의 관제사

관제사와 조종사는 의사소통 오류를 방지하기 위해 교신 중 불필요한 존 칭이나 불확실한 표현을 하지 않게 되어 있다. 서로의 의사를 단번에 알 아들을 수 있도록 최대한 간결하고 명확하게 말해야 하는 것이다. 예를 들어 고도 상승을 요청할 때의 표준 관제용어는 "Request climb(상승을 요청한다)"이다. 그런데 이를 가끔 "Can I climb to any higher altitude, if available(만약 가능하면 제가 좀 더 높은 고도로 올라갈 수 있을까요)?"이라고 장 황하게 말하는 조종사들이 있다. 항공통신에서 이런 공손한(?) 요청은 예 의가 아니라 통신 오류를 유발하고 다른 비행기들의 교신 기회를 차단하 는 미숙한 교신이다. 항공통신 중 이렇게 공손한 표현을 사용하는 경향은 상대적으로 동양권 조종사들에게서 많이 나타난다.

고대부터 동양은 농경 사회였다. 구성원들 간의 협력이 절대적인 농경 사회에서는 자연스럽게 집단주의 문화가 형성되었고, 개인은 집단과의 관계 안에서 부여되는 역할에 따라 스스로의 존재를 정의했다. 이런 문화 에서 참과 거짓이 분명한 명제를 따지는 논리적 대화는 존재하기 어렵다. 말은 진리를 가리기 위한 것이 아니라 우선 친교의 도구가 되기 때문이 다. 이런 동양 문화의 사람들은 자신의 의사를 직접적으로 표현하기 보다 는 집단 전체의 조화를 살피며 간접적으로 사안을 이야기한다.

반면 서양 문화의 뿌리인 고대 그리스에서는 척박한 자연환경 때문에 농경 문화가 자리 잡지 못하고 대신 목축이나 무역업이 번성했다. 구성원 들 간의 협력보다는 개인의 능력과 소질이 중요했고, 각 개인은 사회 속에서 독립적이고 개별적인 존재로 스스로를 인식했다. 서양 사회에서는 논쟁을 통해 진리를 따지는 것이 자연스러운 것이기 때문에 각 개인은 자신의 생각을 분명하고 직설적으로 표현하는 데 익숙하다.

　동서양 간 이런 언어 문화의 차이는 아이들의 대화 습관에서도 확연히 드러난다. 선생님이 숙제를 해왔는지 물으면 숙제를 해오지 않은 우리나라 학생은 흔히 "선생님, 사실은 어제⋯⋯" 하고 숙제를 하지 못한 사정부터 먼저 설명한다. 반면 서양의 아이들은 단번에 "No" 하고 질문에 대한 대답부터 한다. 그러고 나서 선생님이 숙제를 왜 안 했는지 이유를 물으면 그제서야 "Because⋯⋯" 하고 이유를 설명하는 식이다. 이런 대화 스타일의 차이는 전문적인 항공교신 훈련을 받은 조종사와 관제사의 교신에서도 여지없이 드러난다.

　평소 직접적인 표현을 피하고 에둘러 말하는 습관에 익숙한 동양권의 조종사들은 관제교신 중에도 간접화법을 자주 사용한다. 수년 전까지만 해도 우리나라 조종사들은 강하를 요청할 때 표준용어인 "Request descent(강하를 요청한다)" 대신 "Maintain 13,000feet(1만 3천 피트를 유지합니다)"라고 현재 고도를 통보했다. "강하를 요청한다"라고 해야 할 상황에서 직접적으로 'Request'를 하지 못하고 "나는 지금 고도 1만 3천 피트를 유지하고 있다(그러니 강하를 주었으면 좋겠다)"라고 에둘러 말하는 것이다. 이렇게 말해도 우리나라 관제사들은 조종사가 강하를 원하고 있는 것을 알아듣고 강하 지시를 주었다. 그러나 서양의 관제사들에게 이렇게 말하면 그들은 조종사의 의도를 알아차리지 못하거나 오히려 정반대로 이해하기도 한다.

　십여 년 전 라스베이거스공항에 접근하던 우리나라의 한 비행기가 관제사에게 강하를 요청하는 의미로 "Maintain 7,000feet(7천 피트를 유지한다)"라고 통보했다. 이 말을 들은 관제사는 "Roger(알겠다)"라고만 응답한후 강하 지시를 주지 않았다. 관제사가 뒤에 따라오던 비행기들에는 모두강하 지시를 주면서 자신에게만 강하 지시를 주지 않자 이 기장은 다시한번 "Maintain 7,000feet"라는 말로 강하 지시를 재촉했다. 이번에도 관제사는 "Roger"라고 응답만 하고 계속 강하 지시를 주지 않았다. 결국 후순위 비행기들보다 착륙 순서가 훨씬 뒤로 밀려난 기장은 관제사가 항공사를 차별하는 것으로 오해하고 착륙 후 관제기관에 항의를 했다. 경위를파악해 보니 라스베이거스 관제사는 조종사가 계속 7천 피트를 유지하겠다고 하길래 비행기에 결함이 있는 것으로 생각하고 조종사의 요청대로계속 7천 피트를 유지하게 해주었다고 해명했다. 필요한 것을 직접 요청하지 못하고 '나는 지금 이런데……' 하는 말로 상대방이 내 생각을 헤아려 주기를 바라는 우리나라의 대화 습관이 미국에서 전혀 엉뚱한 오해를초래한 것이다.

이착륙하는 항공기들이 몰리는 시간대에는 관제사들도 매우 바빠진다. 시카고와 런던처럼 항공교통량이 많은 공역의 관제교신은 숨이 찰 정도로 빨라, 경험이 많은 에어라인 조종사들도 가끔 교신 내용을 잘 못 알아듣는 경우가 있다. 관제사의 지시를 잘 못 알아들었을 경우 다시 말해달라는 국제표준용어는 "Say again(재송신하라)"이다.

십여 년 전 이른 아침 뉴욕 존에프케네디공항에서 관제사의 속사포같은 관제지시를 잘 못 알아들은 한 조종사가 "I'm sorry. I didn't understand. Would you please say that again(죄송합니다. 제가 잘 못 알아들었습니다. 방금 뭐라고 했는지 다시 한번 말씀해주시겠습니까)?"라고 재송신을 요청한 적이 있었다. 그 말이 끝나기가 무섭게 같은 주파수에 있던 다른 비행기의 조종사가 "Say just say again(그냥 재송신하라고 해)"이라고 짜증 섞인 핀잔을 주었다. 공용 주파수로 공개적인 핀잔을 준 조종사도 에어맨십^{Airmanship}이 좋다고는 할 수 없겠지만, 비행기들이 한꺼번에 몰려들어 교신 타이밍을 잡기도 어려웠던 상황에서 장황한 교신이 끝나기만을 기다리고 있던 다른 비행기의 조종사들은 은근히 통쾌해했다. 다른 비행기들이 주거니 받거니 마이크를 잡고 "Say just say again"을 송신하자 관제사는 일부러 아주 천천히 관제지시를 주었다. 관제사와 조종사들 모두 고속도로 한가운데서 초보운전 딱지를 붙이고 50킬로미터로 달리고 있는 차량을 보는 심정이었던 것이다.

우리나라에서는 일반적으로 저속 차량을 잘 단속하지 않는다. 그러나 고속도로에서 저속 차량은 원활한 교통 흐름을 방해하고 뒤따르는 차량의 사고를 유발하기 때문에 미국이나 유럽에서는 오히려 저속 차량을 엄하게 단속한다. 공중에서 간결하고 직접적인 표준관제용어를 사용하는 것은 복잡한 관제공역에서 원활한 무선 교신을 위한 국제적 규정이자 프로페셔널 에어맨의 상식이다. 항공통신에서는 배가 고프면 그냥 배가 고프다고 해야지, 어제 TV 프로그램에 무슨 요리가 나왔는지를 얘기하면 안 된다.

•

조종석에 앉은 매니저, 최악의 참사 테네리페

서로 보이지 않는 상대와 말을 하는 항공통신의 기본은 먼저 내가 누구고 지금 누구에게 말하는 것인지를 밝히는 것이다. 모든 관제사와 조종사는 고유의 호출명을 갖고 있는데 이를 콜사인[Call Sign]이라고 한다. 모든 항공통신은 콜사인으로 시작해 콜사인으로 끝난다. 콜사인을 붙이지 않은 항공교신은 무대 위의 방백처럼 관제사에게는 들리지 않는 대사나 다름없다.

공항 한가운데에는 육안으로 전 구역을 확인할 수 있는 높은 관제탑이 있다. 게이트를 출발할 때부터 조종사는 비행기의 모든 이동에 대해 관제탑에 있는 관제사로부터 일일이 허가를 받아야 한다. 관제탑에서 지상에 있는 비행기들을 통제하는 관제사들의 콜사인은 '그라운드[Ground]'와 '타워[Tower]'다.

그라운드는 항공기의 모든 지상 이동을 관장한다. 이륙을 위해 활주로로 이동하거나 착륙 후 게이트로 들어가는 비행기는 그라운드를 호출해 이동 허가를 받아야 한다. 반면 타워는 활주로에서 이착륙하는 비행기들을 관장한다. 활주로 위에서 이착륙 중인 비행기들이 다른 비행기와 충돌

시카고 오헤어국제공항의 관제탑

할 경우에는 곧바로 대형 참사로 이어지기 때문에 조종사들은 활주로에 진입할 때마다 극도의 주의를 기울인다. 운 좋게 사고가 나지 않았다고 해도 관제사의 허가 없이 활주로에 진입한 조종사는 항공 당국으로부터 중징계를 면할 수 없다. 이착륙 단계에는 객실승무원도 아무리 급한 상황이 발생해도 조종사를 호출하지 못하게 되어 있다.

무려 583명이 한꺼번에 사망한 민항 역사상 최악의 참사는 활주로 위에서 타워의 지시를 잘못 알아들어 발생했다. 1977년 KLM의 B747이 타워로부터 이륙 허가를 받지 않고 이륙하다 활주로를 빠져나가던 팬암 B747과 충돌한 것이다. 이 사고는 지금까지 가장 많은 희생자가 발생한 역사상 최악의 항공사고로 기록되어 있다.

1969년 여객기 시장에 등장한 B747은 수십 년 동안 전 세계에서 가장 크고 매력적인 항공기였다. 대륙 간 노선을 운항하는 항공사치고 B747을 운영하지 않은 항공사는 단 한 곳도 없었다.

1977년 3월 27일 오후 스페인의 테네리페공항에 착륙한 팬암 1736편과 KLM 4805편은 모두 정기편이 아닌 전세기였다. 로스앤젤레스에서 출발한 팬암은 뉴욕을 경유해 연료를 재보급한 뒤 라스팔마스로 향하던 중이었고, KLM 역시 홈베이스인 네덜란드 암스테르담을 출발해 라스팔마스로 가던 비행기였다. 두 항공기 모두 당초에는 테네리페에 내릴 계획이 없었다. 이 두 비행기에 탑승한 승객들의 목적지는 카나리아제도와 북해를 돌아오는 크루즈가 출발하는 라스팔마스였다.

팬암 1736편과 KLM 4805편이 라스팔마스에 도착할 예정이던 3월 27일, 스페인으로부터 카나리아 제도의 독립을 요구하던 CIIM 테러리스트들은 라스팔마스 시내의 꽃집에서 폭탄 테러를 자행한 후, 2차로 공항에 폭탄을 터뜨리겠다고 위협했다. 경찰은 즉각 라스팔마스공항을 폐쇄하고 대대적인 수색을 펼쳤다.

공항이 폐쇄되자 라스팔마스에 내리려던 비행기들은 모두 카나리아 제도에서 20분 거리에 떨어져 있는 테네리페의 로스로데오스공항으로 회항했다. 팬암과 KLM기 역시 다른 비행기들처럼 로스로데오스로 회항했다.

당시 규모로나 명성으로나 세계 최고의 항공사였던 팬암은 그 자체로 미국의 상징이었다. B747을 세계 최초로 운영한 항공사도 팬암이었다. '클리퍼(Clipper, 19세기 중엽 전 세계를 누비고 다녔던 유럽의 쾌속 범선)'라는 닉네임으로 불리던 팬암의 B747은 선진적이고 혁신적인 기내 서비스로 명실 공히 전 세계 항공사들을 선도하는 리딩 에어크래프트leading aircraft였다.

1919년에 창립된 KLM 역시 전 세계에서 가장 오랜 역사를 가진 유수한 항공사였다. 네덜란드의 국영 항공사인 KLM은 1920~30년대 민간 여객기 시장을 지배했던 네덜란드의 포커Fokker 비행기를 주력으로 운영했는데, 창사 이래 단 한 건의 치명적인 사고도 없어서 당시 세계에서 가장 안전한 항공사라는 정평이 나 있었다.

KLM 4805편의 기장이었던 제이콥Jacob Van Zanten은 KLM의 수석 교관이었다. 테네리페 사고 직후 제이콥 기장이 사고기의 당사자인 줄 몰랐던 KLM 경영진이 사고 현장에 급파하기 위해 제이콥 기장부터 찾았을 정도로 그는 회사에서 두터운 신임을 받고 있었다. B747을 도입한 KLM이 신문 광고에 B747 조종석에 앉은 제이콥 기장의 사진을 내세웠기 때문에 암스테르담에서 탑승한 네덜란드 승객들은 모두 제이콥 기장을 알아보았다.

팬암과 KLM이 회항한 테네리페의 로스로데오스공항은 평소엔 항공기가 별로 없는 한적한 공항이었지만 사고 당일인 3월 27일에는 라스팔마스에 착륙하려다 회항한 항공기들이 한꺼번에 몰려들어 매우 혼잡했다. 비교적 빨리 회항한 비행기들은 주기장에 서로 날개가 맞닿을 정도로 가까이 주기되어 있었고 뒤늦게 도착한 비행기들은 주기장이 부족해 유도로에 주기해야 했다.

라스팔마스공항에 폭탄이 설치되어 있지 않다는 것을 확인한 스페인 당국은 오후 4시경 라스팔마스공항을 다시 열었다. 팬암의 조종사들은 제일 먼저 출발 준비를 마치고 타워에 출발을 요청했다. 그러나 KLM 비행기가 팬암이 지나가야 할 유도로를 막고 있는 바람에 타워는 뒤따라 출발을 요청한 KLM에 먼저 활주로로 이동할 것을 지시했다.

라스팔마스로 향하던 항공기들이 로스로데오스공항으로 회항할 때까지도 테네리페의 날씨는 좋았다. 그러나 비행기들이 출발을 기다리는 동안 테네리페 언덕 위에서부터 짙은 안개가 밀려 내려왔고 팬암과 KLM이 활주로로 이동할 때에는 500미터 앞이 안 보일 정도로 공항 전체의 시정이 악화되어 있었다.

테네리페 로스로데오스공항에는 활주로가 하나밖에 없다. 이륙 방향은 Runway 30이었다. 팬암과 KLM이 출발 허가를 요청했을 때, 평소 같으면 타워에서 바로 유도로를 따라 Runway 30으로 이동하라고 지시했을 것이다. 그러나 사고 당일에는 유도로에 회항한 항공기들이 주기되어 있었기 때문에 타워는 KLM에 Runway 12로 진입해 활주로 끝으로 내려가 Runway 30 방향으로 180도 선회할 것을 지시했다. 짙은 안개 때문에 타워는 육안으로 팬암과 KLM 비행기가 이동하는 상황을 전혀 확인할 수 없었다.

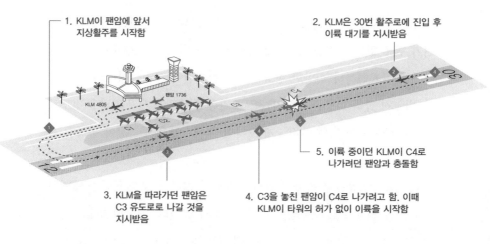

1. KLM이 팬암에 앞서 지상활주를 시작함

2. KLM은 30번 활주로에 진입 후 이륙 대기를 지시받음

3. KLM을 따라가던 팬암은 C3 유도로로 나갈 것을 지시받음

4. C3을 놓친 팬암이 C4로 나가려고 함. 이때 KLM이 타워의 허가 없이 이륙을 시작함

5. 이륙 중이던 KLM이 C4로 나가려던 팬암과 충돌함

테네리페 사고 개요도

KLM 기장은 타워의 지시대로 Runway 12로 진입해 활주로를 따라 내려갔고 약 백 미터 뒤에서 팬암이 KLM을 따라갔다. 활주로 말단에 다다른 KLM 기장은 180도 선회를 한 후 Runway 30 방향으로 정대해 이륙 허가를 기다렸다. 타워는 팬암 기장에게 활주로 중간의 C3로 빠져나가 다시 유도로를 따라 Runway 30 방향으로 이동하라고 지시했다. 타워 관제사는 팬암이 활주로에서 완전히 빠져나가면 KLM을 이륙시킬 생각이었다.

짙은 안개 때문에 유도로 표지판을 찾지 못한 팬암의 조종사들은 타워가 지시한 C3 유도로를 지나쳤고 바로 다음의 C4 유도로로 활주로를 빠져나가기로 했다. 팬암 기장이 C4 유도로를 찾는 사이 Runway 30에서 이륙을 기다리던 KLM의 부기장은 뒤늦게 타워에 비행 인가ATC Clearance를 요청했다. 비행 인가는 이륙 허가Takeoff Clearance와 달리 이륙 후 비행할 항로와 고도, 이륙 후 교신할 주파수 등을 미리 받는 것이다. 원래 비행 인가는 게이트를 출발하기 전에 받는 것이지만, KLM 조종사들은 라스팔마스공항이 열렸다는 정보를 받자마자 급히 출발 준비를 서두르는 바람에 비행 인가를 받지 않은 채 게이트를 출발했었다.

회항은 관제사와 조종사 모두의 정신적, 육체적 에너지를 소진시킨다. 암스테르담을 출발해 목적지인 라스팔마스에 내리지도 못하고 반나절을 테네리페에 묶여 출발을 기다렸던 KLM 조종사들은 이미 녹초가 되어 매우 예민해져 있었다.

부기장이 타워로부터 받은 비행 인가를 복창하는 순간 제이콥 기장은 이것을 이륙 허가로 착각했다. 부기장이 타워의 비행 인가를 복창하는 사이에 제이콥 기장은 비행기의 엔진을 가속하기 시작했다. 그리고 부기장의 복창이 모두 끝나자 직접 마이크 키를 잡고 관제사에게 이륙을 시작한다고 통보했다.

"We are now, uh, at Takeoff(우리 이제 이륙합니다)."

이 말은 표준관제용어가 아니었다. 특히 듣기에 따라 'At Takeoff'라는 말은 '이륙 후 지시받은 대로 하겠다'라는 뜻으로 해석될 수도 있었다. 관제사로부터 아무런 대꾸가 없자 제이콥 기장은 조종실에 있는 부기장과 항공기관사에게 들으라는 듯 짐짓 쾌활한 목소리로 다시 한번 이륙하겠다는 의사를 표현했다.

"We gaan(자, 이제 간다)."

이렇게 제이콥 기장이 타워와 동료 조종사들에게 반복적으로 이륙한다는 시그널을 보냈다는 것은 그가 타워로부터 이륙 허가를 받았는지에 대해 스스로 확신이 없었다는 것을 방증한다. 제이콥 기장은 누군가로부터 확인을 받고 싶었던 것이다. 그러나 타워도, 조종실에 있던 동료들도 아무런 대꾸가 없었다. 제이콥 기장은 밟고 있던 브레이크를 놓았고 비행기는 활주로를 내달리기 시작했다.

타워 관제사와 팬암 기장은 KLM이 "At Takeoff"라고 말하는 것을 분명히 들었다. 그러나 설마 KLM이 이륙 중이라고 말한 것으로는 도저히 생각할 수 없었다. 분명히 타워는 아직 KLM에 이륙 허가를 주지 않았고 타워의 허가 없이 이륙을 한다는 것은 상상할 수 없는 일이었다. 그래도 뭔가 찜찜한 생각이 든 팬암의 부기장은 라디오 키를 잡고 팬암기가 아직 활주로 상에 있다고 보고했다. 이 보고는 타워뿐 아니라 만의 하나라도 이륙을 하고 있을지 모르는 KLM 조종사들에도 들으라고 한 것이었다.

"We're still taxiing down the Runway(우리는 아직 활주로 상에서 이동하고 있다)."

팬암이 말하고자 하는 것이 무엇인지 타워는 알고 있었다. 타워 관제사는 팬암에게 "Okay"라고 응답하고 다시 한번 KLM에 대기하라는 지시를 했다.

"Stand by for takeoff, I will call you again(이륙 허가를 기다려라. 다시 호출하겠다)."

KLM에서는 아무 대답이 없었다.

주파수에 정적이 흘렀다. 팬암과 타워는 등골이 서늘해지는 것을 느꼈다. 한 주파수에서 타워와 KLM, 팬암이 마구 섞여 교신하는 바람에 누가 누구에게 무슨 말을 하고 있는 것인지도 혼동스러웠다. 이들의 교신 중 일부에는 콜사인이 빠져 있었다.

관제사와 조종사의 무선 교신은 아이들의 워키토키와 똑같다. 한쪽에서 마이크를 잡고 있으면 다른 쪽은 아무리 마이크를 잡고 얘기해도 메시지가 전혀 전달되지 않는다. 하나의 주파수에서 둘 이상의 송신국이 동시에 마이크를 잡을 경우 라디오에서는 삐~ 하는 잡음만 나올 뿐 어떤 메시지도 들을 수 없다. 그래서 관제교신은 간결하고 명료해야 한다.

타워와 팬암이 교신하는 동안 제이콥 기장이 확실하게 들은 것은 마이크가 겹칠 때 나오는 잡음 뒤에 들린 "Okay" 한마디였다. 제이콥 기장은 이 'Okay'를 자신이 관제사에게 이륙한다고 통보("We are now, uh, at Takeoff")한 데 대한 답변으로 생각했다. 상황이 불확실할 때일수록 인간은 자기가 믿고 싶은 대로 믿는다.

KLM이 풀파워full power로 활주로를 달리고 있는 줄도 모르고 타워는 팬암에 활주로를 벗어나면 보고하라고 지시했다.

"Report when Runway clear(활주로를 벗어나면 보고하라)."
"We'll report when we're clear(활주로를 벗어나면 보고하겠다)."

팬암 부기장은 KLM 조종사들에게 들으라는 듯 일부러 또박또박 대답했다.

그러나 시정이 너무 나빠 활주로 중심선을 유지하며 달리는 데 온통 몰두해 있던 KLM의 기장과 부기장은 타워와 팬암의 교신을 듣지 못했다. 소리는 들렸지만^{hear} 메시지는 듣지^{listen} 못한 것이었다. 그러나 이때 기장석 뒤에 앉아 타워와 팬암의 교신을 들은 항공기관사는 자신의 귀를 의심했다.

"Is he not clear then(그 비행기가 아직 활주로에 있어요)?"

"What do you say(뭐라고)?"

"Is he not clear that Pan American(팬암이 활주로에서 나간 거 맞아요)?"

제이콥 기장은 단호한 음성으로 대답했다.

"Oh, yes(나갔어)."

그때까지 아직 활주로를 벗어나지 못하고 있던 팬암 기장은 자욱한 안개 속에서 뭔가 거세게 밀려오는 듯한 느낌에 머리가 쭈뼛 섰다. 분명히 뭔가 잘못되고 있었다.

KLM과 팬암기의 충돌 상황 재연, 스미스소니언 채널

"Let's get the fuck out of here(제길, 빨리 여길 빠져나가자)."

팬암 기장은 보이지 않는 상대에게 뒤를 쫓기고 있는 것 같은 더러운 기분이 들었다. 그 순간 팬암기의 조종실 창밖으로 KLM 비행기의 이륙 등화가 희미하게 보이기 시작했다. 곧바로 육중한 동체의 B747기가 전속력으로 달려오고 있는 것이 보였다.

"There he is(저기 있다)!"

팬암 기장은 마치 귀신을 본 것처럼 소리를 질렀다.

"Look at him. Goddamn, that son of bitch is coming(저기 봐, 저 미친놈이 우리에게 달려오고 있어)."

팬암 기장은 틸러(tiller, 지상에서 비행기의 선회에 사용하는 손잡이)를 확 돌리면서 엔진 파워를 끝까지 밀어넣었다. 그러는 사이에도 KLM은 마치 지옥의 사자처럼 미친 듯 달려왔다. 일각이 십 년 같았다.

"Get off! Get off! Get off!"

KLM의 동체가 코앞까지 닥쳐온 것을 본 부기장도 미친 듯 소리를 질렀다.

제이콥 기장이 팬암을 발견했을 땐 이미 너무 늦어 있었다. 제이콥 기장은 비행기를 강제로 띄우기 위해 조종간을 잡아당겼지만 아직 이륙 속

팬암의 B747기에서 뛰어내린 승객들이 필사적으로 비행기에서 벗어나 숨을 몰아쉬고 있다.

도가 되지 않은 비행기는 머리만 든 채 동체 꼬리로 활주로를 긁으며 거친 불꽃을 토해냈다. 제이콥 기장은 엔진 출력을 최대로 밀어 넣고 있는 힘을 다해 조종간을 당겼다. 간신히 KLM 비행기가 떠오르는 순간 동체의 배면과 우측 엔진이 팬암기와 충돌하며 거대한 화염이 일었다. 충돌 직후 KLM 비행기는 활주로 위에 고꾸라져 수백 미터를 미끄러져 가다가 그대로 폭발했다. KLM에 탑승하고 있던 승무원과 승객들은 좌석벨트를 맨 채로 불길에 휩싸였다. 248명의 승객과 승무원 중 살아남은 사람은 단한 사람도 없었다.

　　KLM과 충돌하는 순간 팬암의 부기장은 거의 본능적으로 비행기의 파이어핸들을 뽑았다. 파이어핸들을 뽑으면 비행기의 연료와 전기 계통, 유압 밸브가 한꺼번에 차단되어 화재 가능성이 크게 줄어든다. 비행기가 멈춰서자 허겁지겁 하네스를 풀고 일어난 조종사들은 조종실에서 60여 미터 뒤에 있는 비행기 꼬리까지도 볼 수 있었다. KLM과의 충돌로 비행기 동체의 상부가 통째로 뜯겨 나간 것이다. KLM 비행기와 충돌하며 흘러나온 기름과 유체로 팬암기의 동체 여기저기에서도 불꽃이 피어오르고 있었다. 생각할 겨를도 없이 조종사들은 3층 높이의 조종실에서 그대로 뛰어내렸다.

비행기 지붕이 뜯겨 나간 객실은 그야말로 아비규환이었다. 그때까지 정신을 잃지 않고 있었던 승객들 중 움직일 수 있는 사람은 누가 먼저랄 것도 없이 화염이 솟구치는 비행기에서 뛰어내렸다. 발목이 부러져 활주로 옆 잔디에 엎어져 있던 승객들의 옆에서는 B747의 거대한 엔진이 굉음을 내며 돌고 있었다. KLM 비행기가 돌진해 오는 것을 발견한 팬암 기장이 최대한 빨리 활주로를 벗어나기 위해 엔진에 풀파워를 밀어 넣은 상태에서 두 비행기가 충돌했던 것이다. 잠시 후 엔진에서 블레이드가 떨어져 나가는 순간 팬암기는 폭발했고 동체에서 시커먼 연기가 수백 미터 하늘로 치솟았다. 396명의 탑승자 중 살아남은 사람은 비행기가 폭발하기 전 뛰어내린 7명의 승무원과 54명의 승객뿐이었다.

항공기 제작사인 보잉과 스페인, 미국과 네덜란드의 항공 당국이 사고 조사를 마치기도 전에 언론들은 타워의 허가를 받지 않고 이륙을 시도한 KLM 제이콥 기장의 실수를 사고의 원인으로 지목했다. 당시 B747 기장으로 대중에게도 유명한 제이콥 기장이 최악의 사고를 냈다는 사실은 매우 선정적인 이슈임에 틀림없었다.

그러나 항공사고는 여러 가지 요인들이 서로 인과관계를 이룬 끝에 발생한다. 제이콥 기장이 이륙 허가를 받지 않고 이륙했다는 사실은 사고의 원인이 아니라 사고를 발생시킨 최종 행위로 정의해야 한다. 원인이라는 것은 왜 그런 치명적인 실수가 발생했는가를 설명할 수 있어야 한다. 그래야 똑같은 사고가 재발하는 것을 방지할 수 있다.

제이콥 기장은 27세가 되던 1950년 네덜란드의 국영 항공사인 KLM에 입사해 1년 만에 DC-3 기장으로 승격했다. 언변과 친화력이 뛰어났던 그는 회사에서 줄곧 교관을 역임하며 빠르게 경력을 쌓아갔고 더글러스의 DC 시리즈를 거친 뒤 KLM의 첫 번째 B747 기장이 되었다. 항공사에서 신기종을 도입할 때는 조종사가 항공기 제작사로 가서 비행기를 인수해 직접 조종을 해서 들여오는데, 제이콥은 1971년 보잉사가 있는 미국의 시애틀에 가서 KLM의 첫 번째 B747을 받아 온 기장이었다. 제이콥 기장은 회사에서 조종사로서의 임무 외에도 다양한 기종의 수석 교관으로 근무했다. 회사 내에서 B747기에 대한 최고 전문가로 인정을 받고 있었던 그는 사망 당시 KLM의 조종사 훈련부서를 총괄하는 임원이기도 했다.

정기 노선을 운항하는 시간보다 회사 사무실에서 있는 시간이 훨씬 많았던 제이콥 기장은 KLM이 B747을 도입하며 대대적인 광고를 하면서 대중에게 알려졌다. 수려한 외모와 함께 회사 내에서 최고 경력을 쌓고 있던 제이콥 기장이 KLM을 대표하는 모델로 선정된 것은 자연스러운 일이었다. 당시 사내외에서 제이콥 기장의 닉네임은 '미스터 KLM'이었다.

1960년대 후반 들어 항공사들이 급증하며 주요 공항들이 몰려드는 비행기들을 제시간에 처리하지 못하자 항공업계에서는 지연 운항을 당

B747 조종석에 앉아 있는 제이콥 기장을 모델로 내세운 KLM 광고

연한 것으로 받아들였다. 당시 가장 안전한 항공사로 정평이 나 있던 KLM은 다른 항공사와의 차별을 위해 정시성을 회사의 차기 전략으로 내세웠다. B747 조종석에 앉아 있는 제이콥 기장의 사진이 배경으로 실린 KLM의 카피 문구는 "KLM. From the people who made punctuality possible(KLM. 시간 약속을 지키게 해주는 사람들)"이었다.

명실공히 KLM을 대표하는 기장이었던 제이콥 기장은 회사의 정책에 누구보다 충실했다. 그가 왜 그토록 이륙을 서둘렀는가에 대한 답이 여기에 있다. 회사의 정책을 운항 현장에서 지휘하는 제이콥 기장은 비행 중 항상 정시성을 강조했다. 제이콥 기장과 함께 비행하는 부기장들 역시 덩달아 서두르지 않을 수 없었다. 이들이 비행 인가를 받지 않은 채 서둘러

게이트를 출발한 것도, 타워로부터 받은 비행 인가를 이륙 허가로 알아듣고 엔진을 가속하기 시작한 것도, 항공기관사가 활주로에 아직 팬암이 있는 게 아니냐고 물어봤을 때 "나갔어"라며 계속 내달렸던 것도, 그 모든 것들이 정시성에서 유발되었다. 빨리 이륙해야 한다는 압박이 그 모든 것들을 압도하고 있었다.

수백 명의 승객이 탑승하는 에어라인 비행의 우선순위는 안전성 > 쾌적성 > 정시성 > 경제성이다. 안전이 확보되지 않으면 정시성이나 경제성은 고려의 대상이 아니다. 문제는 많은 항공사에서 정책을 세우고 추진하는 사람들이 이러한 에어라인 비행의 기본적 원칙을 잘 모르는 경영자이거나 스스로를 경영자라고 착각하고 있는 조종사라는 것이다.

제이콥도 그런 조종사 중 하나였다. 이런 조종사들은 비행에 대한 이해가 부족한 경영진이 경제성 우선의 정책을 내세울 때, 그것이 운항 현장에서 위험 요소로 작용할 줄 알면서도 앞장서서 그 정책을 밀어붙인다. 비행 안전보다 회사에서의 자리 보존에 대한 동기가 더 크기 때문이다.

기업의 목표는 수익을 올리는 것이다. 단기적으로 경제성에 가장 부합하는 정책은 정시성이다. 출발한 비행기가 정시에 도착해야 다음 비행편도 제때 출발할 수 있다. 반면 안전성은 얼핏 경제성과 가장 멀리 떨어져 있는 것처럼 보이기 쉽다. 그러나 에어라인 비행의 본질을 꿰뚫고 있는 경영자는 아무리 사업 환경이 나빠져도 단기적 수익을 위해 조종사들에게 연료를 아끼며 다니라든가 지연 운항을 하지 말라는 요구로 기장의 비행을 압박하지 않는다. 항공사업은 장기전이며 안전이 무너지는 순간 그동안 쌓아온 모든 것들이 한꺼번에 무너진다는 것을 잘 알고 있기 때문이다.

회사의 안전성이 확보되었다고 생각한 당시의 KLM 경영진은 정시성을 내세워 조종사들을 압박했다. 제이콥 기장 역시 어떤 경우에도 승객의

테네리페 사고 후 전소된 비행기 잔해에서 탑승자들의 시신을 수습하는 스페인 구조대

안전을 최우선으로 해야 하는 기장의 본분을 잊고 영업익을 걱정하는 매니저의 자세로 조종석에 앉았다. KLM의 경영진과 제이콥 기장은 항공사의 안전성이 한번 확보되면 그대로 유지되는 것이 아니라 매 비행에서 관리되어야 한다는 사실을 몰랐다.

  팬암기의 기장은 끔찍한 사고의 악몽을 이겨내고 몇 달 후 다시 비행에 복귀했다. 그는 팬암이 유나이티드에 흡수된 후에도 B747 기장으로 비행을 계속하다 1987년 정년 퇴직했다.

조종사와 관제사의 아이덴티티, 콜사인

모든 여객기는 출발 공항의 게이트를 떠날 때부터 목적지의 주기장에 도착할 때까지 관제사의 감시와 유도를 받는다. 활주로를 이륙한 비행기들은 '디파처Departure'와 '컨트롤Control'을 거쳐 최종적으로 목적지의 '어프로치Approach'로부터 착륙 활주로를 배정받는다.

디파처 관제사는 이륙한 비행기들을 적절한 간격으로 분리해 항로에 진입시킨다. 인천공항에서는 종종 유럽으로 가는 비행기들의 출발이 지연되는 경우가 많은데, 이것은 주로 유럽항로와 연결된 중국항로가 혼잡해 중국 항공 당국으로부터 항로 진입 허가를 받지 못하고 있기 때문이다. 공항을 이륙해도 어차피 항로에 진입하지 못하기 때문에 비행기들은 항로 진입 순서가 될 때까지 게이트에서 기다릴 수밖에 없다. 항로가 복잡할 때는 30분 이상을 게이트에서 기다려야 하는 경우도 있는데 그러다

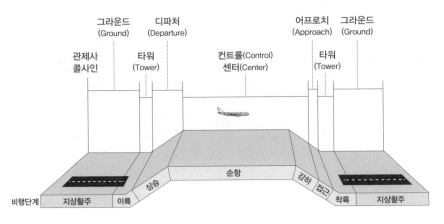

비행단계별 관제사의 콜사인

가도 허가를 받으면 즉시 비행기를 출발시켜야 하기 때문에 지상에서 음료나 식사 서비스를 하지 못한다. 출발 허가를 받았을 때 즉시 출발하지 못하면 그 비행기의 출발 순서는 다시 맨 뒤로 밀려난다.

공항 구역을 벗어난 항공기가 항로에 진입하면 공역 관제사들은 비행기들의 속도와 방향을 통제해 목적지에 도착할 때까지 서로 적절한 간격을 유지시킨다. 미국은 공역 관제소를 '센터Center'라고 하는 반면 국제민간항공기구에서는 '컨트롤Control'이라고 부른다.

센터와 컨트롤은 레이더로 항공기들을 관제하기 때문에 대개 공항의 타워와 떨어져 있는 별도의 건물에서 운영된다. 관할 공역이 상대적으로 넓지 않은 우리나라의 공역은 인천컨트롤과 대구컨트롤 두 곳에서 관장하고 있지만, 미국은 미 본토뿐 아니라 앵커리지와 태평양 공역까지 지구 상공의 거의 절반을 22개의 센터가 나누어 관할한다.

비행기가 목적지 도심 상공에 진입하면 어프로치 관제사는 도착하는

영국 영공과 대서양의 항공기들을 관장하는 NATS(National Air Traffic Services) 컨트롤 센터

비행기들을 일정한 간격으로 활주로에 정대시켜 착륙을 유도한다. 해가 질 무렵 영종도나 김포 부근에서 하늘을 보면 환한 불빛들이 가로등처럼 줄을 지어 서 있는 것을 볼 수 있는데 이 불빛들이 어프로치 관제사가 활주로에 정대시켜 놓은 비행기들의 착륙등^{landing light}이다.

에어라인 기장은 직접 승객들에게 탑승 환영 방송을 한다. 유럽이나 북미의 항공사들은 출발 전 지상에서 방송을 하지만 우리나라의 항공사들은 이륙 후 순항 구간에서 방송을 한다.

순항 중 컨트롤 주파수에서 때때로 "안녕하십니까, 저는 여러분을 모시고 런던까지 가는 기장입니다" 하는 기장 방송이 나오는 경우가 있다. 기장이 실수로 무선 라디오 장비의 관제 주파수 버튼을 눌러 놓은 채 환영 방송을 하고 있는 것이다. 이럴 때 같은 주파수에 있는 우리나라의 조종사들은 비상주파수로 "Check your radio"라고 바로 조언을 하지만 서양 기장들은 대개 방송이 다 끝날 때까지 기다렸다가 "Excellent announcement, thank you, captain" 하고 농담을 한다. 서양인들의 실수를 대하는 태도는 뻔뻔해 보일 정도로 당당한 경우가 많은데, 지나간 과오와 현재를 쉽게 분리하는 이들의 이런 마인드는 조종사로서 장점이기도 하고 단점이기도 하다.

영화에서 종종 관제탑을 장악한 테러범이 기내 방송으로 승객들을 협박하는 장면이 나오는 것처럼 실제로 관제사의 교신을 기내 방송으로 내보내는 것도 가능하다. 2014년 8월 21일 캐나다 밴쿠버국제공항에 근무하던 한 관제사는 접근 중인 에어캐나다 기장에게 자신의 관제지시를 객실에서 모두 들을 수 있게 해달라고 부탁했다. 이 관제사는 그 비행기에

타고 있던 자신의 여자 친구 크리스틴에게 기내 방송으로 공개 프러포즈
를 할 생각이었다. 관제사의 부탁을 흔쾌히 승락한 기장은 관제교신 주파
수를 기장 방송 시스템에 연결한 후 준비가 되었으니 어서 얘기하라고 했
다. 관제사는 떨리는 목소리로 크리스틴에게 청혼을 하고는 모든 승객들
앞에서 공개적으로 대답을 해달라고 했다. 객실승무원으로부터 크리스
틴이 "Yes"라는 대답을 했다는 보고를 받은 기장은 웃으며 관제사에게 여
자 친구의 청혼 승락을 전달해 주었다.

승객들로부터 관제사의 기내 청혼 방송 이야기가 알려지면서 일부 언
론은 이 사건을 미담으로 보도했다. 그러나 동서양의 문화 차이를 떠나
이 사례는 기내 방송을 요청한 관제사나 그 부탁을 수락한 기장이나 항공
전문가들로서 도저히 있을 수 없는 아마추어적인 행위였다.

비행기의 콜사인은 1930년대에 사용되기 시작했다. 대부분의 항공사
는 회사 이름을 비행기의 콜사인으로 사용하지만 서구의 항공사들은 단
순한 회사명 대신 자신들의 정체성이나 추구하는 가치를 콜사인으로 등
록해 사용하기도 한다.

조종사들은 관제사가 다른 항공기에 주는 관제지시를 통해 주변의 항
공기 흐름과 내 비행기의 예상 경로를 판단한다. 상황 인식Situational Awareness
이라고 하는 이 능력은 조종사에게 매우 중요한 역량이다. 그런데 다른
항공기의 기종이나 콜사인을 잘 모르는 조종사는 그만큼 상황 인식 능력
이 떨어질 수밖에 없다. 비행기 동체에는 항공사 이름만 쓰여 있기 때문
에 콜사인으로 다른 비행기들의 흐름을 인식하는 능력은 온전히 조종사
의 지식에 달려 있다. 인터넷이 없던 시절 다른 비행기들의 콜사인을 많
이 알고 있는 것은 그만큼 비행 경력이 풍부하다는 것을 상징하는 것이기

도 했다.

매일 비행하는 노선이 바뀌는 에어라인 조종사들은 콜사인이 매일 바뀐다. 공중에서 다른 항공기와의 분리를 위한 관제사의 유도 지시를 놓치면 심각한 위험을 초래할 수 있기 때문에 비행 중 조종사들은 관제사의 호출에 항상 귀를 기울이고 있어야 한다. 조종사들은 매 비행에서 관제사가 부르는 콜사인을 놓치지 않기 위해 나름대로의 전략을 갖고 있다. 대개 계기판 옆에 큰 글씨로 콜사인을 적은 포스트잇을 붙여 놓거나 B737처럼 조종간에 달려 있는 콜사인 마커를 이용한다.

대한항공 비행기의 콜사인은 '코리안에어Korea Air' 뒤에 세 자리 숫자로 된 비행편명을 붙인다. 비행편명은 서울 출발편은 홀수, 도착편은 짝수가 사용된다. 예를 들어 서울을 출발해 로스앤젤레스로 향하는 비행기의 콜

B737 조종간에 달려 있는 콜사인 마커

사인은 '코리안 에어 001'이고 로스앤젤레스에서 서울로 들어오는 비행기의 콜사인은 '코리안 에어 002'가 되는 식이다.

코리안 에어 뒤의 숫자 중 맨 앞자리는 지역을 나타낸다. 미주 노선에는 0, 호주와 뉴질랜드 등 오세아니아는 1, 동남아 6, 일본 7, 중국 8, 유럽편 비행편명에는 9가 붙는다. 이런 규칙성 때문에 조종사들끼리는 공중에서 다른 비행기의 콜사인만 들어도 어디서 출발해 어디로 가고 있는지 바로 알 수 있다.

콜사인은 기종에 따라서도 달라진다. 무거운 비행기일수록 큰 후류를 생성하기 때문에 최대 이륙 중량이 136톤 이상인 기종은 국제규정에 따라 콜사인 뒤에 '헤비heavy'를 붙인다. 뒤따라 이착륙하는 비행기에 후류로 인한 터뷸런스 경고를 주기 위해서다. 예를 들어 오사카로 비행하는 대한항공 721편을 B737 기종이 운항할 때의 콜사인은 '코리안 에어 721'이지만 A330이 운항할 때는 '코리안 에어 721 헤비'가 된다. 2007년 A380이 운항을 시작하면서부터 헤비보다 훨씬 큰 후류를 생성하는 비행기에 대해 '슈퍼super'를 붙여야 한다는 국제규정이 신설되었다. 이때부터 대한항공 뉴욕행 A380기의 콜사인은 '코리안 에어 081 슈퍼'가 되었다.

"메이데이 메이데이 메이데이, 캑터스 1549. 조류 충돌로 엔진이 모두 꺼졌다."
"알았다, 캑터스 1549, 31번 활주로로 회항하겠는가?"
"캑터스 1549, 불가능하다. 허드슨강에 내리겠다."

영화 〈허드슨강의 기적〉을 보면 2009년 1월 15일 조류 충돌 후 허드슨강으로 비상착수를 시도하는 US 에어웨이스 비행기를 관제사가 '캑터

허드슨강에 비상착수한 US 에어웨이스 1549편 A320 비행기, 〈CNN NEWS〉

스Cactus'라고 호출한다. 설리 기장 역시 자신의 콜사인을 US 에어웨이스가 아니라 캑터스라고 보고한다. 영화를 보고 난 일부 관람객들은 인터넷 게시판에서 '관제사와 조종사는 캑터스라고 교신을 주고받는데 비행기 동체에는 US 에어웨이스라고 써 있다'며 옥의 티를 지적했다. 그러나 회사명을 그대로 비행기의 콜사인으로 사용하는 우리나라 항공사들과 달리 외국 항공사들은 회사 이름 대신 자신들이 추구하는 가치나 지역을 상징하는 콜사인을 등록해 사용하는 경우가 많다. 특히 지역 항공사commuter나 저비용 항공사LCC의 경우 자신들의 정체성이나 비전을 드러내는 독특한 이름을 콜사인으로 등록해 홍보에 활용하는 전략을 많이 사용한다.

원래 캑터스는 사우스웨스트항공에 이어 미국에서 두 번째로 큰 저비용 항공사였던 아메리카웨스트항공의 콜사인이었다. 아메리카웨스트의 본사는 애리조나에 있었는데, 애리조나의 랜드마크는 소노란 사막에서 자라는 거대한 사구아로^{Saguaro}(캑터스)였다. 서부영화의 배경으로 자주 등장하는 애리조나 사막의 커다란 선인장이 바로 사구아로다.

애리조나에 본사를 둔 아메리카웨스트가 사막에서 독보적인 생명력으로 높이 자라는 캑터스를 콜사인으로 등록한 것은 미국의 치열한 저비용 항공 시장 속에서 꿋꿋하게 살아남아 선두 기업이 되겠다던 그들의 각오와 꽤 잘 어울렸다. 비록 아메리카웨스트는 2006년 US 에어웨이스에 합병되고 말았지만, 캑터스의 브랜드 가치를 높이 평가한 US 에어웨이스는 합병 후에도 캑터스란 콜사인을 계속 사용했다.

●

더 이상 아버지의 제복을 동경하는 아이들은 없다

70년대 최고의 팝 스타는 단연 올리비아 뉴튼 존이었다. 어려서부터 뛰어난 음악적 재능을 주체하지 못했던 올리비아 뉴튼 존은 16세 때 첫 앨범을 낸 이후 1981년 〈피지컬〉로 스스로 청순 발랄한 이미지를 던져버리기 전까지 전 세계 청소년들의 우상이자 연인이었다. 특히 1978년 존 트라볼타와 함께 출연한 하이틴 영화 〈그리스〉는 40년이 지난 지금까지 뮤지컬과 연극 등 여러 예술 형태로 리바이벌될 정도로 올리비아 뉴튼 존을 세기의 팝스타로 만든 최고의 걸작이었다.

〈그리스〉에서 얌전하기만 했던 모범생 샌디가 사랑에 눈을 뜨면서 외향적인 소녀로 변신하는 'Summer nights' 파트는 당시 고등학교 축제 무대의 단골 메뉴였다. 연극부나 밴드부가 있는 여학교에서는 축제 때마다 누가 샌디 역을 맡을지를 두고 서로 다투는 일까지 있었다.

올리비아 뉴튼 존(앞줄 가운데)이 출연한 영화 〈그리스〉 중

1980년 올리비아 뉴튼 존이 〈제너두〉를 발표했을 때 토니 페르난데스는 영국의 명문 엡솜칼리지에 유학을 와 있던 17세의 말레이시아 학생이었다. 외로운 유학 생활 중 토니를 지탱해 준 가장 큰 버팀목은 음악이었는데, 당시 토니를 비롯한 전 세계 청소년들에게 올리비아 뉴튼 존은 단순한 팝스타가 아니라 복장과 태도, 말투까지 그들의 모든 일상을 지배하던 아이돌이었다. 토니 페르난데스는 팝에서 클래식에 이르기까지 상당한 수준의 음악 애호가로 알려져 있다. 대학에서 회계학을 전공한 토니가 졸업 후 런던의 워너뮤직에 입사한 것도 음악에 대한 애정 때문이었다. 1999년 토니는 워너뮤직그룹의 동남아시아 지역 부사장이 되어 말레이시아로 돌아왔다.

2001년 마하티르 수상은 말레이시아 정부가 운영하던 에어아시아의 경영 상태가 걷잡을 수 없을 정도로 부실해지자 토니에게 에어아시아 인수를 권유했다. 토니는 천만 달러가 넘는 부채를 안고 있던 에어아시아를 인수하고 항공업계에 뛰어들었다. 토니가 에어아시아를 인수한 2001년 10월은 9·11 테러의 여파로 전 세계 항공업계가 최악의 상황에 처해 있던 시기였다. 업계에서는 어마어마한 부채를 안고 있는 에어아시아가 파산할 것이라고 했지만, 토니는 경제 전문가들의 예상을 비웃기라도 하듯 1년 후 에어아시아의 모든 부채를 갚고 회사를 흑자로 전환시켰다. 토니는 항공업계의 불황으로 비행기 임대료가 절반 이하로 떨어지고 다른 항공사들에서 해고된 경력자들을 쉽게 채용할 수 있는 조건에서 에어아시아가 성공하는 것은 단지 시간문제였을 뿐이라고 말했다.

2007년 11월 토니는 24대의 A330 항공기를 도입하고 장거리 브랜드인 에어아시아 엑스Airasia X를 론칭했다. 토니는 "이제 누구나 항공 여행을 즐길 수 있다(Now everyone can fly)"라는 캠페인을 앞세우고 올리비아 뉴튼 존이 불렀던 바로 그 제너두를 에어아시아 엑스의 콜사인으로 등록했다.

토니에게 올리비아 뉴튼 존이 제너두를 부르던 그 시대는 밤하늘만 올려다봐도 가슴이 두근거리던 순수와 열정의 시기였다. 토니의 에어아시아는 혁신적인 경영 전략과 추진력으로 아시아의 저비용 항공 시장을 완전히 장악했다.

영화 〈허드슨강의 기적〉으로 잘 알려진 설렌버거 기장은 국회 청문회에서 "더 이상 아버지의 제복과 비행기를 동경해 조종사가 되고 싶어 하는 아이들은 없다"며 젊은 조종사들이 부업을 하고 있는 항공업계의 현실을 지적했다. 그는 머지않아 조종사가 옛날처럼 비행에 대한 꿈이나 열정 때문이 아니라 안정적인 급여를 받기 위한 직업의 하나로 선택되는 시대가 올 것이라고 전망했다.

인간 행동의 동기는 경제적 이익만 있는 것이 아니다. 살아 있는 인간

에어아시아 엑스의 A330

은 누구나 의미 있는 존재가 되고 싶어한다. 전통적으로 조종사들에게 비행은 생계수단으로서만이 아니라 살아 있는 인간 에너지의 표현으로 그 자체가 목적이었다. 지난 백여 년간 비행과 관련된 분야의 모든 혁신적인 발전도 인간이 하늘을 난다는 경이로운 사실에 대한 근원적인 관심과 열정에서 탄생한 것들이었다.

기장 초임 시절, 지인들의 요청으로 서울 시내 몇몇 중학교에서 직업 설명회라는 한 시간짜리 수업을 지도한 적이 있었다. 학생들은 각자의 희망대로 '조종사반', '경찰반' 등의 팻말이 붙어 있는 교실로 가서 현재 그 직업에 종사하는 일일 선생님과 궁금한 것들을 자유롭게 묻고 얘기하는 시간을 가졌다. 나는 학생들이 흥미를 느낄 것 같은 에어라인 파일럿의 생활과 비행 원리를 중심으로 수업을 진행했지만 다섯 차례의 일일 수업에서 항상 받았던 질문은 "연봉이 얼마예요?"였다. 아이들은 이미 모든 것의 가치가 돈으로 환산되는 이 사회의 속성을 잘 알고 있었다.

운항 시스템이 발달하고 규정과 절차가 조종사의 지식과 판단을 대신

하기 시작하면서 역설적으로 조종사들은 비행에 대한 통제권과 열정을 잃었다. 매 비행을 두근거리며 기다리던 조종사들이 월요일 출근 걱정에 스트레스를 받는 직장인이 되고 있는 것이다.

위장된 관심이나 과장된 열정은 필연적으로 권태와 나태를 초래한다. 부자가 되기를 꿈꾼다면 조종사가 아닌 다른 직업을 택해야 한다. 수백 명의 승객을 태우고 있는 에어라인 조종사가 비행에서 권태를 느끼고 있다면 자신의 비행을 스스로 돌아보아야 할 때다. 비행의 피로는 하루 이틀의 휴식으로 회복되지만 직업에서 느끼는 권태는 그 일을 하면 할수록 더 깊어질 것이기 때문이다.

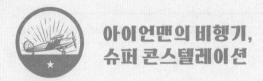

아이언맨의 비행기, 슈퍼 콘스텔레이션

슈퍼 콘스텔레이션Super Constellation은 더글러스에 밀려 그때까지 별 볼 일 없는 항공기 제작사였던 록히드의 인지도를 단숨에 톱 레벨로 올려놓은 전설적인 4발 프로펠러기였다. 1949년까지 슈퍼 콘스텔레이션은 여압시스템을 갖추고 있는 유일한 여객기였으며 팬암, 에어프랑스, 영국항공(BOAC), KLM, 콴타스, 루프트한자 등 전 세계의 항공사에서 800대 이상이 운영된 프로펠러 마지막 세대의 베스트셀러였다.

1939년 TWA를 인수한 미국의 사업가 하워드 휴즈Howard Robard Hughes, Jr는 당시 미국의 최고 항공사였던 유나이티드와 아메리칸항공을 단숨에 제압할 수 있는 항공기를 개발할 수 있는 회사를 찾았다. 하워드 휴즈를 만난 록히드는 TWA가 슈퍼 콘스텔레이션 35대를 보유하기 전까진 다른 항공사와 일절 계약하지 않는다는 조건으로 비밀리에 슈퍼 콘스텔레이션을 개발했다.

석유 사업가였던 부친의 유산을 물려받아 18세 때 이미 백만장자가 된 하워드 휴즈는 대학을 중퇴하고 영화 제작 사업에 뛰어들어 억만장자가 되었다. 하워드 휴즈는 체류 중이던 라스베이거스 호텔에서 그의 직원들이 도박을 하지 않는다는 이유로 퇴거당하자 호텔을 통째로 사버리기도 하고, 밤새 TV 영화를 보기 위해 현지 방송국을 사버리는 등 일생 동안 기인과 같은 행적으로 여러 가지 일화를 남겼다. 영화 〈아이언맨〉의 주인공 토니 스타크는 배경, 학력, 성격, 말투, 외모 등 모든 면에서 하워드 휴즈를 모티브로 설정한 캐릭터다.

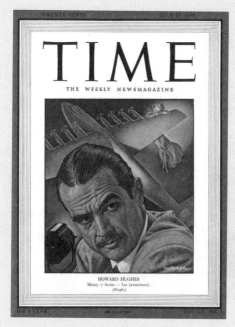

1948년 7월 19일 〈타임TIME〉지는 "Money+Brains=Fun"이란 제목으로 하워드 휴즈에 관한 특집 기사를 실었다. 뛰어난 공학 지식을 갖고 있던 휴즈는 만능 스포츠맨이었으며, 직접 조종하는 비행기로 세계일주 기록을 세운 조종사이기도 했다.

항공사의 정체성을 표현하는 매력 있는 콜사인들

★ 브리티시에어의 스피드버드

에어라인 비행기의 콜사인 중 가장 멋진 것은 아마도 브리티시에어의 '스피드버드 Speedbird'일 것이다. 대부분의 사람들은 토요타가 렉서스라는 별도의 브랜드를 론칭해 고급 자동차 시장을 공략했던 것처럼 브리티시에어가 스피드버드를 콩코드에 처음 사용하기 시작한 것으로 알고 있지만, 사실 스피드버드는 1924년 임페리얼항공이 사용하던 콜사인이다.

아메리카웨스트를 합병한 US 에어웨이스가 캑터스를 자신들의 콜사인으로 등록한 것처럼, 임페리얼항공을 병합한 브리티시에어도 그때까지 사용하던 '브리티시에어'란 콜사인을 버리고 스피드버드를 새 콜사인으로 등록했다.

브리티시에어의 B747-400

★ 녹스쿠트의 빅 버드

커다란 새 부리가 그려진 녹스쿠트의 비행기를 보고 웃지 않는 사람은 없었다. 2014년 태국의 녹에어와 싱가폴의 스쿠트항공은 에어아시아에 대항하기 위한 중장거리 저비용 항공사 합작 설립에 합의하고 녹스쿠트를 설립했다. 녹스쿠트는 '빅 버드Big Bird'를 콜사인으로 등록하고 비행기의 노즈에 장난스럽게 웃고 있는 큰 새를 그려 넣었다.

녹스쿠트가 설립될 무렵에는 핀란드의 한 게임업체가 만든 앵그리버드란 캐릭터가 전 세계적으로 유행하고 있었는데 녹스쿠트에 그려진 노란 새부리는 앵그리버드를 연상시키기에 충분했다. 녹스쿠트 비행기가 게이트에 들어올 때면 탑승을 기다리던 아이들이 너도나도 비행기 사진을 찍으려고 게이트 창으로 몰려들어 북새통을 이루곤 했다. 독특한 디자인 덕분에 녹스쿠트는 단기간에 높은 인지도를 올리며 안정적으로 저비용 항공 시장에 정착했다.

싱가폴공항에 가면 마치 전깃줄에 나란히 앉아 있는 새들처럼 터미널에 녹스쿠트 항공기들이 줄지어 서 있는 모습을 볼 수 있다.

녹스쿠트의 B777

★ 버진 오스트레일리아의 벨로시티

괴짜 회장으로 알려진 리처드 브랜슨의 버진 브랜드 중 가장 규모가 큰 항공사는 호주의 버진 오스트레일리아다. 버진 오스트레일리아는 콴타스에 이어 호주에서 두 번째로 큰 항공사다.

버진 오스트레일리아의 콜사인은 '벨로시티Velocity'다. 버진 그룹에는 버진 아메리카, 버진 애틀랜틱, 버진 나이지리아 등 수많은 버진 브랜드 항공사가 있는데 각각의 항공사는 서로 혼동되지 않도록 독립된 콜사인을 사용한다.

버진 오스트레일리아의 A330

★ 버진 아메리카의 레드우드

버진 아메리카항공은 비행기의 엔진과 꼬리날개를 온통 빨간색으로 도장하고 '레드우드 Redwood'라는 콜사인으로 미국과 멕시코의 주요 도시들을 운항했다. 샌프란시스코에 본사를 둔 버진 아메리카 비행기의 빨간색 도장과 레드우드라는 콜사인은 캘리포니아의 레드우드(미국 삼나무)에서 따온 것이다.

세쿼이아sequoia라고도 부르는 레드우드는 초반에는 매년 2미터 이상씩 자라 수령이 약 300년 정도가 되면 100미터 이상의 거목이 된다. 레드우드는 수령이 많을수록 키가 너무 커져 뿌리에서 빨아들인 수분이 나무 꼭대기까지 올라가지 못하기 때문에 필요한 수분의 절반 이상은 안개에서 흡수한다. 레드우드가 짙은 안개비가 자주 내리는 캘리포니아의 해안과 뉴질랜드의 산악지대에서만 서식하는 것도 이 때문이다. 캘리포니아 레드우드의 평균 수령은 자그마치 2천 년이 넘는다.

캘리포니아의 레드우드 숲은 영화 〈스타워즈〉와 〈혹성탈출: 진화의 시작〉을 비롯해 〈E.T.〉, 〈인디아나 존스〉, 〈록키〉 등 수많은 영화의 배경으로 등장했다. 미국인들에게 레 드우드란 이름이 주는 느낌은 캘리포니아, 성장, 위대함, 꿈과 같은 것들로 원래의 버진 아메리카가 갖고 있는 모던하고 캐주얼한 캐릭터와는 조금 다른 느낌이지만, 버진 아메 리카의 조종사들도 레드우드라는 콜사인을 좋아했다.

버진 아메리카의 A320

★ 차이나에어의 다이너스티

중국의 국영 항공사인 에어차이나와 대만의 차이나에어는 조종사들도 종종 혼동하는 항 공사다. 회사의 이름은 얼핏 비슷하게 들리지만 두 항공사의 콜사인은 서로 완전히 다 르다.

중국의 에어차이나는 회사 이름 그대로 '에어차이나Air China'를 콜사인으로 사용하는 반 면 대만의 차이나에어는 '다이너스티Dynasty'를 콜사인으로 사용한다. 차이나에어의 항공 사 로고인 매화는 대만의 국화이기도 하지만 원래 중국 왕조의 전통 문양이었다. 중국 왕조 시절에는 왕실 이외에는 아무도 매화 문양을 집에 새기거나 매화가 그려진 옷을 입을 수조차 없었다. 차이나에어가 매화를 회사 로고로, 다이너스티를 비행기 콜사인으로 사용하는 것은 중국 왕조의 정통성이 중화인민공화국이 아니라 자신들(대만)에게 있다고 말하고 있는 것이다.

중국의 관제사와 지상조업사들은 외국 조종사들이 에어차이나를 차이나에어로 잘못 지칭할 경우 매우 예민하게 반응한다. 항공사들은 전 세계의 각 공항에 정비나 케이터링 센터를 직접 운영하는 대신 해외 공항에서는 현지 조업사와 계약을 맺고 정비와 기내식 서비스를 지원받는다. 그런데 종종 에어차이나와 조업 계약이 되어 있는 항공사의 조종사들이 중국과 대만의 미묘한 관계를 모르고 에어차이나를 차이나에어라고 호출해 지원을 요청하는 경우가 있는데, 이럴 때마다 중국 항공 직원들은 조종사가 자신을 부르는 것인 줄 뻔히 알면서도 아예 대꾸조차 하지 않는다.

대만 차이나에어의 다이너스티라는 콜사인은 중국 왕조의 정통성을 계승한다는 국가적 정체성을 대내외에 강조하는 동시에 에어차이나와의 확실한 구분을 위한 절묘한 선택이었다.

차이나에어의 A350. 동체와 꼬리날개에 중국 왕조를 상징하는 매화가 그려져 있다.

★ 에어링거스의 샴록

아일랜드인 앞에서 영국과 아일랜드의 역사적 관계를 모르고 양국에 대해 함부로 얘기하는 것은 우리나라와 일본의 역사를 모르고 한일 간의 문제를 얘기하는 정도로 어리석은 일이다. 아일랜드의 국영 항공사인 에어링거스의 초록색 비행기에는 샴록 shamrock(세 잎 클로버)이 그려져 있는데 원래 샴록은 아일랜드의 성인 성 파트리치오에 의해 성삼

위 일체를 상징하는 문양으로 전해져 내려온 것이었다.

영국이 아일랜드를 식민지로 지배하던 1700년대 후반까지 샴록은 아일랜드인들에게 영국 왕실에 대한 저항의 표식이었다. 당시 영국 왕실은 샴록이 그려진 종이나 천을 지니고 있는 아일랜드인들을 영국 왕실에 대한 반역자들로 간주하고 엄격하게 처벌했다.

에어링거스가 샴록을 콜사인으로 등록한 것은 아일랜드가 영국의 일부가 아닌 자주독립 국가임을 표현하는 것이다. 아일랜드인들은 매년 3월 일제히 세계 각지에서 자신들의 끈질긴 저항 정신과 승리를 기념하는 행사를 여는데 우리나라에서도 '성 패트릭스 데이'라는 이름으로 샴록 퍼레이드를 개최한다. 성 패트릭스 데이에는 우리나라에 거주하는 아일랜드계 외국인들이 일제히 샴록이 새겨진 초록색 옷을 입고 나와 광장을 행진한다. 광장 한편에서는 우리나라에서 공부하고 있는 아일랜드계 학생들이 샴록이 새겨진 티셔츠와 모자, 노트 등을 팔기도 한다.

에어링거스의 B757-200

★ 토마스쿡 스칸디나비아의 바이킹

2019년 9월 파산을 선언한 토마스쿡 에어라인의 핵심 사업체는 '바이킹Viking'을 콜사인으로 등록했던 토마스쿡 스칸디나비아였다. 이들은 바이킹 시대 스칸디나비아의 바이킹 배들이 항해하던 주요 노선을 그대로 운항하며 여행객들을 북유럽과 지중해의 주요 도시들로 실어 날랐다.

스칸디나비아반도를 가로지르는 스칸디나비아산맥은 노르웨이와 스웨덴 내륙에 울창한

숲과 수많은 자연 항구를 만들어 주었다. 선박이 드나들기 위해서는 연안까지 충분한 수심이 확보되어야 하는데 북해와 노르웨이해에 인접해 있는 피오르 해안은 가파른 경사로 이루어져 있어 고대로부터 곳곳에 자연 항구와 수로가 발달했다. 고대 바이킹 사람들에게 이 수로를 자유자재로 다닐 수 있는 배는 힘과 권력의 상징이었다.

북해와 발트해를 중심으로 무역에 의존해 온 바이킹의 배들은 빠른 속도와 안정성을 갖추고 있었기 때문에 동시대의 다른 배들은 바이킹을 따돌리거나 추월할 수 없었다. 역사상 최고 속도를 기록한 비행기도 바이킹을 콜사인으로 사용했던 토마스쿡 스칸디나비아의 비행기였다.

2015년 1월 쿠바를 이륙해 오슬로로 가던 토마스쿡의 A330은 지상속도 시속 1,256킬로미터를 기록해 여객기로서 가장 빠른 대서양 횡단 기록을 세웠다. 물론 이 기록은 강력한 제트기류의 덕분이었지만, 다음 날 유럽의 신문들은 "바이킹의 후예들, 바이킹으로 신기록 수립"이라는 제목의 기사로 최고 속도 기록을 경신한 토마스쿡을 축하했다. 후자의 바이킹은 당연히 토마스쿡의 콜사인 '바이킹'을 의미하는 것이었다.

바이킹이 보유하고 있던 여객기 최고 속도 기록은 토마스쿡이 파산한 2019년 로스앤젤레스를 출발해 런던으로 가던 버진 애틀랜틱 B787이 시속 1,609킬로미터를 기록하면서 깨졌다.

토마스쿡의 A330

★ 홍콩드래건의 드래건

베이징과 상하이의 주요 공항에서는 야쿠자처럼 온몸에 용 문신을 한 A330 비행기를 자주 볼 수 있다. 이들은 '드래건Dragon'을 콜사인으로 사용하는 홍콩드래건항공 비행기들이다.

홍콩을 비롯한 중국 남동부는 여름마다 폭우와 태풍이 자주 몰아친다. 중국에서 용은 비와 태풍을 통제할 수 있는 강력하고 상서로운 존재를 상징한다. 고대부터 농경 사회였던 중국에서 날씨를 통제하는 힘을 가진 자는 천자(天子), 즉 하늘이 내린 존재였기 때문에 용은 황제의 문양으로 사용되었다.

홍콩드래건항공은 캐세이퍼시픽이 전액을 출자해 수립한 자회사다. 드래건이라는 콜사인은 홍콩과 선전, 광저우에 가면 자주 들을 수 있는데 강풍이나 뇌우가 몰아닥치면 드래건 역시 다른 비행기들과 마찬가지로 이착륙을 포기하고 조용히 날씨가 좋아지기만을 기다린다.

홍콩드래건의 A330

★ 제트스토리의 제다이

최고급 비즈니스 제트기로 전 세계를 운항하는 제트스토리의 콜사인은 〈스타워즈〉에 나오는 바로 그 '제다이Jedi'다. 일반인들은 보통 비행기의 크기로 성능이나 객실 옵션을 추측하지만 사실 가장 고급스러운 제트항공기는 10~20인승의 소형 비즈니스 전세기다. 유럽에서 가장 잘 알려진 비즈니스 전세기 회사인 제트스토리는 사업 초기에는 손님이 원하는 일정에 원하는 도시로 전세기 운항만 했지만, 지금은 사업 규모가 커지면서 일반 항공사처럼 정해진 노선을 오픈하고 승객을 모집하기도 한다. 최고급 시설과 기내 서비스를 제공하기 때문에 유럽 내 도시를 왕복하는 짧은 노선의 오픈 티켓도 최소 천만 원을 훌쩍 넘는다.

제다이는 에어라인 조종사들에게도 매우 흥미롭게 들리는 콜사인이다. 러시아나 동유럽의 최고 부유층이 주요 고객인 제다이의 취항지는 이르쿠츠크(러시아), 발레타(몰타) 등 일반인들에게는 잘 알려지지 않은 계절 휴양지들이기 때문에 우리나라 항공사들이 취항하는 대형 국제공항에서는 좀처럼 제다이를 듣기 어렵다. 유럽을 자주 운항하는 기종의 조종사들은 파리나 모스크바, 제네바, 암스테르담 등에서 가끔 제트스토리를 만날 수 있다.

제트스토리의 엠브라에르 레거시 600(Embraer Legacy 600). 13인승 트윈 제트기로 전 세계를 커버하는 체공 능력을 갖고 있다. 두 명의 객실승무원이 최고급 기내 서비스를 제공한다.

제트스토리의 엠브라에르 레거시 600 객실. 테이블을 접으면 좌석을 침대처럼 펼 수 있다.

4
불타는 알루미늄 캔,
기내 화재

.

미세먼지 제로의 블루 스카이

에어라인 조종사들에게 비행 중 발생할 수 있는 최악의 비상사태가 무엇이라고 생각하는지 물으면 일제히 기내 화재라고 대답할 것이다. 고공에서 기내 압력이 갑자기 떨어지는 여압 상실도 비상상황임에는 틀림없지만, 폐가 산소를 빨아들일 수 있는 고도까지 비행기가 강하하고 나면 촌각을 다투는 긴급 상황은 일단 정리된다. 남은 건 가까운 공항으로 회항해 착륙하는 것뿐이다.

그러나 기내에서 화재가 발생했던 대부분의 비행기는 아주 짧은 시간 내에 조종사와 승무원을 포함한 탑승자 모두와 항공기 시스템이 무력화되어 회항 자체를 하지 못했다. 가까스로 회항에 성공한 비행기들도 비상 탈출 과정에서 많은 탑승자들의 희생이 발생했다.

비행 중 항공기의 여압시스템은 엔진에서 빨아들인 신선한 외부 공기를 가압해 끊임없이 동체 안으로 불어 넣는다. 순항고도에서 공기가 빵빵하게 들어차 있는 객실 내부와 외부의 압력차는 8.5psi 정도인데 이 압력은 1제곱미터 위에 6톤의 무게가 올라가 누르고 있는 힘과 같다.

고도가 높아질수록 태양에서 발산되는 자외선과 방사능은 강해지고 먼지와 같은 지상 부유물은 사라진다. 객실로 유입되는 공기는 부유물이 거의 없는 새파란 고공의 공기를 압축한 것이기 때문에 지상의 공기보다 훨씬 깨끗하다. 객실의 공기가 텁텁하게 느껴지는 것은 오롯이 승객들이 내뿜은 이산화탄소와 체내에서 배출된 가스 때문이다.

비행 중 객실에 지속적으로 외부 공기가 유입되려면 비행기 어딘가에 공기가 빠져나갈 수 있는 구멍이 있어야 한다. 그렇지 않으면 비행기 동체는 내부와 외부의 기압 차를 견디지 못하고 터져버린다. 여객기 동체의 후미나 배면에는 작은 공기 배출 밸브가 달려 있는데 객실 내부의 공기는 이 밸브를 통해 약 2~3분마다 외부의 신선한 공기로 완전히 교체된다.

비행기의 공기배출구는 객실 공기를 순환시키기도 하지만 기내 여압을 조절하는 것이 주목적이기 때문에 매우 작다. 공기배출구가 너무 크면 기내에 불어 넣은 공기가 너무 급격히 빠져나가 객실 내부의 여압이 유

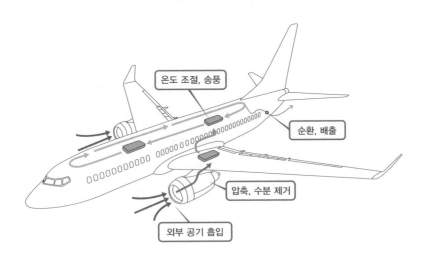

여객기 여압시스템 개요도

A320 기종의 공기배출구. 공중에서는 조금만 열려 있다가 착륙 직전 완전히 열린다.

지되지 못한다. 비행 중 화재가 발생하면 이 작은 공기배출구로는 연기가 빠져나가지 못하기 때문에 지하철 객차 안에서 화재가 발생했을 때보다 빠른 속도로 기내에 연기가 퍼진다.

•

임계시간 30초, 산소마스크를 써라

인간의 뇌세포는 단 몇 초만 산소 공급이 끊겨도 치명적인 손상을 입는다. 여객기의 여압시스템은 보통 3중으로 백업 장치가 되어 있지만 어떤 이유로든 여압시스템이 고장 나거나 동체에 구멍이 뚫리면 객실 내부는 순식간에 외부의 대기에 노출된다.

에베레스트산 정상보다 수천 미터나 높은 순항고도에서 외기의 대기에 노출되면 건강한 성인도 30초를 넘기지 못하고 의식을 잃는다. 현대

여객기는 객실 내부의 압력이 사람에게 산소가 필요할 정도까지 떨어지면 좌석 위 선반에 장착되어 있는 산소마스크가 자동으로 내려온다.

순항 중 객실 내부가 갑자기 외부의 대기에 노출되어도 숨이 턱하고 막힌다거나 호흡이 곤란해지지는 않는다. 호흡도 의식도 지극히 정상적으로 느껴지고 스스로 아무 이상도 인지하지 못하는 사이에 뇌에 산소가 부족해지면서 점점 몽롱한 쾌감에 빠지게 된다. 비행기가 출발하기 전 승무원들이 "비행 중 산소마스크가 내려오면 즉시 착용하라"라는 안내 방송을 하는 것도 저산소증이 인체에 아무런 자각이나 고통을 주지 않기 때문이다.

그러나 실제 비행 중 산소마스크가 떨어졌을 때 객실에서 촬영된 영상을 보면 대부분의 승객들은 무슨 일이 일어났는지 주위를 둘러보거나 옆사람과 얘기를 하다가 크리티컬 타이밍Critical Timing을 놓친다. 산소마스크를 즉시 착용하는 사람은 거의 없다. 그 고도에서 의식을 잃지 않고 버틸 수 있는 시간이 몇십 초도 안 된다는 사실을 모르기 때문이다.

산소마스크가 떨어지면 무슨 일이 일어났는지 생각할 것이 아니라 무조건 빨리 마스크를 잡아당겨 코와 입에 대야 한다. 승무원이 산소마스크를 벗고 객실을 돌아다니며 마스크를 벗어도 된다고 할 때까지 반드시 산소마스크를 착용하고 있어야 한다.

조종사들은 비행 중 여압에 문제가 발생하면 5초 이내에 산소마스크를 착용하게 되어 있다. 그리고 즉시 산소마스크가 필요 없는 고도까지 비상강하를 시작한다. 이때는 관제사에게 강하 허가를 받을 필요도 없다. 비상강하를 하는 중이라고 통보하는 것이 전부다. 비상상황에서도 조종사는 산소 부족으로 인한 판단력 저하 없이 복잡한 절차를 정확히 수행해야 하기 때문에, 조종사용 산소마스크는 얼굴을 완전히 커버하는 형태로 되어 있다. 이 산소마스크는 가압된 100퍼센트 산소를 조종사의 폐로 직접 불어 넣는다. 마스크 안쪽에는 내장 마이크가 장착되어 있어 조종사가 마스크를 쓴 채로 교신을 할 수 있다.

조종사용 산소마스크는 비상시에만 착용하는 것이지만 조종사들은 정상 비행 중에도 가끔 산소마스크를 착용하고 100퍼센트 산소를 흡입하기도 한다. 비행기 내부의 공기는 인체가 편안한 휴식을 취하기에는 충분하지만 지상에서만큼의 산소를 뇌에 공급하고 있는 것은 아니기 때문에 10시간이 넘는 장거리 비행 중에는 조종사들도 피로감을 느낄 때가 있다. 특히 야간에 출발하는 화물기 조종사들은 밤을 새워 태평양을 건넌 후 착륙을 준비할 때면 종종 눈이 침침할 때가 있다. 이럴 때 가압된 100퍼센트 산소를 몇 번 마시고 나면 조종실의 계기들과 하늘의 별빛이 거짓말처럼 밝게 보인다.

•

기다리는 산소마스크는 내려오지 않는다

화재가 발생했을 때 사람이 사망하는 가장 큰 원인은 일산화탄소 중독이다. 실제 화재 사고에서 발생한 인명 피해의 80퍼센트는 화염이 아니라 질식으로 인한 것이었다. 대부분 고분자 플라스틱으로 만들어진 실내 내장재가 연소되면 시안화수소나 염화수소와 같은 치명적인 유독가스가 발생하는데, 이런 유독가스는 단 한 모금만 들이마셔도 숨이 턱하고 막히면서 호흡을 할 수 없게 된다. 이 상태가 되면 대부분의 사람은 그 자리에 주저앉는다. 그러다 정신을 잃고 전신이 마비된 채로 죽음을 맞는 것이다.

화재가 발생했을 때 생존의 유일한 열쇠는 신속히 화재 현장을 벗어나는 일이다. 그러나 짙은 연기 속에서 탈출구를 찾아 대피한다는 것은 말처럼 쉽지 않다. 연기의 이동 속도는 사람이 몸을 숙이고 이동하는 속도보다 훨씬 빠르기 때문에 평소 탈출 경로를 생각해 두지 않은 사람이 연기보다 빨리 대피하기란 불가능에 가깝다.

기내 화재는 여객기가 직면할 수 있는 가장 위험한 비상상황이다. 비행 중 객실에 연기가 퍼져나갈 정도의 화재가 발생하면 승무원들은 보호 장구를 착용하고 승객들이 심각한 상태에 빠지기 전에 화재의 진원지를 찾아 진압해야 한다. 그러나 실제 비행 중 객실에 연기가 퍼질 정도의 화재에서 승무원들이 화재 진압에 성공한 사례는 거의 없다.

객실 안에 유독가스가 가득 차 승객들이 호흡을 하지 못하는 상황이 되어도 선반 위의 산소마스크는 내려오지 않는다. 객실에 화재가 발생했을 때 산소마스크를 작동시키면 신선한 산소가 공급되어 화재가 더욱 악화되기 때문이다. 객실의 산소마스크는 오로지 여압 상실 때만 내려온다.

지상에서는 화재가 발생하면 어디론가 피하기라도 할 수 있지만 공중에 떠 있는 비행기 안에서는 피할 곳이 없다. 비행 중 일단 화재가 발생하면 승무원과 탑승객들은 고스란히 유독가스를 마시며 비행기가 빨리 비상착륙하기만을 기다릴 수밖에 없다. 아우슈비츠의 가스실에 앉아 있는 것과 크게 다르지 않다.

기내 화재가 무서운 것은 유독가스 때문만이 아니다. 동체에 열이 가해지기 시작하면 날개와 엔진 등 비행기를 통제하는 조종 시스템이 마비되어 조종이 불가능해진다. 2002년, 그동안 발생한 기내 화재 사고들을 전수 분석한 영국 민항 당국은 공중에서 즉각적으로 진압되지 않은 화재가 발생한 비행기들의 평균 체공시간이 17분이었다고 발표했다. 화재가 발생하고 17분 이내에 착륙하지 못한 비행기는 통제력을 상실하고 모두 추락했다.

•

식후 흡연 습관이 불러온 참사

1973년 7월 11일 브라질의 리우데자네이로를 출발해 장장 11시간 동안 남미 대륙과 대서양을 건너온 브라질 국영 항공사 바리그^{Varig} 820편은 파리 오를리공항에 접근하고 있었다. 당시 최신형 제트여객기였던 이 B707 기에는 123명의 승객이 타고 있었다.

비행기가 착륙하기 2시간 전, 승무원들은 두 번째 기내식 서비스를 시작했다. 승객들이 거의 식사를 마친 것은 비행기가 착륙하기 30분 전이었다. 승무원들이 기내식 트레이를 정리하는 사이에 객실의 후방에서 희멀건 연기가 피어오르는 것을 발견한 한 승객이 승무원을 불렀다. 승무원이 연기가 나는 곳을 따라가 보니 객실 뒤쪽의 화장실 문틈에서 허연 연기가 새어 나오고 있었다. 깜짝 놀란 승무원이 다른 승무원들과 함께 소화기를 찾는 사이 연기는 걷잡을 수 없이 심해졌다. 객실 전체에 금방 연기가 가득 찼고 매캐한 연기를 흡입한 승객들은 기침을 하기 시작했다. 어린아이와 함께 탑승한 한 승객이 아이가 구토를 하다 숨을 쉬지 않는다고 호소했지만 승무원은 아무것도 해줄 수 없었다.

기장이 승무원으로부터 객실에 화재가 발생한 것을 보고받았을 때 비행기는 오를리공항에 10분 이내에 착륙할 수 있는 거리에 있었다. 기장은 관제탑에 기내 화재 상황을 통보하고 비상착륙 준비에 들어갔다. 그새 객실의 연기는 순식간에 조종실까지 밀려 들어왔다. 기장과 부기장은 재빨리 산소 마스크를 착용했지만 객실에서 밀려 들어온 연기로 비행계기를 전혀 볼 수 없었다.

조종사들이 비상절차매뉴얼(QRH, Quick Reference Handbook)을 모두 끝냈을 때 비행기는 착륙 직전에 있었다. 착륙은 조종사가 육안으로 활주로를 보고 하는 것이기 때문에 마지막 단계에서는 반드시 활주로가 보여야 한다. 그러나 짙은 연기로 조종실 창밖을 전혀 볼 수 없었던 기장은 감각만으로 착륙을 시도할 수밖에 없었다. 비행기가 활주로 상공에 진입한 것으로 생각한 기장이 착륙 조작을 시작했을 때 실제 비행기는 활주로를 수백 미터 앞에 두고 있었다. 바리그 820편은 활주로 인근의 브라질나무와 충돌하면서 양파밭에 그대로 처박혔다.

비행기가 멈추자마자 승무원들은 재빨리 비상구를 열고 비상탈출을 했다. 탈출에 성공한 11명 중 10명은 모두 비상구 옆좌석에 앉아 있던 승무원들이었다. 7분 후 소방차가 도착했지만 비행기는 이미 온통 화염에 휩싸여 있었다. 간신히 불길이 잡히고 응급구조대가 기내로 진입했을 때 승객들은 대부분 좌석벨트를 착용하고 자리에 앉은 채 사망한 상태로 발견되었다. 부검 결과 승객들은 비행기가 양파밭에 떨어지기 전에 이미 시안화수소가스와 일산화탄소 중독으로 사망한 것으로 밝혀졌다. 사고를 조사한 항공 당국은 객실 후방 화장실 쓰레기통에 버려진 담배꽁초에서 화재가 시작된 것으로 결론을 내렸다.

바리그 820편의 공식 사고조사보고서가 발표되자 미연방항공국은 미국을 운항하는 모든 여객기의 화장실에 흡연 금지 경고문을 부착하고 재떨이를 설치하도록 규정했다. 그러나 승객의 기내 흡연 자체를 금지하지

파리 오를리공항 인근 양파밭에 추락한 바리그 B707 항공기

는 않았다. 방청객이 가득 들어찬 TV 공개 방송 중에도 출연자가 버젓이 흡연을 하던 시대였다. 장거리 비행 중 흡연을 전면적으로 금지하면 탑승객들이 비행기 대신 배나 자동차를 이용할 것을 우려한 항공사 역시 회사 차원에서 기내 흡연을 금지할 생각은 전혀 없었다.

•

페기스코브에 새겨진 229명의 이름들

캐나다 동부의 핼리팩스공항에 내리는 여행자들의 목적지는 대부분 대서양과 접한 페기스코브Peggy's Cove라는 작은 마을이다. 우리나라의 달력 배경에도 자주 등장하는 페기스코브는 대서양을 사이에 두고 유럽 대륙과 마주 보고 있는 아름다운 어촌이다. 해안은 온통 매끄러운 바위들로 둘러싸여 있어, 1868년 등대가 설치되기 전까지 안개가 끼는 날이면 대서양을 건너온 수많은 배가 페기스코브 해안의 바위에 부딪혀 침몰했다.

약 4억 년 전 아메리카 지각판이 용융하며 형성된 페기스코브의 해안에는 여름철 아이슬란드에서 녹아내린 빙하가 쌓이고 녹기를 반복하며 수많은 암반 호수가 만들어졌다. 철마다 난류와 한류가 합류하는 인근 해에는 참다랑어와 돌고래, 대서양 바다거북 등 멸종위기에 있는 다양한 바다 동물들이 몰려들어 페기스코브는 여행자들뿐 아니라 생태학을 연구하는 학자들도 많이 찾는다.

2차 대전 직후 캐나다 정부는 페기스코브 일대를 보호구역으로 지정하고 무분별한 개발과 부동산 거래를 엄격히 제한했다. 덕분에 페기스코브 타운은 교회나 학교 같은 공공건물뿐 아니라 레스토랑이나 작은 호텔까지 마을 전체가 미 대륙 정착 초기 모습을 그대로 간직하고 있다. 2000년대 들어 예술가들과 문인, 해양학자들이 몰려들어 페기스코브의 자연과 사회를 다양한 형태의 작품으로 소개하면서 페기스코브는 유럽과 미국인들에게 최고의 명소가 되었다.

페기스코브의 해안 산책길을 걷다 보면 수많은 사람의 이름이 새겨진 커다란 화강암 조형물이 나온다. 조형물의 의미를 잘 모르고 그 앞에서 웃고 떠들며 사진을 찍는 관광객들도 있지만 해마다 9월이면 이곳을 찾아 가족과 친구의 이름 아래 헌화하고 먼바다를 바라보며 슬픔을 달래는 사람들을 만날 수 있다. 페기스코브에서는 어떤 일이 있었던 걸까.

탄소섬유 복합소재로 만들어진 A350과 B787을 제외한 대부분의 현대 여객기는 알루미늄 합금으로 만든다. 알루미늄 합금은 뛰어난 강도를 지니면서도 무게는 강철의 3분의 1에 불과해 운항 효율을 크게 향상시킬 수 있기 때문이다. 비행기 동체는 레고 블록처럼 생긴 커다란 합금 패널을 원통형으로 결합한 구조인데, 각각의 벽체 패널 안에는 조종실과 비행기의 각 부위를 연결하는 전선과 케이블이 빼곡하게 들어 있다.

비행기는 인체 구조와 비슷하다. 두뇌가 신경망을 통해 사지를 통제하는 것처럼 조종실의 모든 시스템은 와이어를 통해 조종사의 명령을 비행기의 날개와 엔진에 전달한다. 비행기 한 대에만 수십만 가닥에 달하는 와이어가 내장되어 있는데 이 와이어들을 모두 연결하면 100킬로미터가 넘는다.

와이어는 전도체를 연질 피복으로 감싼 것으로 열에 매우 약하다. 기내에 화재가 발생해 동체에 열이 가해지면 비행기 벽체 안에 있는 이 와이어들이 녹기 시작한다. 그러다 와이어가 끊어지면 그 와이어와 연결된 시스템이 더 이상 작동하지 않는다. 조종사의 조작 명령에 비행기가 반응하지 않는 것이다.

제작 중인 B777 항공기의 동체 내부. 단열 피복과 금속 동체 사이에 와이어가 빼곡하게 심어져 있다.

조종사들은 비행기와 똑같이 반응하는 시뮬레이터에서 주요 시스템이 고장 났을 때의 비상상황들을 주기적으로 훈련받는다. 반응하지 않는 비행기의 조종석에 앉아 있는 기분은 시뮬레이터에서조차 끔찍하다. 철저한 무력감 속에서 죽음을 기다리고 있을 수밖에 없는 그 기분은 단순히 무섭다는 말로 표현되지 않는다. 머릿속이 순식간에 텅 비면서 몇 분 사이에 그동안 살아온 날들의 장면 장면이 영화를 보는 것처럼 지나간다.

뉴욕과 제네바를 왕복하던 스위스에어 111편은 유엔 셔틀이라고 불릴 정도로 미국과 유럽의 유엔 근무자들이 애용하는 노선이었다. 주로 미 동부의 롱아일랜드와 맨해튼에 거주하던 유엔 주재 미국 근무자들은 밤늦게 뉴욕에서 출발하는 스위스에어 111편에 탑승해 한잠 자고 일어나면 다음 날 유엔 본부가 있는 제네바에 도착할 수 있었다.

1998년 9월 2일 자정, 스위스에어 111편은 229명의 승객을 태우고 뉴욕 존에프케네디공항을 이륙했다. 순항고도에 이르러 부기장과 잠시 대화를 나누던 기장은 뭔가 플라스틱이 타는 듯한 냄새를 느꼈다. 조종석의 에어 밸브를 열어 환기를 했지만 냄새가 사라지지 않자 조종사들은 조종실 구석구석을 확인했다. 조종석 뒤의 벽면을 살펴보던 기장은 마침내 천장의 에어컨 송풍구에서 희미한 연기가 새어 나오는 것을 발견했다. 전기화재가 분명했다.

기장은 부기장에게 비상절차매뉴얼을 수행할 것을 지시했다. 부기장은 매뉴얼에 따라 공기순환장치를 끄고 객실 엔터테인먼트 시스템의 전원을 차단했지만 연기는 점점 더 거세게 밀려나왔다. 머뭇거릴 시간이 없었다. 기장은 관제소에 조종실 화재로 인한 비상을 선포하고 긴급 회항을 통보했다.

야간 비행 중 백라이트가 켜져 있는 조종실. 전기 화재가 발생한 스위스에어 111편은 계기판의 백라이트가 모두 꺼졌다.

관제사가 비행기를 인근의 핼리팩스공항으로 유도하는 사이에도 조종실 안의 연기는 점점 더 짙어졌다. 잠시 후 조종실 내부의 조명이 모두 꺼지더니 항법 계기들이 하나씩 고장 나기 시작했다.

칠흑 같은 밤이었다. 계기판의 백라이트까지 모두 꺼져버리자 조종사들은 계기판을 전혀 볼 수 없었다. 속도계와 자세계가 작동을 멈춘 데 이어 자동조종장치마저 고장 나자 기장은 곧바로 수동 비행으로 전환했다. 하지만 달빛도 없이 깜깜한 밤바다 위에서 기장이 비행기의 자세를 확인할 수 있는 참조물은 아무것도 없었다. 눈을 가리고 비행하는 것과 다르지 않았다.

기장이 비행기의 자세와 속도를 유지하기 위해 사투를 벌이는 사이에 이번엔 우측 엔진에서 화재경보가 들어왔다. 엔진 화재는 폭발로 이어질 수 있기 때문에 즉시 엔진을 꺼야 한다. 비상절차매뉴얼을 수행하던 부기장이 기장의 지시에 따라 우측 엔진을 끄는 순간 추력의 균형을 잃은 비행기는 오른쪽으로 급격히 기울어지며 수직으로 급강하했다.

3차원 공간에서 비행기에 작용하는 힘들이 균형을 이루고 있을 때 인간의 평형감각은 무력해진다. 조종사들이 비행기의 자세와 속도를 전혀 파악하지 못하는 상태에서 비행기는 시속 560킬로미터의 속도로 페기스코브의 바다로 돌진했다. 229명의 탑승자들을 태운 여객기가 중력의 350배에 달하는 가속도로 수면에 충돌하는 순간 비행기는 산산조각이 나버렸다. 기장이 조종실 천장에서 처음 연기를 발견한 지 정확히 17분 만이었다.

다음 날 아침, 평소 눈이 시리도록 푸르던 페기스코브의 해안은 온통 비행기의 파편과 승객들의 유해로 뒤덮여 있었다. 비행기가 바다에 충돌할 때의 충격이 너무 커 신원을 확인할 수 있는 유해는 한 구뿐이었다. 사고조사단은 수습한 유해의 치아와 DNA, 방사선 촬영을 조합해 희생자들의 신원을 확인했다.

사고의 정확한 원인을 밝혀내기 위해 캐나다 정부는 4년간 5천 7백만 달러를 들여 페기스코브 일대의 해저에 묻혀 있던 기체 잔해를 모두 수거했다. 그리고 유해를 수습할 수 없었던 가족들을 위해 페기스코브의 해안 산책길에 스위스에어 111편의 희생자 229명의 이름이 새겨진 추모비를 세웠다.

조사 결과 화재는 조종실 벽체 안에 심어져 있던 기내 엔터테인먼트 시스템의 전선에서 시작된 것으로 밝혀졌다. 이 기내 엔터테인먼트 시스

페기스코브 해안에 세워진 스위스에어 111편 추모비

템은 원래 비행기 제작사의 설계에는 포함되어 있지 않았던 것으로 스위
스에어가 더 많은 승객을 유치하기 위해 자체적으로 장착한 시스템이었
다. 비행기 제작사의 설계에 없는 전자장비를 항공사가 임의로 장착했던
것이다.

　수백 명의 승객이 타는 비행기에 불법 튜닝을 한 스위스에어는 회사의
신뢰성에 심각한 타격을 입었다. 승객들에게 잃은 신뢰를 끝내 회복하지
못한 스위스에어는 경영난에 시달리다 2001년 9·11 테러 직후 결국 파
산하고 말았다.

●

분노의 화염, 플래시 파이어

기내에 화재가 발생했을 때 기장은 즉시 비상을 선포하고 가장 가까운 공항에 착륙해야 한다. 비행기 제작사와 국제항공안전기구에서는 비행 중 즉시 진압되지 않는 화재가 발생했을 경우, 화재의 진원지를 찾거나 진위 여부를 확인하느라 시간을 허비하지 말고 즉시 강하하여 착륙하라고 규정하고 있다. 공중에서 즉시 진압되지 않는 화재가 발생했을 때 조종사에게 주어진 시간이 15분 정도에 불과하기 때문이다.

지상으로부터 1만 미터 이상의 고도로 순항 중인 제트여객기가 15분 내에 착륙한다는 것은 말처럼 쉽지 않다. 무엇보다 착륙할 공항이 15분 이내의 거리에 있어야 하고 조종사의 판단과 조작이 정확해야 성공할 수 있다.

다행히 비행기가 비상착륙에 성공했다 하더라도 승객들이 모두 탈출하기 전까지 비상상황은 아직 끝난 것이 아니다. 불은 산소를 필요로 한다. 화재로 객실 내부의 산소가 모두 소모되면 불길은 잠시 소강상태를 보이지만 불에 타고 있던 기내의 가연물은 열기를 잔뜩 품은 채 숨만 죽이고 있는 상태가 된다. 이런 비행기가 활주로에 착륙한 후 비상구가 열리면 외부의 신선한 공기가 한꺼번에 기내로 유입되면서 핵폭발 때와 같은 순간적인 열분출 현상이 발생한다.

1983년 6월 2일 댈러스를 출발해 토론토로 가던 에어캐나다 797편이 그랬다. 에어캐나다 797편은 심각한 기내 화재 상황에서 가까스로 비상착륙에 성공하고도 승객 대부분이 사망하는 참사로 이어진 대표적인 사건이었다.

화재는 이륙 직후 시작된 기내식 서비스가 끝날 무렵 한 승객에 의해 발견되었다. 객실 뒤쪽에 앉아 있던 이 승객은 식사 후 뭔가 타는 듯한 냄새가 나자 바쁘게 밀 트레이meal tray를 정리하는 승무원을 불러 확인을 요청했다. 승객의 거듭된 요구에 갤리와 화장실을 확인하던 승무원들은 뒤쪽 화장실에서 옅은 연기가 새어 나오는 것을 발견했다.

승무원들은 일제히 하던 일을 멈추고 화재 진압을 시도했다. 한 승무원이 연기가 나는 화장실 문을 열고 안으로 이동식 소화기를 분사했지만 연기는 멈추지 않았다. 화장실 안의 열기가 너무 뜨겁고 연기가 자욱해 승무원들도 화장실 안으로는 들어갈 수 없었다. 잠시 후 화장실 안쪽 벽면에 불이 붙기 시작했다. 이 벽체 안에는 비행기의 수평안정타와 연결된 와이어들이 내장되어 있었다.

승무원들이 화재 진압에 몰두하는 사이 조종실에서는 비행장비의 결함을 경고하는 마스터 워닝Master Warning과 함께 수평안정타 컨트롤시스템에 경고등이 들어왔다. 기장은 즉시 관제소에 비상사태를 선포하고 비상 강하를 시도했지만 비행기는 꿈쩍도 하지 않았다. 화장실 벽면에 내장된 와이어가 녹아내려 수평안정타가 순항 위치에서 굳어버린 것이다. 자동 조종으로 강하가 되지 않자 수동 비행으로 전환한 기장은 있는 힘을 다해 조종간을 밀었다. 하지만 조종간은 강력한 스프링이 달린 것처럼 다시 튀어 올랐다. 기장은 조종석에서 일어나 온몸의 체중을 실어 조종간을 찍어 눌렀다. 조종간에서 조금만 힘이 빠져도 비행기가 다시 튀어 오르려고 했기 때문에 기장은 단 한 순간도 힘을 뺄 수가 없었다.

기장은 말을 듣지 않는 조종간과 사투를 벌이며 기적적으로 비행기를 신시내티공항에 착륙시켰다. 화재 발생 보고를 받은 지 12분 만이었다.

비행기가 활주로 위에 정지한 후 기장은 완전히 탈진해 몸을 움직일 수조차 없었다. 비상탈출을 할 기력조차 남아 있지 않았던 기장은 구조대가 들어와 조종실 창문으로 그를 끌어낼 때까지 조종석에 쓰러져 있었다.

객실에 가득 찬 열기와 유독가스를 간신히 참으며 이제나저제나 착륙하기만을 기다리고 있던 승무원들은 비행기가 활주로에 정지하자마자 비상구를 열었다.

그 순간, 마치 핵폭발이 일어난 것 같은 강한 섬광과 함께 엄청난 화염과 열기가 객실 내부를 휘감았다. 열기가 축적된 밀폐 공간에 대량의 산소가 한꺼번에 유입될 때 발생하는 플래시 파이어Flash fire였다. 플래시 파이어는 강렬한 복사열과 압력을 순간적으로 분출한다. 비상구가 열리기만을 기다리며 객실 앞쪽에 몰려 있던 승객들은 문이 열리는 순간 발생한 플래시 파이어로 폐와 피부에 심각한 열손상을 입고 비명을 지르며 쓰러졌다. 객실 뒤에 있던 승객들도 온몸에 불이 붙은 채 방향 감각을 잃고 마구 뒤엉켜 버렸다. 아비규환이 따로 없었다.

화재를 진압한 소방대가 사망자들을 수습했을 때 희생자들은 신원을 확인할 수 없을 정도로 훼손되어 있었다. 자리에 앉은 채 발견된 승객들은 치명적인 양의 시안화물과 일산화탄소에 중독되어 비행기가 착륙하기 전에 이미 사망한 것으로 확인되었다.

기체가 전소돼 버린 탓에 당국은 화장실에서 발생한 화재가 전기장비에 의한 합선인지 담배꽁초에 의한 발화인지 정확한 원인을 밝혀내지 못했다. 그러나 기내식 서비스가 끝난 뒤 화장실에서 흡연을 한 승객들이 있었다는 점과 전기장비가 없는 화장실 쓰레기통 안에서 화재가 발생한 사실을 토대로 당국은 담배꽁초에서 발화된 화장실 내 화재를 사고의 원

비상착륙 후 플래시 파이어가 발생해 화염에 휩싸인 에어캐나다 797편, 〈ABC NEWS〉

인으로 결론내렸다.

미연방항공국은 화장실 내 흡연 금지 문구 부착과 재떨이 설치가 화재 방지에 소용이 없다는 것을 깨달았다. 미연방항공국은 이번엔 기내 화장실에 화재경보장치 및 자동소화장치를 설치할 것을 의무화했다. 그리고 비행 중 화재경보가 울리면 조종사는 화재경보의 진위를 따지지 말고 지체 없이 비상강하를 시작해 가장 가까운 공항에 착륙하도록 규정했다.

비행기의 화재경보장치는 매우 예민하기 때문에 종종 젖은 화물의 수증기나 화장실에서 사용한 스프레이가 화재경보를 일으킨다. 비가 오는 날이나 습기가 많고 무더운 동남아에서 실린 화물이 비행 중 화물칸에서 수증기를 내뿜어 화재경보를 일으킨 사례는 자주 발생했다.

여객기의 비상착륙은 항공사 입장에서 보면 큰 추가 비용과 승객의 불편을 초래한다. 그 때문에 일부 조종사들은 화재경보가 울려도 회사로부

214

여객기 화물칸에서 피어오르는 수증기. 비에 젖
은 화물이 습기가 제거되지 않은 채 탑재되면
공중에서 수분이 기화해 화재경보를 일으키기도
한다.

터 회항의 정당성을 추궁받을 것을 우려해 화재의 진위를 파악하느라 회항을 지체한 경우가 있었다. 미 항공 당국은 비행 중 화재 경보나 보고를 받은 기장이 화재의 진위나 심각성을 파악하느라 회항을 주저하지 않도록 아예 법제화한 것이다.

흡연으로 인한 기내 화재가 끊임없이 발생해도 당국과 항공사는 기내 흡연을 전면적으로 금지하지 못했다. 기내 금연법의 필요성이 제기될 때마다 항공사는 장거리 항공 여행 수요가 줄어들 것을 우려했고 담배 회사는 정치인들을 상대로 끈질기고 강력한 로비를 멈추지 않았다.

논리적 인과관계가 명확한 사건이었지만 사람들은 어리석게도 더 큰 희생을 기다렸다. 기내 흡연으로 인한 시민들의 희생은 그 후로도 10년 동안이나 계속되었다. 미 항공 당국은 1988년이 되어서야 2시간 이내의 국내선 여객기에 대해서만 제한적으로 기내 금연을 법제화했다. 모든 여객기에 대한 전면 금연은 1990년대 말이 되어서야 시행되었다.

기내 금연법이 발효된 이후에도 비행 중 담배를 피우는 승객이 완전히 사라진 것은 아니었다. 승무원이 아무리 기내 금연을 강조해도 화장실에 들어가 몰래 담배를 피우는 승객은 끊이지 않았다. 미 항공 당국은 기내

화장실 문에 설치되어 있는 재떨이

흡연을 전면 금지한 이후에도 화장실 문 중앙에 금연 문구를 부착하고 재떨이를 설치해야 한다는 규정을 유지했다. 얼핏 보면 기내 흡연을 금지하면서 재떨이를 설치하라는 규정이 서로 모순된 것처럼 보이지만, 몰래 담배를 피우더라도 꽁초를 발화 위험이 있는 휴지통에 버리지 말고 재떨이에 버리라는 것이었다.

비행기 운항을 위해서는 법으로 정해진 최소 장비 목록을 충족해야 한다. 화장실의 재떨이는 법적 요구사항이다. 기내에서 흡연이 금지되었지만 모든 사람들이 항상 규칙을 따르지는 않기 때문에 법적 처벌 조항이 기내 화재의 위험을 감소시키는 것은 아니다. 법을 무시하고 몰래 담배를 피우는 승객들에게 그나마 기대할 수 있는 최선은 담배꽁초를 쓰레기통에 버리는 것이 아니라 격리된 재떨이에 비벼 끄도록 유도하는 것이다.

그러나 실제 비행 중 화장실에서 화재경보가 발령되었을 때 재떨이에서 담배꽁초가 발견된 경우는 한 번도 없었다. 화장실에서 흡연을 한 승객 대부분은 담배를 휴지에 싸서 쓰레기통 깊숙이 집어넣거나 변기에 버린다.

현재 대부분의 국가는 기내에서 전자담배를 포함한 모든 형태의 흡연을 항공법으로 금지하고 있다. 그럼에도 불구하고 승객이 몰래 화장실에서 흡연을 할 경우 천장에 설치된 화재감지기가 조종실과 객실에 화재경보를 발령한다. 휴지통 안에서 화재가 발생하면 자동으로 소화기가 작동되며, 이때 객실승무원은 즉시 화재경보가 발령된 화장실 문을 열고 화재 상황을 확인해야 한다. 이를 위해 화장실 문은 안에서 잠가도 밖에서 바로 잠금을 해제할 수 있게 제작되어 있다.

비행 중 화장실에서 화재경보가 발령되면 기장은 화재 진압 여부와 관계없이 화장실에서 흡연을 한 승객을 도착국 경찰에 인계하고 항공 당국에 보고해야 한다. 아직까지 우리나라는 기내 흡연 승객을 훈방이나 벌금형에 처하는 편이지만, 항공안전법이 엄격한 나라에서는 착륙 후 승객을 체포해 정식 재판에 넘기기도 한다. 실제 미국에서는 기내 흡연자에 대한 법정 판결에서 2년의 실형을 선고한 사례가 있다.

•

압축된 에너지는 언젠가 폭발한다

서유럽이나 미 동부 해안과 같이 대도시가 발달한 지역에는 비행 중 언제든 비상착륙을 할 수 있는 공항들이 줄지어 있다. 그러나 러시아와 중국의 내륙 지역이나 대양 상공을 비행할 때는 한 시간 이내에 비상착륙을 할 수 있는 공항 자체가 없다. 이런 노선을 비행할 때 조종사들은 가장 가까운 공항을 컴퓨터에 입력해 놓고 비상시 즉시 선회할 준비를 하지만, 이런 지역에서 기내 화재가 발생했을 때 회항에 성공할 가능성은 거의 없다. 어떤 비행기도 기내에서 화재가 발생한 상태로 한 시간 이상을 비행할 수 없다.

주변에 회항할 공항이 없는 지역을 비행할 때 화재가 발생하면 조종사는 비행기의 통제력을 잃어버리기 전에 들판에 내리거나 바다에 비상착수하는 것을 고려해야 한다. 그것만이 그나마 생존 가능성을 조금이라도 확보할 수 있는 유일한 방법이다. 그러나 200톤이 넘는 여객기가 활주로가 아닌 들판이나 바다에 내린다는 것은 말처럼 간단한 일이 아니다. 착륙 중 조금이라도 자세가 틀어지거나 랜딩기어가 흡수할 수 있는 충격 한계를 넘으면 동체가 박살 나거나 비행기가 폭발할 수도 있다. 기장들은 이런 지역을 비행할 때 객실승무원들에게 특별히 철저한 화재 감시를 강조한다.

1990년대까지만 해도 기내 화재의 주요 원인은 승객들의 흡연이나 비행기의 조리시설 과열 또는 전기 합선이었다. 기내 화재는 승객들의 인식 개선과 테크놀로지의 발달로 계속 감소하는 추세에 있다가 2000년대 이후 다시 급증하기 시작했다. 화재의 새로운 진원지는 화물이나 승객들의 개인용 전자기기에 내장되어 있는 리튬배터리였다.

모든 에너지 저장 장치는 폭발의 위험을 내포하고 있다. 작은 사이즈에 큰 에너지를 보존하는 장치일수록 그 위험은 커진다. 크기에 비해 엄청난 에너지가 압축되어 있는 리튬배터리는 저장 셀 간의 간격이 좁고 외장 커버가 얇아 압력과 열에 매우 취약하다. 우리나라 비행기에서도 승객의 바지 주머니에서 흘러내린 휴대폰이 좌석 틈새에 끼어 있다가 좌석 등받이를 작동시키는 순간 리튬배터리가 압착되어 폭발한 일이 수차례 있었다.

틈새가 생긴 댐이 일순간에 터져버리는 것처럼 리튬배터리는 어느 한 부위의 셀이 손상되어 단락(短絡)이 발생하면 순식간에 폭발한다. 리튬배터리가 폭발할 때의 온도는 섭씨 1,500도나 되기 때문에 주변에 가연물이 있을 경우에는 화재가 급격히 확산된다. 테러리스트들이 리튬배터리를 소형 폭탄으로 제조해 사용할 정도로 리튬배터리의 폭발력은 다이너마이트를 능가한다.

오늘날 리튬배터리를 사용하는 전자장비는 전자담배부터 노트북에 이르기까지 매우 다양하다. 항공사와 보안 당국이 승객들의 수하물과 소지품을 전수검사하고 있지만 승객의 자발적 협조 없이 항공사와 보안 당국이 모든 승객의 소지품과 수하물에서 리튬배터리를 100퍼센트 걸러내는 것은 불가능하다. 걸러지지 않은 리튬배터리가 화물칸에서 폭발한 비행기들은 크건 작건 모두 구조적 손상을 입거나 조종 시스템이 훼손되는 결과를 맞았다.

2000년대에 들어서면서 비행 중 리튬배터리의 폭발로 인한 기내 화재 사고가 연이어 발생했지만 탑승자들이 사망하는 대형 참사가 발생하기 전까지 항공 당국은 리튬배터리의 위험성을 외면했다. 이미 리튬배터리가 너무나 광범위하게 사용되고 있어 이를 모두 금지할 경우 승객의 탑승 자체가 크게 제한될 것을 우려한 면도 있었다. 2010년 리튬배터리의 폭발로 두 대의 B747-400 항공기가 연이어 추락하는 사고가 발생하자 그제서야 국제민간항공기구(ICAO)는 리튬배터리가 들어 있는 수하물의 운송을 제한하기 시작했다.

2010년 9월 3일 리튬배터리와 휴대폰, 자동차 내비게이션을 실은 UPS(미국에 본사를 둔 세계적 항공운송업체) 006편 B747-400 화물기는 독일의 쾰른을 향해 비행 중이었다. 두바이공항을 이륙한 지 20여 분이 지나 바레인 상공을 지날 즈음 주 화물칸에서 화재가 발생했다는 경보가 들어왔다. 조종실에 연기가 피어오르기 시작하자 조종사들은 산소마스크를 착용하고 즉시 비상절차를 수행했다. 기장은 관제소에 비상사태를 선포하고 두바이로 회항을 하려고 했지만 조종실 안은 순식간에 짙은 연기로 가득 찼다.

비행계기를 전혀 볼 수 없는 상태에서 기장은 관제사의 유도에 의존해 강하를 시도했다. 그러나 화재로 비행기의 제어 시스템이 손상된 비행기는 강하가 되지 않았다. 기장은 수동 비행으로 전환해 다시 강하를 시도했지만 비행기는 전혀 말을 듣지 않았다.

엎친 데 덮친 격으로 화재경보가 울린 지 5분 후 기장의 산소마스크가 작동을 멈췄다. 숨을 쉴 수 없게 된 기장은 보조석의 산소마스크를 사용하기 위해 부기장에게 조종을 맡기고 산소마스크를 벗었다. 마스크를 벗는 순간 유독가스에 노출된 기장의 눈에서는 눈물이 줄줄 흘러내렸고 당황한 기장은 순간적으로 숨을 들이마셨다. 유독가스가 폐로 흘러 들어가자 기장은 흉기로 가슴을 찔린 것 같은 극심한 통증을 느꼈다. 미친 듯 기침을 하던 기장은 결국 보조석의 산소마스크는 써보지도 못하고 조종실 바닥에 엎어져 의식을 잃었다.

통제가 되지 않는 비행기를 조종하느라 사투를 벌이고 있던 부기장은 쓰러진 기장을 돌볼 여력이 없었다. 비행기가 두바이 영공으로 들어가자 바레인관제소는 공항 접근을 관장하는 에미레이트관제소로 관제를 이관했지만 조종실 안의 연기가 너무 짙어 부기장은 라디오 주파수를 바꿀 수조차 없었다. UPS 006의 비상상황을 인지한 다른 비행기들이 관제소와 UPS의 교신을 중계해 준 덕분에 부기장은 관제사의 유도를 간신히 전달받을 수 있었다.

관제사는 UPS 비행기를 두바이공항 12번 활주로로 유도했다. 부기장은 억지로 조종간을 찍어 눌러 강하를 하기는 했지만 이번엔 랜딩기어가 내려오지 않았다. 속도를 줄이지 못한 비행기는 시속 550킬로미터로 공항 상공을 그대로 지나쳤다.

레이더로 UPS가 두바이공항 상공을 지나치는 것을 본 관제사는 인근의 샤르자공항으로 다시 접근 유도를 시작했다. 그러나 이미 비행기는 완전히 통제력을 잃은 상태였다. UPS 006편은 속도를 줄이지 못한 채 샤르자공항으로 돌진하다 두바이공항에서 10여 킬로미터 떨어진 고속도로에 추락해 폭발했다. 조종실에서 화재경보가 울린 지 27분 만이었다.

조사 결과 화재는 주 화물칸에 실린 리튬배터리가 폭발하면서 발생한 것으로 밝혀졌다. 리튬배터리의 화염은 주변에 탑재되어 있던 가연성 화물로 옮겨붙었고 조종실에 화재경보가 울린 지 5분 만에 전자장비의 냉각 시스템과 조종 시스템을 무력화시켰다. 1분 후 기장석의 산소마스크 라인과 착륙 시스템이 녹아버렸고 이때부터 조종사들은 비행기의 통제력을

UPS 006편 추락 현장. 〈걸프 비즈니스*Gulf Business*〉

완전히 잃었다. 이 사고는 UPS 항공사 최초의 추락 사고였다.

UPS 006편의 추락 사고 조사가 끝나기도 전에 이번엔 상하이로 가던 아시아나 991편 B747-400 화물기에서 UPS 006편과 똑같은 사고가 발생했다. 이 비행기에도 58톤의 휴대전화용 리튬배터리가 페인트 및 합성수지 등과 함께 화물칸에 탑재되어 있었다. 폭발물과 인화물질이 나란히 실린 것이다.

2011년 7월 28일 새벽 3시 4분 인천공항을 이륙한 아시아나 991편은 제주도 남서쪽 해상에서 상하이관제소로 이양되었다. 상하이관제소로부터 레이더 서비스가 시작되자마자 조종실에 전자장비실과 화물칸에서 화재가 발생했음을 알리는 경보가 연속으로 울리기 시작했다.

03:53 "EQUIPMENT SMOKE(전자장비실 연기)."
"EQUIP COOLING(장비냉각장치 고장)."
"CGO DET 11 MN DK(11번 화물실 화재 감지)."
03:54 "CGO DET 6 MN DK(6번 화물실 화재 감지)."
"CGO DET 10 MN DK(10번 화물실 화재 감지)."

비행 중 단 하나의 화재경보가 울려도 조종사들은 즉시 화재를 진압하는 비상절차를 수행하면서 동시에 긴급 회항을 시작해야 한다. 그런데 아시아나 991편은 비행기의 5개 구역에서 화재가 발생했다는 경보가 한꺼번에 울렸다.

조종사들은 즉시 상하이관제소에 비상상황을 선포하고 고도강하와 함께 제주공항으로 회항을 요청했다. 상하이관제소는 고도강하를 허가하며 회항은 조종사의 판단에 따라 하라고 통보했다. 일단 비상을 선포하면 기장은 관제사의 허가 없이도 어디로든 회항할 수 있는 권한을 갖는다. 상하이 관제사의 "알아서 회항하라"라는 말은 "나는 관심없으니 네가 알아서 해라"라는 뜻이 아니라 어디든 조종사들이 원하는 곳으로 회항하라는 의미였다.

아시아나 991편이 비상을 선포하고 정확히 5분 후 상하이관제소는 991편을 호출했다. 991편으로부터 아무런 응답이 없자 상하이관제소는 인근을 비행 중이던 대한항공 886편을 호출해 991편과의 교신을 중계해줄 것을 요청했다. 대한항공 886편이 아시아나 991을 호출하자 아시아나 기장은 비행기가 현재 통제 불능 상태임을 통보했다.

04:06   "아…… 우리… 지금 러더 컨트롤도 안 되고 파이어가 지금…(치지직)…것 같아요."

04:09   "러더 컨트롤… 플라이트 컨트롤 다 안 돼요."

화재경보가 울리고부터 13분이 지나자 비행기의 상태는 급속히 악화되었고 부기장은 제주관제소를 호출해 상황을 통보했다.

04:10   "저희들 비행기에 진동이 너무 심해서, 이머전시 랜딩, 이머전시 디칭해야 될 것 같아요."

부기장이 바다에 비상착수를 해야 할 것 같다고 하자 제주관제소는 기장의 의도를 확인하기 위해 다시 한번 말해달라고 요청했다.

"비행기 진동이 너무 심해서 고도 컨트롤이 안 돼요……. 곧 디칭해야 될 것 같아요…. 아….."

러더 컨트롤rudder control: 방향타 통제 | 플라이트 컨트롤flight control: 비행 조종
이머전시 랜딩emergency landing: 비상착륙 | 이머전시 디칭emergency ditching: 비상착수

제주 접근 관제소는 "아시아나 991, 제주공항으로 접근 가능하십니까?"라고 물어보았다. 조종사들은 응답이 없었다. 관제사는 세 차례에 걸쳐 다시 아시아나 991을 호출했지만 끝내 아무런 응답을 받지 못했다.

아시아나 991편은 조종실에 최초 화재경보가 울린 지 18분 만에 비행기의 통제력을 완전히 잃고 제주도 남서쪽 110킬로미터 해상에 추락했다. 사고 직후 한동안 언론에서는 기장이 보험금을 노리고 의도적으로 사고를 낸 것처럼 보도를 했지만 이는 전혀 근거가 없는 악성 루머였다.

2년이 넘는 기간 동안 제주 남서쪽 해상을 샅샅이 수색해 간신히 항공기의 블랙박스를 회수한 항공사고조사위원회는 리튬배터리가 탑재된 화물칸에서 폭발이 발생하면서 항공기의 조종면 일부가 탈락했고, 그 결과로 비행기의 통제력이 상실되어 추락했다고 발표했다.

UPS 006편에 이어 아시아나 991편의 사고가 리튬배터리의 폭발로 인한 것이었음이 밝혀지자 국제민간항공기구는 서둘러 리튬배터리의 항공운송을 제한하는 새로운 안전기준 마련에 착수했다. 국제민간항공기구는 이듬해 여객기의 화물칸에 리튬이온전지 탑재를 금지하는 새로운 국제규정을 발표했다. 그러나 승객이 리튬배터리가 장착된 전자장비를 기내로 반입하는 것은 제한적으로 허용했다. 휴대전화가 생필품이 된 이상 승객들의 개인 전자장비까지 전면 기내 반입을 금지하는 것은 사람들에

B747-8F 화물기의 주 화물칸. 조종실은 어퍼덱(Upper Deck)이라고 부르는 2층에 있다.

게 비행기를 타지 말라고 하는 것과 다름없기 때문이었다.

휴대전화와 같이 리튬배터리가 내장된 개인 전자기기의 기내 반입이 허용된 것은 휴대전화의 리튬배터리가 위험하지 않아서가 아니다. 객실에서 리튬배터리가 폭발하면 승객과 승무원들이 즉시 화재를 인지하고 진압을 시도할 수 있기 때문에 화물칸에서 발생하는 화재보다 상대적으로 덜 위험하다는 것뿐이다.

기내에 반입된 리튬배터리로 인한 객실 화재는 지금도 계속 발생하고 있다. 2016년 5월 타오위안공항을 출발해 도쿄로 가던 대만의 저비용 항공사 V에어 A321 항공기에서는 이륙 30분 만에 승객의 가방에 들어 있던 휴대전화가 폭발하는 사고가 발생했다. 화재는 그 자리에서 진압되었지만 조종사는 즉시 타오위안공항으로 회항했다.

•

생존의 유일한 열쇠, 시간

지난 수십 년간 기내 화재는 전 세계 항공 사망 사고의 네 번째 주요 원인이었다. 항공 안전 관리 수준이 상당히 높은 북미에서만 2009년 이후 3대의 여객기가 추락해 560명이 넘는 사망자가 발생했다. 지금도 미국에서는 평균 하루에 한 편꼴로 객실이나 조종실에서 화재가 발생해 회항을 한다.

비행기가 통제 불능 상태에 빠지기 전에 무사히 회항에 성공한 비행기들의 공통점은 화재의 인지와 대처가 신속했다는 점이다. 몇 명 안 되는 승무원보다 객실에 골고루 앉아 있는 수백 명의 승객이 화재의 징후를 먼저 발견할 가능성이 훨씬 크다. 무사히 회항에 성공한 비행기에 탑승했던 승객들은 화재의 징후를 발견하자마자 승무원을 호출했다. 그리고 화재 보고를 받은 기장이 주저 없이 즉각적인 회항을 함으로써 기내 화재라는 최악의 상황에서도 모두가 생존할 수 있었다.

반면 회항 도중 기내 화재가 악화되어 희생자가 발생한 사례의 공통점은 화재의 인지와 대응이 지연되었다는 것이다. 이들 중에는 승객이 화재의 징후를 발견하고도 승무원들이 알아서 조치를 취할 것이라고 생각해 아무런 행동을 하지 않은 경우도 있었고, 화재 보고를 받은 기장이 화재의 심각성을 간과하거나 화재경보의 진위를 파악하느라 비상 대응을 지체한 사례도 있었다.

비행기의 화재경보장치는 매우 예민하다. 화물로 실린 경주마들의 입김이 화재경보를 울린 경우도 있었고, 승무원 전용 휴식 공간에서 사용한 헤어 스프레이가 화재경보를 일으키기도 했다. 그럼에도 불구하고 미 항공 당국은 비행 중 화재경보가 발령되면 기장은 경보의 진위 여부를 따지지 말고 지체 없이 비상강하를 시작해 가장 가까운 공항에 착륙해야 한다고 규정했다. 일단 화재 징후를 인지했으면 회항에 따르는 상업적 고려나 비판을 의식하지 말고 공격적aggressively으로 대응하라는 것이다. 기내 화재에서 생존의 유일한 열쇠는 오로지 시간이기 때문이다.

비상회항은 항공사의 큰 추가 비용과 승객의 불편을 동반한다. 이런 비용과 불편에 대한 고려가 조종사들에게 미치는 무언의 압력을 커머셜 프레셔Commercial Pressure라고 하는데, 미 항공 당국은 기장이 커머셜 프레셔에 흔들리지 않고 즉각적인 회항을 하도록 아예 법으로 의무화했다. 이런 강력한 제도는 미국 사회와 같은 확고한 안전 의식이 바탕이 되어 있지 않으면 불가능하다.

안전보다 비용이나 편의를 우선시하는 사회에서는 비상회항을 한 비행기의 화재경보가 오작동임이 밝혀졌을 때 기장의 결정을 잘못된 것이라고 비판하는 경우가 있다. 이런 결과론적 비판은 비상회항을 결심해야 할 긴박한 시점에서 기장의 대응을 지연시키는 심리적 압박 요소로 작용한다. 똑같은 비상상황에서 그 사회가 갖고 있는 안전 의식의 수준에 따라 조종사의 대응과 결과가 전혀 달라지는 것이다.

기장은 비행 중 안전과 관련된 상황에서 일체의 외부 압력을 무시해야 한다. 기장은 심사 과정에서 어떤 상황에서도 독립적 판단을 할 수 있는

지휘력^{commandability}을 평가받지만, 한 사회가 가진 보편적 인식의 위력은 기
장의 전문성을 압도할 만큼 강하다.

•

"SAVE YOUR LIFE BEFORE YOUR LUGGAGE"

매일 비행을 하는 객실승무원이나 조종사가 아닌 일반 승객이 비행기에
서 비상탈출을 경험할 확률은 매우 희박하다. 통계적으로 항공 여행 중
비상탈출을 경험할 확률은 길을 걷다가 벼락에 맞을 확률보다도 작다. 그
러나 수백 명의 생명이 걸린 여객기의 안전은 확률로 따지는 문제가 아
니다. 기장은 운항과 관련된 위험 요소들을 사전에 분석해 항상 그 위험
들을 통제하고 있어야 하며, 비상상황이 발생했을 때는 주저 없이 필요한
결정을 내릴 수 있어야 한다.

여객기는 출발하기 전에 비상상황에 대비한 기내 안전방송을 해야 한
다. 그러나 승무원이 좌석벨트를 매고 푸는 법, 구명조끼와 비상구의 위
치를 설명할 때 이를 주의 깊게 듣는 승객은 거의 없다. 비상상황에서 어
떻게 대처할 것인가를 미리 생각해 본 승객과 아무 생각 없이 맞닥뜨린
승객의 차이는 실제 상황이 발생했을 때 확연하게 드러난다. 비행기가 전
소되는 심각한 사고에서도 대부분의 승무원들이 비상탈출에 성공한 것
은 이들의 신체 조건이 승객들보다 월등히 우수해서가 아니라 탈출 경로
와 행동 요령이 미리 준비되어 있었기 때문이다.

객실 앞좌석의 뒷주머니에는 비상시 행동 요령과 탈출 경로를 설명한

안내도가 들어 있다. 비행기 좌석에 앉자마자 안내도를 보고 미리 좌우측의 가장 가까운 비상구를 확인해 두는 것은 비상시 나와 내 가족을 보호하기 위해 반드시 필요한 습관이다. 엔진에 화재가 발생하면 화재가 발생한 쪽의 비상구는 열리지 않는다.

일단 화재가 악화되어 기내에 연기가 찰 정도가 되면 객실은 흥분한 승객들로 통제가 되지 않는다. 승객들이 마구 엉켜 있는 복도에서 유도등을 따라 침착하게 비상구를 찾아간다는 것은 불가능하다. 이런 정도의 상황에서는 미리 비상구와 경로를 봐두지 않으면 절대 탈출하지 못한다.

비상상황이 발생하면 승무원들은 승객들이 가장 빠르고 안전하게 탈출할 수 있도록 이동 방향과 행동 요령을 지휘한다. 어리고 경험이 없어 보일지 몰라도 객실승무원들은 비상상황을 수십 번 훈련한 안전 요원이다.

비상탈출을 지휘하는 승무원들의 가장 큰 장애물은 승객들이 너도나도 소지품을 먼저 챙기려고 한다는 것이다. 즉각적인 탈출이 필요한 상황에서도 대부분의 승객은 선반을 열고 필사적으로 가방을 꺼낸다. 실제 비상상황에서 서로 가방을 꺼내려다 탈출이 지연되어 본인과 타인의 생명을 희생시킨 예는 매우 흔하다.

비행기의 날개는 모두 거대한 연료탱크다. 날개 밑에 달린 엔진에서 화재가 발생하거나 비행기가 비상착륙하는 과정에서 날개가 손상되면 항공기는 단 몇십 초 안에 폭발할 수 있다. 이런 상황에서 가방을 챙기기 위해 선반을 여는 것은 자신뿐 아니라 다른 승객의 생명까지 위협하는 참으로 안타까운 행위가 아닐 수 없다.

수년 전 국내에서 발생한 실제 비상탈출 상황에서 승무원이 승객들에게 "짐 버려!"라고 지시한 것을 두고 일부 언론에서 "승무원이 반말로 명령해 승객들이 불쾌해했다"라고 보도한 적이 있었다. 이는 객실승무원의 역할을 '친절한 미소'로만 생각하는 우리 사회의 뒤틀린 인식이 여실히 드러난 해프닝이다. 객실승무원들은 더 이상 흰 장갑에 하이힐을 신고 근무하던 1950년대의 그 스튜어디스가 아니다. 객실승무원들은 기본적으로 기내 안전을 책임지는 승무원Crew이다.

비상탈출 시 승무원들이 승객들을 지휘하는 용어는 국제적으로 표준화되어 있다. 슬라이드로 비상탈출을 지휘할 때 승무원의 국제표준용어는 "Ladies, please remove your heels(손님, 신발을 벗어주시겠습니까)"가 아니라 "Shoes off, Go(신발 벗어, 뛰어)"다. 우리나라 승무원들도 이런 국제표준절차에 따라 비상상황에서는 단호한 용어로 신속하게 비상탈출을 지휘하도록 훈련을 받는다.

•

법과 제도의 틈, 문화

최근 발생하는 비상상황의 특징은 당시의 기내 상황이 생생하게 촬영된 동영상이 개인 블로그나 유튜브에 올라온다는 점이다. 그 긴박한 상황에서도 일부 승객들은 휴대전화를 들고 아수라장이 된 기내 상황을 촬영했다. 개인이 통제할 수 있는 것이 거의 없는 현대 자본주의 사회에서 사람들은 점점 더 자극적인 행위로 자신의 존재를 드러내려 한다. 비상상황에서 살아남는 것보다 소셜 미디어에서 희생자로 유명해지는 것이 과연 무슨 의미가 있을까.

항공 여행은 의심할 여지없이 가장 안전한 교통수단이다. 항공사고의 발생 확률이 벼락에 맞을 확률보다 적은 것은 우연의 결과가 아니라 비행기가 다른 교통수단과 달리 탑승부터 하기까지의 전 과정이 시스템으로 관리되고 있기 때문이다.

항공기의 모든 시스템은 2~3중 백업 시스템을 갖추고 있다. 안전 운항의 기본 개념은 위험에 맞서 용감하게 싸우는 것이 아니라 위험의 징후를 사전에 인지하고 상황이 악화되기 전에 회피하는 것이다.

비행기는 자동차나 배와 달리 일단 이륙하고 나면 멈춰 서 있을 수 없다. 회항은 비행기가 위험한 상황 속으로 들어가기 전에 안전한 곳에 멈춰 설 수 있는 유일한 옵션이다. 비행 중 안전에 영향을 주는 상황이 발생했을 경우, 기장은 상황이 악화되기 전에 비행기를 최대한 빨리 착륙시켜야 한다.

그러나 악기상이나 항공기 계통 결함으로 비행기가 회항할 때마다 관련 기사는 항상 '아찔한 회항'이란 제목으로 시작한다. 안전을 위한 기장의 선제적 조치가 아찔한 회항으로 매도되고 위험 속으로 스스로 걸어 들어가는 비행이 노련함으로 미화되는 사회에서 절대 안전이란 과제는 요원할 수밖에 없다.

비록 항공기의 예민한 센서가 수증기나 헤어스프레이를 연기로 오인해 화재경고를 발령했을지라도 기장은 그 경고의 진위 여부를 고민해서는 안 된다. 경보의 진위는 비행 중에는 판단할 수 없는 결과론적인 것일 뿐이다. 갑작스러운 비상상황을 만났을 때 대부분의 에어라인 조종사는 충분히 상황에 대처할 수 있는 능력을 갖추고 있다. 기내 화재가 발생했던 비행기마다 그 결과가 달랐던 것은 조종사들의 스킬 차이가 아니라 얼마나 빨리 그 위험을 인지하고 대처했느냐의 차이였다. 인지가 빠를수록 신속한 대처가 가능하다. 그 신속한 대처는 기장이 안전을 위한 자신의 판단에 어떠한 압력도 느끼지 않을 때 비로소 가능하다.

비행기에 타면 제일 먼저 비상구를 확인하고, 객실에 앉아 있는 동안 냄새나 연기와 같은 화재 징후를 발견하면 적극적으로 승무원에게 확인을 요청하는 서구인들의 태도는 어릴 때부터 막대한 사회적 비용과 시간을 들여 체화된 것이다. 이런 사회적 인식과 태도는 일시적인 캠페인이나 승무원의 탑승 안내로는 결코 얻을 수 없다. 법과 제도에 앞서 인간의 생명과 존엄성에 대한 그 사회 구성원들의 의식 수준이 항공 안전을 좌우한다.

공중에 떠 있는 비행기에
작용하는 힘과 객실 여압

★ 공중에 떠 있는 비행기에 작용하는 힘

공중에 떠 있는 비행기는 양력과 중력이 서로 균형을 이루고 있다. 비행기가 선회할 때엔 이 힘들이 수직분력과 수평분력으로 분산되는데, 여객기는 선회 중에도 이 모든 힘들이 서로 균형을 이루기 때문에 승객들은 수평비행을 할 때와 전혀 차이를 느끼지 못

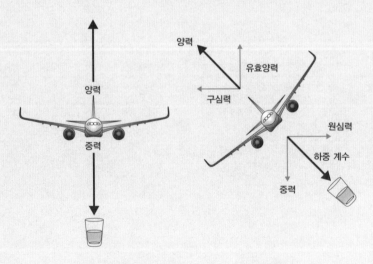

수평 비행 중인 비행기(좌)와 선회 중인 비행기에 작용하는 힘

한다. 선회 중 비행기의 자세가 기울어져도 물컵 속의 물이 흘러넘치지 않는 것도 같은 원리다.

조종사가 비행기의 자세를 확인하는 기본적인 방법은 비행계기를 참조하는 것이다. 조종사들은 계기판을 볼 수 없는 비상상황에서도 수평선이나 지평선 등 외부의 지형지물을 볼 수 있으면 비행기를 안전하게 통제할 수 있다. 그러나 달빛이 없는 야간이나 구름 속에서처럼 외부 참조물을 볼 수 없는 경우에는 잘 훈련된 조종사들도 공간착각 Spatial disorientation 을 일으켜 비행기의 자세를 혼동할 수 있다.

★ 공중에서 비상구는 열리지 않는다

항공기의 비상구 크기는 대략 2제곱미터가 조금 넘는다. 고도에 따라 다소 차이는 있지만 비행 중인 객실 내부와 외부 대기의 압력 차에 의해 각 비상구에는 10~15톤의 힘이 작용한다. 이런 압력 차 때문에 공중에서는 제아무리 천하장사라도 힘으로 비상구를 열지 못한다.

전 세계적으로 비행 중 비상구를 열려고 시도하는 승객은 매년 나타난다. 2017년 6월

B737 항공기의 비상구

로스앤젤레스를 출발해 휴스턴으로 가던 사우스웨스트 비행기에서는 한 승객이 순항 중에 비상구 레버를 억지로 비틀다 손잡이를 부러뜨린 일이 있었다. 이 모습을 본 승객들이 급히 승무원을 불렀고 보고를 받은 기장은 인근의 코퍼스크리스티공항으로 긴급 회항해 승객을 FBI에 인계했다.

비행 중 기내 안전을 위협하는 상황이 발생하면 기장은 무조건 당국에 보고해야 한다. 항공법으로 정해진 의무 보고사항을 누락하면 기장이 처벌을 받는다. 당국은 기장으로부터 승객의 기내 위법행위 보고를 받으면 게이트에 경찰을 대기시켰다가 하기하는 승객을 인계받는다. 미국과 같이 끔찍한 항공 테러를 겪은 국가에서는 기내 불법행위에 대해 지나치다 싶을 정도로 엄중한 처벌을 하는데 비행 중 비상구를 열려고 했을 경우라면 징역형을 면하기 어렵다.

★ 엔진의 구조와 객실 여압

엔진 내부에는 선풍기 날개와 비슷하게 생긴 수십 개의 팬이 있다. 이 팬이 고속으로 회

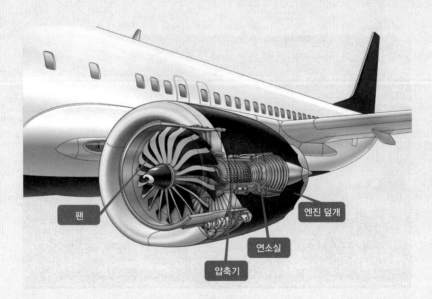

팬

엔진 덮개

연소실

압축기

비행기 엔진의 구조

전해 공기를 빨아들이면 그 뒤에 있는 압축기^{compressor}가 공기를 압축해 일부는 객실에 공급하고 나머지는 연소실로 보낸다. 여러 단계의 압축기가 공기를 압축하는 과정에서 수분이 완전히 제거되기 때문에 객실로 유입되는 공기는 아주 건조하다.

장거리 비행 중 조종사들은 생수통을 조종석 옆에 놓고 틈틈이 물을 마시면서 비행을 한다. 대개 서울에서 시드니까지 가는 동안 조종사 한 명이 1.5리터 생수 한 병을 다 비운다. 이렇게 하지 않으면 호흡기의 점막이 건조해져 목이 칼칼해지고 도착지에서 체류하는 동안 때아닌 감기에 걸리기도 한다. 간혹 승객들이 비행 중 평소 주량보다 훨씬 적은 술을 마시고도 터무니없는 실수를 하는 것도 기내의 메마른 공기에 탈수가 증가되어 술에 쉽게 취하기 때문이다.

객실의 낮은 습도와 기압은 인체의 감각 능력을 30퍼센트 정도 감소시킨다. 후각도 떨어지고 입맛도 떨어지기 때문에 기내식은 대체로 맛이 없게 느껴진다. 비행 중 조종사들도 교대로 식사를 하는데, 같은 기내식이라도 공중에서 먹는 것보다 착륙 후 지상에서 먹을 때 훨씬 맛있게 느껴진다.

5

강인함과 섬세함의 경쟁, 보잉과 에어버스

튼튼한 비행기, 보잉의 탄생

19세기 후반 전 세계는 유럽 열강들의 식민 쟁탈지였다. 영국은 카이로와 케이프타운, 콜카타를 연결하는 3C정책으로 아프리카에서 주도권을 잡으려 했고 이에 뒤질세라 프랑스도 모로코에 진입했다. 여기에 영구 부동항을 확보하기 위한 러시아의 남하정책까지 겹치자 발칸반도를 중심으로 한 독일과 유럽 열강들의 마찰은 금방이라도 전쟁이 터질 것 같은 일촉즉발의 상황이었다.

　독일제국의 군인이었던 빌헬름 보잉Wilhelm Boeing은 야망이 있는 20대 청년이었다. 언제 터질지 모르는 화약고 같은 유럽에 있다간 자신의 야심을 펼쳐볼 기회조차 얻지 못하고 전쟁터로 내몰릴 것이라고 생각한 빌헬름 보잉은 혈혈단신으로 미국으로 건너갔다. 유럽의 미래에 대한 그의 판단은 옳았다.

　미네소타주에 정착한 빌헬름은 농장과 광산에서 닥치는 대로 일을 하며 돈을 모았다. 지독할 정도로 근면하고 검소한 빌헬름은 금방 고용주의 눈에 띄었고 곧 관리자로 승진했다. 그는 돈을 버는 족족 미네소타주 메사비산맥의 벌목권과 채굴권을 사들였고 몇 년 후 그동안 일하던 광산에서 독립해 목재 사업을 시작했다.

빌헬름은 그의 아들 윌리엄 보잉^{William Boeing}이 여덟 살 되던 해에 인플루엔자로 사망했다. 모친을 따라 유럽으로 건너갔던 윌리엄 보잉이 미국으로 돌아와 예일대에 입학했을 당시 미 대륙은 하나의 거대한 건설 현장이었다. 캘리포니아와 같이 아직 개발이 진행되지 않은 광활한 지역들에 대륙 철도망을 연결한 미국 정부는 민간 건설 사업자들에게 보조금이나 세금 혜택을 주면서 마을과 도시를 건설하게 했다.

도시를 건설하는 데 있어 목재는 필수 재료였다. 미국 정부는 그레이스하버 인근의 광활한 삼림 벌목권을 민간 개발업자에게 팔아 건설용 목재 생산을 유도했다. 예일대를 다니고 있던 보잉은 미 서부의 그레이스하버 삼림지를 여행하며 자신이 구성할 사업 계획의 타당성을 확인했다. 사업의 성공은 시기와 운이 맞아야 한다. 그레이스하버에서 돌아온 윌리엄 보잉은 그길로 예일대를 중퇴하고 부친으로부터 상속받은 전 재산을 털어 그레이스하버의 벌목권을 사들였다.

윌리엄 보잉이 목재 사업에 뛰어든 무렵 동부에서는 미국 역사상 최대의 토목 사업이 진행되고 있었다. 이집트에서 수에즈운하를 완공한 프랑스는 미 대륙으로 진출해 파나마운하 건설 사업에 뛰어들었는데, 고운 모래땅을 파기만 하면 되었던 수에즈운하와는 달리 암반으로 뒤덮인 파나마에서는 고전을 면하지 못하고 있었다. 공사가 지지부진하던 사이 차그레스강의 범람과 습한 날씨로 2만 명이 넘는 노동자가 말라리아로 사망하자 공사는 9년 만에 중단되었고 운하 건설권을 따냈던 프랑스 회사는 도산하기에 이르렀다.

1904년 미국은 국가 전략 차원에서 프랑스로부터 파나마운하 건설 사업권을 인수하고 곧바로 파나마운하 건설에 뛰어들었다. 그동안 캘리포니아에서 목재 사업을 하고 있던 보잉은 재빨리 동부 시애틀에 또 다른 목재 회사를 설립하고 파나마운하 건설에 필요한 목재 공급권을 따냈다.

보잉의 사업적 관심은 자연스럽게 서부에서 벌목한 목재를 동부까지 수송하는 선박 사업으로까지 확장되었다. 보잉이 배에 대해 관심을 가졌던 것은 어디까지나 사업적 관심일 뿐 개인적인 관심은 아니었다. 이때까지 보잉은 철저한 비즈니스맨이었다.

동부에서 사업에 몰두하던 보잉은 1909년 시애틀에서 열린 '알래스카-유콘-태평양 박람회'에 참석했다가 우연히 유인 비행기가 비행하는 광경을 보았다. 사람이 조종하는 비행기가 하늘을 나는 것을 처음 본 보잉은 조종사가 비행기에서 내려 군중에게 손 인사를 할 때까지 비행기에서 한 번도 눈을 떼지 못했다.

젊은 시절 보잉은 어떤 상황에서도 냉정을 잃지 않는 현실주의자였다. 관찰과 분석을 통한 과학적 사실만을 신봉했던 보잉은 직원들에게 항상 감정을 절제해야 한다고 강조했다. 그러나 시애틀 박람회에서 본 비행기와 조종사에 대한 관심은 냉정한 사업적 관심이 아니라 심장이 뛰는 자연인 보잉의 내적 흥분이었다.

이듬해 로스앤젤레스공항에서 미국 최초의 에어쇼가 열린다는 소식을 들은 보잉은 한걸음에 로스앤젤레스로 달려갔다. 당시의 보잉은 비행기에 완전히 매료되어 있었다. 보잉은 에어쇼에 참가한 조종사들을 일일이 찾아다니며 동승 비행을 요청했다. 그러나 프랑스에서 온 루이 폴한 외에 보잉의 요청을 받아주는 조종사는 없었다. 보잉은 약속된 동승 비행을 사흘이나 기다렸지만 폴한은 보잉과의 약속을 까맣게 잊고 자신의 에어쇼가 끝나자 프랑스로 돌아가 버렸다. 동승 비행이 예정된 날 아침까지 호

텔에서 폴한의 연락만을 기다리고 있던 보잉은 폴한이 이미 에어쇼 대회
를 떠났다는 소식을 듣고 크게 실망했다. 폴한은 미래 보잉사의 부사장이
될 수 있었던 기회를 스스로 차버렸다.

로스앤젤레스 에어쇼에서 돌아온 보잉은 미국의 조종사들과 적극적
으로 인맥을 쌓기 시작했다. 해군 중위였던 콘래드 웨스터벨트도 그중 한
사람이었다. 웨스터벨트가 조종하는 비행기를 타고 내려온 보잉은 조종
사 뒤에 동승하는 비행으로는 만족하지 못했다. 보잉은 당시 미 서부에서
가장 유명한 비행학교였던 마틴 플라잉스쿨에 등록해 조종 훈련을 받기
시작했다. 그러면서 훈련을 받고 있던 것과 똑같은 마틴사의 수상비행기
한 대를 주문했다.

석 달 후 마틴사의 비행기가 도착하자마자 보잉은 비행기를 가지고
온 마틴사의 교관조종사와 함께 시험 비행에 올라갔다. 그러나 에어워크
airwork(급선회 등과 같은 공중 조작) 중 비행기의 꼬리날개 일부가 탈락했고
부품을 받기 위해서는 또다시 몇 달을 기다려야 한다는 통보를 받았다.
보잉은 무척 실망했다. 초기의 유인 비행기는 무게를 줄이기 위해 나무로
만든 프레임에 직물을 씌워 제작했는데 목재 전문가인 보잉이 보기에 마
틴사의 비행기는 구조적으로 약한 부분이 있었다.

보잉은 웨스터벨트에게 직접 비행기를 만들어 보자고 제안했고 웨스
터벨트는 기다렸다는 듯 흔쾌히 보잉의 제안에 동의했다. 의기투합한 두
젊은이는 그레이스하버 인근의 조선소를 격납고로 개조하고 곧바로 비
행기 제작에 들어갔다.

그레이스하버의 우거진 삼림에서 수년 동안 벌목 현장을 지휘했던 보
잉은 특정한 나무가 갖고 있는 밀도와 강도, 탄력성 등에 대해 상당한 수
준의 지식을 갖고 있던 목재 전문가였다. 보잉과 웨스터벨트는 프로펠러

와 동체, 날개 등 비행기 각 부위에 필요한 최적의 성질을 지닌 목재를 선별해 3년 만에 수상비행기 한 대를 완성했다. 보잉과 웨스터벨트는 비행기의 이름을 두 사람의 이름을 따 '보잉 B&W'로 짓고 곧바로 시험 비행에 올라갔다.

보잉 B&W는 튼튼하면서도 탄력이 있었고 거친 에어워크에도 조종사의 명령에 잘 반응했다. B&W의 성공에 자신감을 갖게 된 보잉은 본업인 목재 사업을 모두 정리하고 비행기 제작에 전념하기로 결심했다. 보잉은 그로부터 한 달 후인 1916년 7월 15일 보잉사Boeing Company를 설립했다.

좋아하는 일을 한다는 것과 사업적으로 성공하는 것은 서로 별개의 일이다. 유인 비행기의 사업적 가치를 깨달은 경쟁자들은 너도나도 상업

보잉과 웨스터벨트가 제작한 최초의 비행기 보잉 B&W

용 비행기 시장에 뛰어들었고 사업 초기 보잉은 그들 사이에서 크게 두각을 나타내지 못했다. 보잉의 사업적 성공은 인류사의 비극인 두 차례의 세계대전이 없었으면 매우 늦어졌거나 아예 불가능했을지도 모른다. 전쟁은 더 빠르고 튼튼한 비행기를 요구했고 제공된 비행기들을 끝없이 소비했다.

보잉사가 설립된 그해 12월, 여전히 미 해군 중위 신분이었던 웨스터벨트는 미 동부 사령부로 배속되었다. 해군이 대량의 수상비행기 발주 공고를 내는 등 미국이 제1차 세계대전에 직접 참여할 조짐을 보이자 웨스터벨트는 긴급히 보잉에게 전화를 해 정부의 비행기 발주에 참여할 것을 강력히 권고했다. 웨스터벨트를 신뢰하고 있던 보잉은 정부가 공고한 비행기 발주 내용을 검토했지만 보잉과 웨스터벨트가 제작한 B&W는 해군이 요구하는 성능 조건을 만족시킬 수 없었다.

보잉은 B&W보다 훨씬 우수한 성능의 비행기를 설계할 수 있는 엔지니어가 필요했다.

보잉은 자신의 역량이 부족할 때 어떻게 해야 하는지를 잘 알고 있는 비즈니스맨이었다. 보잉은 MIT를 찾아가 총장에게 항공공학과를 개설하고 성적이 뛰어난 졸업생을 보내주면 대학에 비행기의 유체역학 성능을 실측할 수 있는 풍동 테스트 터널을 건설해 주겠다고 제안했다. 학교의 수년 치 등록금과 운영비를 쏟아부어도 짓기 어려운 풍동 테스트 시설을 지어주는 대가가 졸업생들을 취업시켜 준다는 것이라니, MIT에서 보잉의 제안을 거절할 이유가 없었다.

보잉은 자존심이 강한 사람이었다. 보잉은 해군이 요구하는 수준을 넘어 타사의 비행기들과 비교할 수 없는 최고의 비행기를 만들고 싶었다.

초기의 풍동 테스트 터널. 비행기의 공기역학적 힘과 모멘트를 실측해 날개와 동체의 형상을 최적
화할 수 있다.

보잉의 이런 욕망은 비행기 제작사로서의 미래를 내다본 사업적 전략이
아니라 지난 몇 년간 젊은 보잉이 갖게 된 새로운 열정이고 꿈이었다. 정
부의 비행기 발주에 참여하기 전까지 보잉은 그동안 목재 사업으로 벌었
던 거의 모든 돈을 새로운 비행기를 개발하는 데 썼다.

보잉의 두 번째 비행기는 전적으로 MIT에 유학을 와 있던 중국인 엔
지니어 웡쯔(王助)의 작품이었다. 웡쯔는 원래 중국 해군사관학교를 졸업
한 정부지원 유학생이었다. 중국 정부는 서구 열강에 비해 턱없이 뒤처진
자국의 항공과학을 발전시키기 위해 해군사관학교에서 탁월한 실력을 보
인 웡쯔를 미국으로 유학 보냈는데, 1916년 MIT를 최우수로 졸업한 웡쯔
는 대학과 보잉과의 계약 조건에 의해 보잉사에 입사해야 하는 상황이 되

MIT 졸업 당시의 웡쯔

었다. 항공공학에 대한 자신의 지식을 실제 비행기 설계에 적용해 볼 수 있는 기회가 될 것이라고 생각한 웡쯔는 보잉사의 입사 제안을 받아들였다.

보잉의 전폭적인 지원을 받은 웡쯔는 곧 그의 첫 번째 비행기 설계에 돌입했다. 풍동 테스트를 분석하고 그 결과를 비행기 설계에 적용하는

데 최고의 전문가였던 웡쯔가 모델을 설계하면 보잉은 웡쯔의 설계 그대로 실제 비행기를 제작해 MIT에서 풍동 테스트를 하게 했다. 웡쯔는 풍동 테스트가 끝날 때마다 그 결과를 분석해 무려 56번에 걸쳐 설계를 개선했고 보잉은 그때마다 56대의 실제 비행기를 제작해 다시 풍동 테스트를 하게 했다.

웡쯔가 설계한 최종 모델 '보잉 모델-C$^{Boeing\ Model-C}$'를 직접 시험해 본 보잉은 크게 만족했다. 보잉은 조종사라면 그 누구도 모델-C를 선택하지 않을 수 없을 것이라고 확신했다.

미국이 공식적으로 전쟁 참여를 선포하자 보잉은 미 해군사령부가 있는 플로리다에 두 대의 모델-C를 전시해 놓고 해군 조종사들에게 자유롭게 시험 비행을 할 수 있도록 제공했다. 보잉의 모델-C를 타보고 내려온 해군 조종사들은 비행기의 탁월한 조종성과 안정성에 감탄을 감추지 못했다. 도면으로만 비행기를 설계한 다른 비행기들과 풍동 테스트를 통해 수십 번 성능을 개량한 보잉의 비행기가 서로 비교할 수 없는 차원의 성

능을 보이는 것은 당연한 결과였다. 보잉의 모델-C에 크게 만족한 해군은 기존의 발주 계약 외에 50대를 추가로 주문했다. 해군이 주문한 물량을 맞추기 위해 대량 생산 시설이 필요해진 보잉은 히스 조선소를 개조해 보잉 제1공장을 설립했다.

모델-C는 고갈 직전에 있던 보잉의 재정 문제를 단숨에 해결해 주었다. 해군에 모델-C를 납품하기 직전까지 윌리엄 보잉은 그동안 목재 사업으로 번 돈 대부분을 비행기 개발과 엔지니어들을 끌어들이는 데 쏟아 부어 사업 자금이 거의 남아 있지 않은 상태였다. 모델-C는 윌리엄 보잉에겐 전 재산을 털어서라도 만들고 싶었던 완벽한 비행기를 완성했다는 의미가 담긴 것이었지만, 보잉사에겐 심각한 재정 문제를 극복하게 해준 비행기였으며 동시에 정부와의 장기적인 신뢰를 구축해 준 역사적인 비행기였다.

전쟁 특수가 영원할 수는 없었다. 제1차 세계대전이 끝나자 더 이상 대량의 비행기가 필요 없게 된 해군은 보잉과의 납품 계약을 해지했다. 다른 비행기 제작사들과 마찬가지로 사업 존폐의 위기에 몰린 보잉은 전쟁 중 비대해진 생산 시설과 인력을 어떻게든 활용해야 했다. 궁여지책 끝에 보잉은 다시 목재 사업으로 돌파구를 찾으려 했다. 보잉은 목재로 만들 수 있는 것은 뭐든 만들어 팔았다. 가구, 건축용 목재 패널, 가정용 목재 울타리, 보트 등이 보잉의 이름을 달고 시장에 나왔다.

다행히(?) 어려운 시기는 그리 오래가지 않았다. 곧이어 발발한 제2차 세계대전은 항공 사업자들에게 각국의 공중 전략 무기들이 각축전을 벌이는 거대한 항공 시장이었다. 보잉은 전쟁 중에는 무엇보다 상대국의 비행기를 제압할 수 있는 성능을 가진 비행기를 먼저 개발해야 시장을 독차지할 수 있다는 사실을 잘 알고 있었다. 보잉은 금속 동체에 제트엔진을 장착한 혁신적인 차원의 폭격기를 개발했고 사업적으로 다시 한번 비약적 발전을 하는 기회를 잡았다. 보잉과 경쟁 사업자들 간의 이러한 성능 경쟁은 전쟁이 끝난 후 비행기 제작사들이 대륙 간 이동이 가능한 여객기를 내놓을 수 있는 기술적 바탕이 되었다.

그렇게 보잉이 군용기 시장에 집중하는 동안 미국의 상용기 시장은 더글러스Douglas Aircraft Co.가 장악하고 있었다. 뛰어난 성능의 프로펠러기를 생산하던 더글러스는 다양한 모델의 DC 시리즈를 잇따라 출시했고, 2차 대전이 끝났을 무렵에는 이미 북미의 여객기 시장을 압도적으로 점유하고 있었다.

2차 대전이 끝나자 보잉은 또다시 전쟁 중 비대해진 생산 체제를 활용할 전략을 찾아야 했다. 상업용 비행기 시장으로의 진출이 유일한 출구였던 보잉은 민항기 시장의 최강자인 더글러스를 따돌릴 수 있는 획기적인

미 대륙 전역을 8시간 내에 커버했던 더글러스의 DC-7. 조종사의 하루 최대 비행시간 8시간 제한을 충족하기 위해 설계되었다.

프로젝트가 필요했다. 보잉은 엔지니어를 중심으로 더글러스 비행기의 장단점을 꼼꼼히 분석하게 했다.

더글러스의 프로펠러 비행기들은 튼튼하고 우수한 성능을 갖고 있었지만 고고도의 대기권으로 비행할 수 없었고 대륙 간 서비스를 대중화하기에는 너무 느렸다. 보잉은 군용기 개발에서 쌓은 노하우를 토대로 제트엔진을 장착한 대형 여객기를 개발하기로 했다. 아직 제트여객기를 운영해 본 민간 항공사가 없는 상황에서 대형 제트여객기를 생산한다는 것은 사업적으로 상당한 위험이 따르는 결정이었다. 그러나 보잉은 이미 익을 대로 익은 프로펠러 여객기 시장의 틈새를 비집고 들어가는 대신 주도적으로 제트여객기 시장을 개척하기로 했다.

정부와 긴밀한 협력관계를 유지하고 있던 보잉은 제트엔진을 장착한 대형 항공기 모델을 설계해 군용기와 여객기로 동시에 활용하기로 했다. '대시 80^{-80}'으로 불린 이 항공기는 1954년에 완성되었다. 1957년 보잉은 대시 80 모델을 토대로 KC-135 공중급유기를 제작해 미 공군에 납품했다. 그리고 곧바로 다음 해 대시 80의 여객기 버전인 B707을 출시했다.

4발의 강력한 제트엔진을 장착한 B707은 그때까지 더글러스가 장악하고 있던 민항기 시장에서 처음으로 보잉이 주도권을 잡게 해준 비행기였다. B707은 기존 프로펠러 여객기와는 비교할 수 없이 빠른 속도와 넓은 객실을 제공했고, 사람들은 그때까지 전투기 조종사들의 전유물로만 여겨졌던 '제트기'를 타고 항공 여행을 할 수 있다는 사실에 열광했다. B707의 등장으로 그동안 소수 특정인들만이 누리고 있던 대륙 간 항공 여행은 비로소 일반 대중에게 개방되었다. 팬암과 같은 미국의 항공사뿐만 아니라 캐세이퍼시픽, 루프트한자 등 전 세계 항공사들로부터 B707 주문이 줄을 이었다.

대시 80을 기본으로 제작된 KC-135 공중급유기(위)와 B707 여객기. 도장과 내부 옵션만 다를 뿐 같은 비행기다.

　　민항기 시장의 최강자였던 더글러스를 제트여객기로 따돌리고 주도권을 잡은 보잉은 곧 다양한 후속 제트여객기 개발에 착수했다. 1967년 보잉은 중단거리용 여객기 사상 최고의 베스트셀러를 기록한 B737을 출시한 데 이어 이듬해인 1968년에는 점보라는 이름으로 더 유명한 B747을 내놓았다. B737과 B747 시리즈는 이후 30여 년간 전 세계 여객기 시장을 장악하며 보잉을 명실상부한 전 세계 항공업계의 선두주자로 올려놓았다.

배다른 형제의 비극, 콩코드와 투폴레프 144

북미에서 보잉이 B737을 출시할 때까지도 영국, 프랑스, 네덜란드 등 유럽의 전통적인 열강 각국은 독자적인 모델의 제트여객기를 자체적으로 개발해 사용하고 있었다. 1930~50년대 사이에 개발된 영국의 트라이던트 Trident나 프랑스의 카라벨Caravelle, 네덜란드의 포커Fokker 시리즈는 현대의 여객기와 비교해도 손색없는 우수한 성능을 갖춘 제트여객기였다.

특히 1955년 프랑스의 국영 항공기 제조사 수드항공Sud Aviation이 개발한 카라벨은 전 세계 항공사에 총 282대가 인도된 가장 성공적인 1세대 제트여객기였다. 영국제 롤스로이스 엔진을 장착한 카라벨은 동체 후미에 엔진을 장착한 최초의 중거리용 제트여객기였다. 초기의 제트여객기는 기내에서 서로 대화를 나누는 것이 어려울 정도로 엔진의 소음이 객실 내부로 전달되었는데, 엔진이 동체 후미에 장착된 카라벨의 객실에서는 엔진의 소음이 거의 들리지 않았다.

더글러스와 보잉이 설계를 모방할 정도로 카라벨은 혁신적인 디자인과 성능을 보유하고 있었다. 현대의 대형 제트여객기들이 착륙 성능을 향상시키기 위해 장착하고 있는 역추력장치와 스포일러spoiler를 처음 장착한 비행기도 카라벨이었다. 여객기는 사고율에 따라 기체 보험료가 달라지는데 단 한 번도 기체 결함으로 인한 치명적 사고가 발생하지 않은 카라벨은 매우 낮은 보험료가 책정되어 있었다. 보잉이 제트여객기 시장을 장악하기 전까지는 에어프랑스, 핀에어, 알리탈리아 등 유럽의 항공사뿐만 아니라 유나이티드와 같은 미국의 항공사들도 카라벨을 운영했다.

카라벨의 성공에 자신감을 얻은 프랑스는 후속 모델을 개발하기보다

비행기 전체가 유려한 곡선으로 디자인된 프랑스의 카라벨. 2004년 9월 퇴역했다.

는 완전히 새로운 프로젝트로 항공업계에서 유럽의 차별적 우위를 확고
히 하고 싶어 했다. 2차 대전 후 정치·경제적으로 미국이 세계의 리더로
급부상하던 당시, 과학과 철학 등 서구 문화의 리더는 자신들이라고 생각
하고 있던 프랑스인들은 첨단 과학의 총화인 항공산업에서까지 보잉이
전 세계를 장악해 나가자 자존심이 상해 있었다. 이런 대중의 심리를 꿰
뚫고 있던 드골Charles De Gaulle은 비행기의 운영 효율보다는 보잉 비행기와
차원이 다르게 더 높고 더 빨리 나는 대륙 간 여객기 개발 프로젝트를 국
가 전략 사업으로 강력하게 추진했다.

  1960년대 초 프랑스와 벨기에, 네덜란드, 서독 등 유럽의 6개국 정상
들은 미국의 경제적 급부상에 공동으로 대응하기 위해 유럽공동시장을
출범했다. 그러나 미 대륙 개발 초기부터 미국 정부와 특별한 관계를 맺
고 있던 영국은 드골의 반대로 유럽공동체에 들어오지 못하고 있었다. 윌
슨 총리는 드골이 추진하고 있는 초음속 여객기 프로젝트에 영국의 기술

과 자본을 참여시켜 유럽공동시장에 진입하려고 했다.

드골을 만난 윌슨은 프랑스의 초음속 여객기에 영국의 롤스로이스 엔진을 장착하는 것이 어떻겠냐고 제안했다. 드골은 윌슨이 정치적 이유로 이미 상당히 연구가 진행된 초음속 여객기 프로젝트에 끼어들려는 것이 불쾌했다. 그러나 초음속 여객기 프로젝트에 소요되는 예산이 매년 증가하는 반면 지지부진한 성과에 대한 의회의 추궁이 계속되는 상황에서 무조건 영국의 제안을 거절할 수도 없었다. 프로젝트의 책임자로부터 롤스로이스가 합류하면 프로젝트의 진척에 큰 도움이 될 것이라는 보고를 받은 드골은 결국 영국의 제안을 받아들였다. 프랑스어로 '콩코드^{Concorde}'는 하모니^{harmony}를 의미하는데 이는 영국과 프랑스의 파트너십을 반영한 이름이었다.

영국과 프랑스가 공동으로 초음속 여객기를 개발한다는 소식이 알려지자 유럽인들은 미국만이 최첨단 여객기를 만들수 있는 것이 아니라는 것을 콩코드가 증명해 주기를 바랐다. 대중의 지지를 업은 드골은 의회에 예산 증액을 요청하고 콩코드 프로젝트의 완성에 박차를 가했다.

초음속 여객기에 대한 전 세계인들의 관심은 뜨거웠다. 콩코드의 최종 모델이 완성되기도 전에 전 세계에서 70대 이상의 주문이 폭주했고 이에 자극을 받은 미국의 케네디 대통령은 독자적인 초음속 여객기 개발을 추진하겠다는 성명을 발표했다. 소련도 가만히 있지 않았다. 미국과 치열한 우주개발 경쟁을 벌이고 있던 소련은 최소한 항공과학기술에서는 소련이 세계 최강국이라는 것을 증명하고 싶었다. 당시 소련 공산당 서기장이었던 브레즈네프는 모든 수단을 동원해서라도 콩코드보다 먼저 초음속 여객기를 개발할 것을 지시했다.

영국과 프랑스의 엔지니어들이 시험 비행을 거듭하며 콩코드의 안전성과 신뢰성 확보에 공을 들이는 동안 속도전을 펼친 소련은 1968년 12월 31일 자신들이 개발한 초음속 여객기 투폴레프 144[Tupolev Tu-144]의 시험 비행 장면을 전 세계에 공개했다. 콩코드가 첫 번째 공개 시험 비행을 하기 두 달 전이었다. 세계 최초의 초음속 여객기는 콩코드가 아니라 투폴레프 144였다.

1973년 5월 프랑스에서 개최된 파리 에어쇼의 하이라이트는 단연 콩코드와 투폴레프 144였다. 루브르제공항에 나란히 전시된 두 비행기는 마치 쌍둥이처럼 유사한 외형을 갖고 있었다.

에어쇼의 마지막 날인 6월 3일, 콩코드는 아직 완성되지 않은 시험 모델로 간단한 시연 비행을 선보였다. 콩코드의 등장에 관중이 열광하자 투폴레프의 조종사 미하일 코즐로프는 기자들 앞에서 코웃음을 치며 "우리 비행이 끝날 때까지 기다려 보시오, 놀랄 만한 광경을 보게 될 것입니다"라고 말했다.

코즐로프가 공언한 대로 잠시 후 등장한 투폴레프 144의 위용은 관중을 사로잡고도 남았다. 활주로를 이륙한 투폴레프가 하늘에서 시연 비행을 하는 내내 에어쇼에 참석한 사람들은 한시도 투폴레프에서 눈을 떼지 못했다. 이윽고 랜딩기어가 펼쳐진 투폴레프에서 콧수염처럼 생긴 캐나드[Canard]가 뻗어 나오자 파리 에어쇼는 클라이막스에 달했다. 착륙할 때만 펼쳐지는 캐나드는 투폴레프 144와 콩코드를 외형적으로 확연히 구분해 주는 투폴레프 144만의 고유한 특징이었다.

랜딩기어와 캐나드를 펼친 채 초저공비행을 하던 투폴레프는 굉음을 내며 다시 급상승했다. 에어쇼에서는 원래 비행기들이 급상승과 급선회를 하거나 관중 머리 위로 초저공비행을 하는 등 묘기 비행을 선보이지만

콩코드(위)와 투폴레프 144. 외형뿐 아니라 엔진, 조종실 등 주요 시스템이 서로 매우 유사하다.

대형 여객기는 이런 기동을 하지 않는다. 육중한 투폴레프가 이런 급기
동을 시연해 보이자 관중의 열기는 최고조에 달했다. 그 순간 급격한 기
동에 과도한 스트레스를 받은 투폴레프의 날개가 동체에서 탈락했고 거
대한 쇳덩어리가 된 비행기는 머리를 땅으로 향한 채 지상으로 돌진했다.
관중의 찢어지는 비명을 뒤로하고 투폴레프는 공항에서 약 10킬로미터
떨어진 파리 교외의 주택가에 추락했다. 이 사고로 투폴레프에 타고 있던
6명의 조종사와 지상에 있던 8명의 시민이 사망했다.

캐나드가 펼쳐져 있는 투폴레프 144. 콩코드와 투폴레프 144는 착륙 시 조종사의 시야를 확보하기 위해 노즈가 아래로 꺾여 내려온다.

　　파리 에어쇼에서의 끔찍한 추락 사고에도 불구하고 자신들의 항공기술력에 대한 명성이 훼손되는 것을 용납할 수 없었던 소련은 투폴레프 144를 국영 항공사인 아에로플로트의 정기 노선에 투입했다. 일주일에 한 번 모스크바와 알마티를 왕복하는 스케줄이었지만 운항 중 조종사들로부터 기체 결함 보고가 끊이질 않자 소련도 투폴레프 144의 안전성을 우려하지 않을 수 없었다.

　　소련은 자존심을 접고 콩코드의 엔진을 설계한 영국에 은밀하게 투폴레프 144의 엔진 공기흡입구 문제를 개선할 수 있는지 기술 도움을 요청했다. 영국 정부는 롤스로이스 엔진의 고급 기술이 소련의 군용기에 전용될 가능성을 우려해 소련의 요청을 거부했지만 영국 언론은 소련이 투폴레프의 개량을 위해 영국에 도움을 요청했다는 사실을 폭로했다.

영국과 프랑스의 콩코드 공동 개발 프로젝트 역시 순조롭지만은 않았다. 시험 비행 중 크고 작은 결함들이 계속 발견되면서 프로젝트의 비용은 초기 계획한 7천만 파운드에서 13억 파운드로 거의 스무 배 가까이 늘어났다. 제작 기간이 길어지면서 항공사의 주문도 크게 감소해 최종 모델의 개발이 완료되기도 전에 50여 대의 주문이 취소되었다. 실제로 제작된 콩코드는 에어프랑스와 브리티시에어에 인도된 14대뿐이었다. 프로젝트의 당사국인 에어프랑스와 브리티시에어는 엄청난 예산과 자존심을 쏟아부은 콩코드 프로젝트를 포기할 수 없었다.

에어프랑스와 브리티시에어는 각각 런던과 파리를 출발해 뉴욕과 워싱턴으로 가는 정기 노선에 콩코드를 투입했다. 4발의 강력한 롤스로이스 엔진을 장착한 콩코드는 다른 제트여객기들의 순항고도보다 거의 두 배가 높은 1만 8천 미터의 성층권으로 올라가 B747로 8시간이 소요되는 파리-뉴욕 노선을 단 3시간 만에 주파했다. 콩코드가 대서양을 횡단하는 동안 승객들은 캐비어와 최고급 와인을 서비스받으며 창밖으로 지구 표면의 곡률과 우주의 어둠을 동시에 볼 수 있었다.

좌석 수가 100개에 불과한 콩코드는 대서양 횡단 비행에 8만 9천 리터의 연료를 소모했다. 400명 가까이 탑승하는 B747이 같은 노선을 비행하는 데 5만 9천 리터를 소비하는 것에 비하면 콩코드의 승객 1인당 연료 소모율은 6배가 넘는 셈이었다. 콩코드가 막 상업용 운항을 개시하던 1977년 때마침 불어닥친 석유파동은 유가를 사상 최고점으로 올려놓았고, 전 세계적 경제 위기 속에서 콩코드를 운영하는 에어프랑스와 브리티시에어의 사업 효율은 갈수록 악화되었다.

당시 에어프랑스와 브리티시에어는 콩코드의 뉴욕 왕복 항공권을 2만 달러에 판매했는데 같은 노선을 운항하는 에어프랑스와 브리티시에어의 B747 일등석은 6천 달러였다. 대중에게 노출되는 모습 하나하나가 메시지인 영국 왕실의 주요 인사나 유명 연예인은 여전히 콩코드를 선호했지만, 일반 항공 여행객들에게 콩코드의 초고가 항공권은 쉽게 받아들이기 어려운 가격이었다.

더 큰 문제는 콩코드가 음속을 통과할 때 발생하는 엄청난 폭음과 충격파였다. 순항속도가 마하 0.87에 불과한 B747이 뜨고 내리는 소음에도 미국에서는 공항 주변 거주자들의 민원이 끊이지 않았다. 그런데 순항속도가 무려 마하 2.04에 달하는 콩코드가 취항하자 워싱턴과 뉴욕 존에프케네디공항 주변의 주택에서는 창문이 흔들리는 정도를 넘어 지붕이 통째로 무너져 내리는 일까지 있었다. 미 의회가 소음과 오존층 파괴를 이유로 콩코드의 운항을 제한하는 법안을 의결하자 콩코드를 도입하려고 계획했던 항공사들은 항공기 주문을 취소하기 시작했다.

미국의 견제에도 아랑곳하지 않고 프랑스와 영국은 계속 콩코드를 운영했다. 그러던 중 2000년 7월 파리에서 이륙하던 에어프랑스의 콩코드가 폭발해 승객 100명과 승무원 9명 전원이 사망하는 사건이 발생했다. 앞서 이륙한 컨티넨탈항공 DC-10의 엔진에서 떨어져 나온 금속 조각이 활주로에 방치되어 있다가 이륙하는 콩코드의 타이어와 연료탱크를 찢으면서 비행기가 폭발한 것이었다. 사고 조사를 마친 영국과 프랑스는 콩코드의 연료 계통을 개선하고 운영을 재개했지만 이번엔 곧바로 9·11 테러가 발생했다. 9·11 테러는 순식간에 세계의 항공 여행 수요를 절반 가까이 축소시켜 버렸다. 결국 출시 초기 세계의 관심을 받았던 콩코드는 상용 여객기 시장 판세에 큰 영향을 주지 못하고 2003년 퇴역했다.

트윈 엔진 와이드보디 시대를 연 A300

보잉은 미국 정부의 정책적 지원을 받으며 다양한 B7X7 시리즈로 차근차근 전 세계 여객기 시장을 장악해 갔다. 유럽의 항공사들은 전통적으로 유럽에서 생산한 비행기를 운영하고 있었는데 1967년 유럽 항공사로서는 처음으로 독일의 루프트한자가 B737을 대량 주문했다. 유럽의 항공업계에서는 앞으로 다른 유럽 항공사들도 미국 비행기에 의존할 수밖에 없을 것이라는 위기감이 감돌았다.

1909년 처음 개최된 파리 에어쇼는 세계에서 가장 크고 오래된 에어쇼다. 지금도 2년마다 전 세계의 항공업계 관련자와 관광객이 파리 에어쇼가 열리는 루브르제공항에 모여 최신형 여객기와 전투기의 비행을 감상한다.

1965년 파리 에어쇼에 모인 유럽 각국의 대표들은 상용기 시장에서 미국의 독주를 이대로 방치할 경우 유럽의 항공산업이 무너지는 것은 시간문제라는 데 의견을 같이했다. 이들은 최대한 빨리 유럽 항공업계를 통합하는 강력한 컨소시엄을 출범하기로 합의하고 수년간의 논의 끝에 1970년 12월 18일 에어버스사Airbus Industrie를 설립했다.

보잉 조종사들은 가끔 에어버스 조종사들에게 버스 드라이버라는 농담을 한다. 최첨단 과학기술이 집약된 대형 제트여객기의 이름이 에어버스AIRBUS인 것에 빗대어 에어버스 조종사들을 놀리는 말이다. 유럽의 항공인들이 컨소시엄의 이름을 에어버스로 정한 것은 항공 여행이 특정인

프랑스 루브르제공항에서 열린 파리 에어쇼에 참가한 각국의 비행기들

들만의 전유물이 아니라 모든 사람들이 자유롭게 이용할 수 있는 교통수단이 되어야 한다는 유럽적 가치관에서 비롯된 것이었다.

에어버스 컨소시엄을 출범한 각국 대표들은 에어버스 프로젝트가 각국의 정치적 이해관계에서 철저히 배제된 기술적 통합체여야 한다는 원칙에 동의했다. 프로젝트의 출범까지는 정치적 영역이었지만, 일단 프로젝트가 시작된 이상 프로젝트의 전권은 항공 전문가가 맡아야 한다는 것이었다. 각국 대표들은 만장일치로 프랑스의 항공기 엔지니어였던 로저 베테유Roger Béteille에게 에어버스 프로젝트의 전권을 보장하기로 합의했다.

1921년 프랑스 아베롱에서 태어난 로저 베테유는 프랑스 최고의 엘리트 교육기관인 에콜 폴리테크니크에서 항공우주공학을 전공한 조종사이자 엔지니어였다. 에콜 폴리테크니크에 다니는 동안 매월 정부로부터 학자금과 생활비를 지원받은 베테유는 졸업 후 정부와의 계약에 의해 곧바로 프랑스의 국영 항공기 제조회사인 수드항공에 입사했다.

  항공기 설계 분야에서 탁월한 실력을 보인 베테유는 에어버스가 탄생하기 전까지 프랑스에서 생산한 거의 모든 비행기의 설계에 참여했다. 보잉이 B707을 내놓기 전까지 전 세계의 제트여객기 시장을 장악하고 있던 카라벨도 그가 참여한 작품이었다. 에어버스 프로젝트의 책임자로 임명되었을 때 베테유는 항공기 설계 분야에서 자타가 공인하는 유럽의 최고 전문가였다.

  베테유는 에어버스가 장차 글로벌 시장에서 성공하기 위해서는 보잉 비행기를 운영하고 있는 미국의 항공사들이 에어버스를 선택할 만큼 차별적인 장점이 있어야 한다고 생각했다. 베테유는 B737과 B747 등 다양한 사이즈의 보잉 모델과 경쟁하기 위해 조종사가 일일이 기종면허를 받을 필요가 없는 에어버스 패밀리군의 모델 비행기를 개발하기로 했다. 조종실 시스템을 하나로 통일해 조종사에게 크로스 라이센스(하나의 면허로 여러 기종을 조종할 수 있는 자격)를 주고 장기적으로 비행기 사이즈를 다양화할 수 있는 기본 모델 비행기를 설계한다는 전략이었다.

  베테유는 프로젝트의 책임자로 선임받은 소감을 묻는 기자에게 "우리

1972년 10월 28일 A300 시험 모델의 비행을 성공적으로 마친 에어버스팀. 왼쪽에서 세 번째가 로저 베테유다.

는 특정 비행기와 경쟁하는 비행기를 만들지 않을 것입니다. 에어버스의 고객은 앞으로 10년에서 20년 후에 있을 것입니다"라고 말했다. 베테유는 항공산업의 미래와 자본주의 시스템의 속성에 대해 탁월한 통찰력을 갖고 있었다.

베테유는 트윈 제트엔진에 표준 컨테이너 두 개를 나란히 실을 수 있는 300인승 비행기 개발에 착수했다. 프로젝트의 이름을 A300으로 정한 것도 300인승 에어버스를 염두에 둔 것이었다. 그동안 프랑스에서 생산한 비행기들의 조종실 시스템을 도맡아 설계해 온 베테유 자신이 직접 조종실과 제어 시스템을 설계하고, 트라이던트기를 개발했던 영국은 엔진과 날개를, 뛰어난 금속가공 기술을 갖고 있는 독일은 동체, 네덜란드는

에어버스 최초의 여객기 A300

보조날개를 개발하게 했다. 베테유는 각국이 보유하고 있는 기술적 강점을 A300에 조화롭게 통합해 안전성과 경제성 면에서 단번에 보잉을 뛰어넘을 수 있는 비행기를 내놓을 계획이었다.

1974년 5월 베테유는 에어버스 최초의 프로젝트인 A300의 최종 모델을 공개했다. 여객기는 객실의 복도 수로 비행기의 크기를 구분한다. 객실의 복도가 한 줄이면 내로보디^{narrow-body}, 두 줄이면 와이드보디^{wide-body}라고 하는데, 보잉의 히트작인 B707은 4발의 제트엔진이 장착된 190인승 내로보디 항공기였다. 이에 비해 A300은 2발의 엔진을 장착하고도 B707보다 100명이나 더 탈 수 있는 와이드보디 항공기였다. A300은 안정성으로나 연료 효율 면에서 B707을 압도적으로 능가하는 혁신적인 비행기였다.

　당시 항공업계에서는 아직 트윈 엔진 와이드보디 항공기에 대한 확신
이 없었다. 두 개의 엔진만 가지고 대서양을 건너다 엔진 하나가 꺼지면
어떻게 하느냐는 우려는 아이러니하게도 그동안 개발되었던 4발 엔진 항
공기들의 신뢰성이 그만큼 높지 않았음을 방증하는 것이었다. 이런 엔진
신뢰성의 문제 때문에 미 항공 당국은 1시간 이내 착륙할 공항이 없는 노
선을 비행하는 여객기의 경우 최소 3발 이상의 엔진을 장착할 것을 법으
로 규정하고 있었다. B727, DC-10 등 한 시대를 풍미한 3발 항공기가 모
두 미국에서 제작된 배경도 이러한 미 항공 당국의 엔진 개수에 대한 규
정 때문이었다.

　결국 출시 초기 A300은 에어프랑스와 루프트한자 등 컨소시엄에 참여
한 유럽 국적 항공사에서만 운영될 수밖에 없었다. 비유럽 국가 중 A300
을 주력기로 운영한 항공사는 대한항공뿐이었다. 에어버스는 북미 시
장 대신 미 항공 당국의 규제를 받지 않는 아시아에 마케팅을 집중하고

KLM의 DC-10. 미 항공 당국은 유럽에서 대서양을 횡단해 미국으로 들어오는 비행기들에 최소 3발
이상의 엔진을 장착할 것을 요구했다.

A300의 기술적 신뢰성 입증에 전력을 기울였다.

A300의 신뢰성이 입증되는 데는 오랜 시간이 걸리지 않았다. 1977년 에어버스는 미 항공 당국으로부터 A300의 장거리 운항인가를 획득했다. 드디어 A300이 대서양을 건너 북미로까지 비행할 수 있게 된 것이다. A300이 미 대륙을 운항할 수 있게 되자 연료를 두 배 가까이 소모하면서도 객실 좌석은 100석이나 적은 B707은 더 이상 쓸모가 없게 되었다.

베테유가 예측한 대로 미국이 트윈 엔진 비행기의 장거리 항행을 승인하자 아메리칸에어 등 미국의 주요 항공사들을 비롯해 전 세계의 항공사들로부터 A300의 주문이 폭주했다. A300이 명실상부한 트윈 엔진 와이드보디 여객기의 시대를 연 것이다. 미 항공 당국의 트윈 엔진 장거리 항행 인가를 주시하고 있던 보잉은 A300과 경쟁하기 위해 내부적으로 추진 중이던 B767 프로젝트를 서두르기 시작했다.

●

보잉과 에어버스만 남은 시장

미국의 보잉과 유럽의 에어버스가 다양한 모델을 잇달아 내놓으며 빠르게 시장을 장악해 가는 동안에도 독자적으로 우수한 항공기를 개발할 능력을 갖추고 있던 군소 항공기 제작사들은 자존심을 건 자체 개발과 생산을 계속했다. 반면 두 차례의 석유파동을 겪으며 항공업계의 경쟁이 심화되자 항공사들은 점점 기종을 단순화하기 시작했다. 기종을 단순화할수록 조종사의 훈련과 인력 운영이 용이해지고 정비 비용은 줄어든다. 미국 최대의 저비용 항공사인 사우스웨스트가 무려 753대의 B737 제트라이너 한 기종만 운영하고 있는 것도 단일 기종으로 얻는 운영 효율이 그만

중국 베이징공항을 출발하는 고려항공의 투폴레프 204

큼 크기 때문이다.

보잉과 에어버스의 경쟁 사이에서 간신히 숨만 쉬고 있던 군소 제작사들은 석유파동과 중동 전쟁 같은 이슈들이 터져 나올 때마다 재정난을 견디지 못하고 파산하거나 합병되었다. 1996년에는 반세기 동안 단거리용 제트여객기 시장의 최강자였던 네덜란드의 포커사가 파산했고, 북미에서 오랫동안 보잉과 치열한 경쟁을 벌이던 맥도널더글러스마저 1997년 보잉에 흡수되었다.

미국이나 유럽만큼 뛰어난 항공과학기술을 갖고 있던 소련은 1940년대 초반부터 안토노프, 투폴레프, 일류신과 같은 우수한 제트여객기를 생산했다. 1991년 12월 25일 소련이 해체되기 전까지 대부분의 공산권 국가 항공사들은 이런 소련제 여객기들을 사용했다. 그러나 소련의 해체와 함께 그동안 소비에트 중앙정부의 통제를 받고 있던 동유럽 15개국이 일제히 독립을 선언하고 러시아마저 민간 항공기 시장을 개방하자 전 세계 항공 시장은 보잉과 에어버스로 급격히 양분되기 시작했다. 2019년 현재

고려항공의 참매 1호. 구소련이 생산한 일류신 62다.

러시아의 국영 항공사인 아에로플로트조차도 90퍼센트 이상의 항공기를 에어버스와 보잉 항공기에 의존하고 있다. 북한의 고려항공에서는 아직 까지 구소련제 여객기를 주력기로 운영하지만, 유럽연합은 안전성을 이 유로 투폴레프 204를 제외한 모든 고려항공 항공기의 유럽 내 운항을 전 면 금지하고 있다. 현재 중국을 제외하면 에어라인 조종사들도 고려항공 의 비행기들을 직접 볼 수 있는 곳은 거의 없다.

2018년 2월 평창동계올림픽 참가를 위해 김여정 부부장을 비롯한 북한의 고위급 대표단이 참매 1호를 타고 인천공항으로 입국했다. 김 정은 위원장의 전용기로 알려진 참매 1호는 러시아에서 생산한 일류신 62$^{Ilyushin-62M}$다. 일류신 62는 1960년대 초반 보잉이 707 여객기를 내놓자 이에 대응해 소련이 개발한 4발 와이드보디 항공기다. 1963년 첫 비행을 할 때만 해도 일류신 62는 세계에서 가장 큰 제트여객기였다. 2000년대 초반까지 러시아의 국영 항공사 아에로플로트의 대표 기종이었던 일류신

62는 주로 장거리 유럽 노선에 투입되었다. 일류신 62는 동독을 비롯한 공산권 국가에서 대통령 전용기로도 많이 사용되었는데, 이는 일류신 62가 비서방권에서 생산한 유일한 4발 대형 제트여객기이기 때문이었다.

대통령 전용기는 기내에 긴급 의료시설, 갤리, 휴식시설, 업무시설 등 일반 여객기에는 없는 다양한 옵션을 배치할 수 있는 공간이 있어야 한다. 또 외부로부터 공격을 받거나 비행 중 자체 결함으로 비상상황이 발생했을 때도 최대한의 안전이 확보되어야 한다. 4발 비행기는 넓은 내부 공간을 확보할 수 있고 비행 중 엔진을 하나 잃어도 잔여 엔진이 3개나 있기 때문에 대통령 전용기와 같은 VIP 특별기는 모두 4발 여객기를 사용한다. 현재 우리나라를 비롯한 대부분의 국가에서는 대통령 전용기로 B747-400 기종을 사용하고 있는데 미국은 현재 사용 중인 에어포스원의 대체기로 B747의 개량형인 B748을 검토하고 있다.

보잉과 에어버스는 좌석 수나 연료 효율 등 그때그때 부각되는 항공업계의 이슈에 부합하기 위해 경쟁적으로 모델들을 개발해 왔다. B707이 제트여객기 시대를 열자 에어버스는 최초의 트윈 와이드보디인 A300을 내놓았고, A300이 높은 운영 효율과 안전성을 입증하며 장거리 항공기 시장을 장악하자 보잉도 트윈 엔진 와이드보디인 B767을 내놓았다. 1980년대 들어 중단거리 항공 여행 수요가 급증하자 에어버스는 그동안 중소형 제트여객기 시장을 독주하고 있던 B737에 대항하기 위해 동체 사이즈와 항속거리가 B737과 거의 비슷한 A320을 출시했다. A320은 뛰어난 연료 효율을 기반으로 1988년 한 해에만 900대 이상을 판매하며 B737을 제치고 여객기 단일 모델 연간 최고 판매 기록을 세웠다.

1990년대 이후 에어버스는 A330, A340, A350, A380을 연이어 개발

하며 보잉의 전 기종과 경쟁을 벌였고, 2000년대 후반에 들어서는 시장 장악률에서 보잉을 앞지르기 시작했다. 에어버스가 단기간에 보잉의 전 기종과 대응할 수 있는 모델을 개발할 수 있었던 것은 전적으로 베테유의 통찰력 덕분이었다. 베테유는 에어버스 프로젝트를 시작할 때부터 조종 사들이 어떤 에어버스 기종의 조종석에 앉아도 조종을 할 수 있도록 모델 간 통합성을 유지하면서 동시에 비행기의 사이즈를 다양화할 수 있게 비 행기를 설계했다.

여객기의 개발과 생산은 현대 과학기술의 모든 분야가 동원되어야 하 며 거대한 자본이 투입되는 국가적 차원의 산업이다. 보잉과 에어버스의 끊임없는 개발 경쟁은 유럽과 북미를 대표하는 각각의 통합된 체제가 있 기 때문에 가능했다. 에어버스를 출범한 유럽연합체제가 없었다면 아마 도 지금 시장에는 보잉만 남아 있을지도 모른다.

·

강인한 커맨더 윌리엄 보잉, 신중한 철학자 로저 베테유

일반인들은 주로 객실 좌석이나 엔터테인먼트 시스템과 같은 기내 편의 시설에서 비행기가 다르다고 느끼지만 이러한 기내 시설의 차이는 항공 사가 비행기를 주문할 때 선택하는 옵션에 불과하다. 객실 좌석의 배열 역시 항공사의 선택 사항이기 때문에 같은 기종이라도 항공사에 따라 좌 석 수는 10~30퍼센트 정도 차이가 난다. 항공사가 어떤 옵션을 선택하느 냐에 따라 좌석 간 간격이나 등받이의 기울임 정도가 달라지는 것이다.

여객기 조종사들이 특정 기종을 선호하는 이유도 비행기의 성능과 조

종 특성의 차이라기보다는 대부분 그 기종이 취항하는 운항노선과 관련
이 있다. 에어라인 조종사의 비행시간은 법으로 제한되어 있다. 장거리
노선을 주로 운항하는 대형기 조종사들은 국내선을 주로 비행하는 조종
사들보다 모기지에서의 휴식 일수가 많다. 반면 밤을 새우는 대양 횡단
비행을 힘들어하는 조종사들은 장거리 기종의 조종사들에 비해 출근 일
수가 많아도 단거리 노선을 주로 운항하는 소형 기종을 선호한다.

기종 간 조종 특성의 차이 역시 그 조종사가 어느 기종에 더 익숙한가
의 문제이지 에어버스와 보잉 비행기 간의 성능 차이는 아니다. 에어라
인 조종사에게 비행기의 조종 특성은 기초적인 스킬의 영역일 뿐이다.
보잉과 에어버스의 진짜 차이는 자동 조종 시스템에서 드러난다. 보잉은
어떤 경우에도 조종사가 비행기를 직접적으로 통제할 수 있게 설계한 반
면 에어버스는 컴퓨터가 조종사의 통제를 제한하거나 개입할 수 있게 설
계했다.

B787기의 조종간. 보잉은 최신형 비행기에도 전통적인 조종간을 고수한다.

보잉 비행기는 고전적인 조종간control column을 사용한다. 조종간은 비행기의 날개와 물리적으로 연결되어 있기 때문에 보잉 비행기는 항상 조종사가 명령하는 대로 반응한다. 여객기는 정상 운항 중 비행기의 날개를 90도 이상 기울이는 조작을 할 필요가 없는데 보잉 비행기는 조종사가 조종간을 기울이면 기울이는 만큼 그대로 반응한다. 어떤 상황에서도 조종사가 조작한 대로 반응하는 것이 보잉 비행기다. 심지어 보잉 비행기는 자동 비행 중에도 조종사가 컴퓨터의 조종에 개입할 수 있도록 설계되어 있다.

2011년 일본에서는 12,500미터로 순항 중이던 ANA B737의 부기장이 실수로 러더트림rudder trim(수직안정타 컨트롤)을 조작해 비행기가 거의 뒤집힐 뻔한 사건이 발생했다. 기장이 잠시 화장실에 갔다가 다시 들어오기 위해 조종실 문을 두드리자 부기장이 조종실 출입문 개폐 셀렉터 대신 러더트림을 돌리는 바람에 발생한 어처구니없는 사건이었다. 부기장이 러더트림을 돌리는 동안 비행기의 자세는 왼쪽으로 132도나 기울어지며 기수가 45도까지 내려갔다. 비행기는 2.68G(G는 중력가속도)로 급강하하며 고도를 1,800여 미터나 상실했고 좌석벨트를 매지 않고 있던 승무원 두 명이 다쳐 도착 후 병원에 후송되었다.

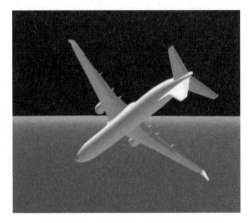

비행 데이터 기록을 토대로 복원한 당시 상황

B737 기종의 조종실 출입문 개폐 셀렉터와 러더트림

이 사고는 명백한 조종사의 과실이었지만 컴퓨터가 비행기를 통제하는 자동 비행 중에도 조종사의 조종 개입이 가능한 보잉 비행기의 특성을 다시 한번 일깨워주는 사건이었다. 에어버스 비행기는 컴퓨터가 비행기를 통제하고 있는 자동 조종 중에는 조종사가 러더트림을 돌려도 비행기가 반응하지 않기 때문에 아예 이런 상황이 벌어지지 않는다.

에어버스 비행기에는 조종간 대신 사이드스틱이 장착되어 있다. 조이스틱처럼 생긴 이 사이드스틱은 컴퓨터와 연결되어 있기 때문에 조종사가 사이드스틱을 한쪽으로 완전히 기울여도 비행기는 정상 범위 이상으로 기울어지지 않는다. 보잉이 조종사에게 어떤 상황에서도 비행기를 통제할 수 있는 전권을 준 데 비해 에어버스는 비행기의 컴퓨터가 조종사의

A350의 사이드스틱. 조종사가 사이드스틱을 조작하면 그 값이 컴퓨터로 입력되고 최종적으로 컴퓨터가 비행기를 통제한다.

조작을 감시하고 제한하게 했다.

　에어버스 비행기에서 조종사의 모든 조작은 비행기의 조종면이나 엔진으로 곧바로 전달되는 것이 아니라 일단 컴퓨터로 입력된다. 컴퓨터는 입력된 조종사의 명령이 항공기의 역학적 안정성을 벗어나지 않는 범위 내에 있는지 검토하여 최종적으로 비행기를 통제한다. 조종사가 과도하게 비행기를 들어 올리면 컴퓨터가 비행기의 기수를 제한하고, 속도가 너무 떨어지면 컴퓨터가 스스로 엔진을 가속해서 안전한 속도를 유지한다.

　보잉과 에어버스의 이런 시스템 차이는 기계와 그 기계를 다루는 인간을 바라보는 관점이 서로 다른 데서 비롯된다. 보잉의 비행기 설계 철학은 "비행기를 통제하는 최종 권한은 언제나 조종사에게 있다(The flight

273

crew has the final authority, always)"이다. 인간이 만든 어떤 시스템도 완벽하지 않기 때문에 컴퓨터가 조종사의 판단에 우선할 수 없다는 것이다.

윌리엄 보잉은 스스로가 병적일 정도의 완벽주의자였다. 초기 수상비행기를 만들던 시절 보잉은 날개의 뼈대로 사용된 가문비나무에 흠이 있거나 에일러론 케이블Aileron Cable에 조금이라도 녹이 슬어 있는 것을 발견하면 "나는 이런 비행기를 내놓느니 아예 공장 문을 닫을 것"이라며 직원들을 질책했다. 그는 직원들이 항상 자신의 지시를 있는 그대로 따르기를 바랐다.

반면 에어버스의 아버지라고 불리는 베테유는 보잉과 전혀 다른 성격

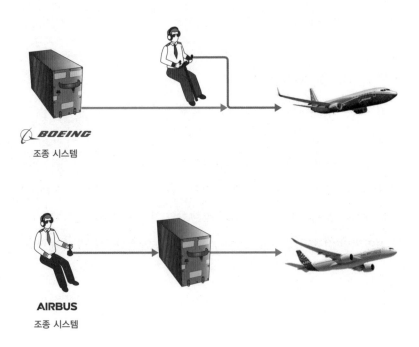

보잉과 에어버스의 조종 시스템 개요도

을 갖고 있었다. 스스로는 누구보다 열정적이었지만 자신의 열정을 타
인에게 강요한 적이 없었던 베테유는 프로젝트를 지휘하는 내내 지시
보다는 설득으로 팀원들을 이끌었다. 완벽주의자였던 보잉과 달리 베테
유의 인간에 대한 철학은 "인간은 실수할 수 있는 존재(All humans make
mistakes)"라는 것이었다. 베테유는 이런 자신의 신념을 토대로 에어버스
비행기를 설계했다. 조종사의 모든 조작을 컴퓨터가 모니터링하고 제한
하게 만든 것이다.

　인간을 바라보는 보잉과 에어버스의 철학은 조종실의 레이아웃에도
그대로 반영되어 있다. 보잉 비행기는 에어버스 비행기에 비해 자세계[PFD]

A380 조종실. 에어버스 기종은 보잉 비행기에 비해 자세계(PFD)가 상대적으로 작다.

가 훨씬 크다. 커다란 자세계와 엔진 추력 레버의 움직임을 통해 조종사가 비행기의 반응을 감각적으로 느낄 수 있기 때문에 보잉 비행기는 수동 비행을 하기에 매우 좋다. 반면 에어버스 비행기는 자세계가 상대적으로 작고 엔진 출력 레버도 움직이지 않는다. 수동 비행 중에도 조종사가 사이드스틱을 건드리지 않는 동안에는 컴퓨터가 비행기를 제어하기 때문에 커다란 자세계가 필요하지 않은 것이다.

보잉과 에어버스 중 어느 쪽이 더 나은 시스템이라고 말할 수 없다. 두 회사의 비행기 시스템은 서로 특성이 다른 것일 뿐, 어느 한쪽이 우월하다고 주장하는 것은 취향의 문제를 두고 서로가 옳다고 주장하는 것처럼 어리석은 논쟁일 뿐이다.

보잉에 익숙한 전통적인 항공사들은 에어버스 비행기도 보잉 비행기처럼 운영하는 경우가 많다. 그러나 보잉 비행기와 에어버스 비행기는 시스템적으로 분명히 다른 비행기다. 보잉이나 에어버스 비행기에서 사고가 발생했을 때 그 비행기의 시스템이 사고의 원인으로 지목되는 경우가 있는데, 만약 시스템 자체가 원인이라면 시스템을 수정해야 하지만 시스템을 잘 이해하지 못했거나 그 시스템을 운영하는 능력이 부족해 일어난 사고라면 항공사는 조종사의 교육과 훈련 체계를 돌아보아야 한다.

여객기 조종사는 고도의 훈련을 통해 자신이 조종하는 비행기의 특성을 완벽히 이해하고 어떤 상황에서도 비행기를 통제할 수 있는 능력을 갖추고 있어야 한다.

보잉과 에어버스의 경쟁 기종

조종사들은 보잉과 에어버스 비행기가 갖고 있는 고유한 외형적 특징을 통해 멀리서도 한눈에 기종을 구분하지만, 비행기를 자주 탑승하지 않는 일반 승객이 비행기 모델을 구별하는 것은 쉽지 않다. 기종을 구분하는 가장 정확한 방법은 동체의 앞쪽이나 꼬리날개 부근에 쓰여 있는 모델명을 확인하는 것이다. 만약 모델명을 찾지 못했다면 날개나 동체의 모양으로도 쉽게 기종을 구분할 수 있다.

정면이나 측면에서 볼 때 보잉과 에어버스 기종은 조종석 창문의 형태와 노즈기어도어의 크기에서 확연히 구분되는 특징을 갖고 있다. 전통적으로 보잉 기종의 조종석 좌우측 창문은 'V'자 형태인 반면, 에어버스는

보잉

에어버스

모두 일(一)자로 되어 있다. 또 보잉 기종의 노즈기어도어는 에어버스의
노즈기어도어보다 두 배 이상 크기 때문에 한눈에 구분이 가능하다.

소형기-B737 vs. A320

중단거리 소형 기종에서 경쟁하는 보잉의 B737과 에어버스의 A320은
전 세계에서 가장 많이 팔린 항공기이자 지금 이 시간에도 지구상에 가
장 많이 떠 있는 비행기다. 두 기종 모두 여러 버전의 파생형 모델이 있으
며 좌석 옵션에 따라 150명에서 200명 정도가 탈 수 있는 내로보디 여객
기다. 우리나라에서는 주로 국내선이나 중국, 일본, 동남아까지의 단거리
국제노선을 운항한다.

보잉 B737(위)과 에어버스 A320

B737과 A320의 동체 길이는 40미터 정도로 얼핏 보면 크기나 외형이 서로 비슷해 보이지만, 전후방에 각각의 독특한 외형적 특징들을 갖고 있어 조금만 눈여겨보면 두 기종을 구분할 수 있다. B737은 V자 조종석 창문과 큰 노즈기어도어 외에도 도살핀Dorsal Fin(등지느러미) 형태의 꼬리날개로 쉽게 알아볼 수 있다. A320 역시 테일콘Tail Cone이 꼬리날개 뒤로 길게 뻗어 있어 B737과 쉽게 구분할 수 있다.

두 비행기의 최신 버전은 B737 MAX와 A321 NEO로 두 모델 모두 이전 버전에 비해 항속거리와 자동화 시스템이 크게 업그레이드되었다.

대형기—B777 vs. A330

중장거리 노선에서 경쟁하고 있는 보잉 B777과 에어버스 A330은 동체의 길이가 60미터가 넘기 때문에 A320이나 B737 같은 소형기와는 한눈에 구분된다. 두 기종 모두 객실 복도가 두 줄로 되어 있는 와이드보디 항공기로 옵션에 따라 250명에서 300명 이상까지 탈 수 있다. 외형적으로 두 기종을 구분할 수 있는 가장 큰 차이는 동체의 라인과 날개의 형태다. 동체의 등이 아래로 떨어지는 B777과 달리 A330은 동체 상단 라인이 후미까지 일직선으로 뻗어 있고 날개 끝에 윙렛winglet이 장착되어 있다.

A330의 동체 상단 라인이 일직선으로 설계되어 있는 것은 단순한 디자인이 아니라 이륙 성능을 향상시키기 위해서다. 조종사가 이륙을 하기 위해 기수를 들면 비행기의 테일Tail이 활주로 표면에 거의 닿을 정도로 가까워진다. 이륙 조작이 미숙해 테일이 활주로 표면과 접촉하면 화재가 발생하거나 동체에 구조적 손상이 발생하는데, 동체 상단이 테일까지 일직선으로 뻗어 있는 A330은 이런 사고가 거의 발생하지 않는다.

B777과 A330은 랜딩기어만 봐도 한눈에 구별된다. B777에는 12개의

3축 타이어

윙렛

보잉 B777(위)과 에어버스 A330

2012년 8월 23일 라스베이거스공항에서 이륙 중 테일이 활주로에 접촉한 델타의 B767기

타이어가 좌우측에 각각 3축으로 장착되어 있는 반면 A330은 2축으로 장착되어 있다.

연료 효율은 A330이 훨씬 뛰어나지만 B777이 A330보다 항속거리가 길기 때문에 우리나라를 비롯한 아시아의 항공사들은 주로 미 동부와 같은 초장거리 노선에 B777을 투입한다. A330은 주로 미 서부와 유럽 중부, 대양주 노선을 운항한다.

초대형기-A380 vs. B747-8

에어버스가 2007년 출시한 A380은 현존하는 가장 큰 여객기다. A380의 무게는 560톤, 날개 폭은 80미터에 달한다. 원래 A380은 최대 868명까지 탑승할 수 있도록 인가받은 비행기지만 대부분의 항공사는 2층 객실에 와인바나 스파 등 호화로운 1등석 인테리어를 배치해 550명 정도의

루프트한자의 A380(위)과 B747-8

에티하드항공의 A380 퍼스트 클래스. A380을 운영하는 대부분 항공사들은 기내의 넓은 공간을 호화롭게 꾸미며 럭셔리 전략을 구사한다.

B747-8과 B787 기종에 장착된 톱니 모양의 엔진 덮개

좌석 옵션을 선택했다.

A380의 동체 길이는 73미터로 B747-8보다 약간 짧지만 육중한 무게를 지탱하기 위해 B747-8보다 11미터나 긴 80미터의 날개를 갖고 있다. 비행기의 동체 길이보다 날개의 폭이 더 길다. A380은 이런 거대한 날개와 육중한 무게 때문에 특정한 규모 이상의 공항에만 내릴 수 있다. A380이 파리 드골공항이나 로스앤젤레스공항 등 대형 국제공항에만 취항할 수 있는 것도 비행기 자체가 노선확장성의 한계를 갖고 있기 때문이다.

2012년 첫선을 보인 보잉의 B747-8은 지난 반세기 동안 대형기 시장의 절대 강자였던 B747-400의 개량형으로 현존하는 비행기 중에서 동체가 가장 긴 여객기다. B747-8에는 연료 효율과 정숙성을 향상시킨 독특한 모양의 전용 엔진이 장착되어 있어 엔진 모양만으로도 B747-400과 쉽게 구분이 가능하다.

A300이 뛰어난 안전성을 입증하며 트윈 엔진 와이드보디 시대를 연 이후 상대적으로 연료 효율이 떨어지는 4발기는 상용기 시장에서 쇠퇴하고 있다. 그러나 B747-8은 강한 추력과 긴 항속거리를 장점으로 초장거리 노선 및 대통령 전용기 등의 특수임무용 비행기로 여전히 특정 시장을 장악하고 있다.

A380과 B747-8은 거대한 동체 때문에 지상 이동 중에는 다른 항공기나 지상 장애물과의 충돌을 피할 수 있는 전용 유도로로만 다닐 수 있다.

최신형기-A350 vs. B787

에어버스의 A350과 보잉의 B787은 항공기의 자체 무게를 줄여 연료 효율과 항속거리를 획기적으로 개선한 최신형 항공기다. 두 기종 모두 기존의 비행기 동체에 사용되었던 알루미늄 합금 대신 가벼운 탄소섬유 복

A350(위)과 B787

A350(좌)과 B787은 기존 항공기들과 달리 노즈의 중심이 아래쪽에 있다.

합소재를 사용했다. 동체의 길이는 A350-1000이 75미터로, 68미터인 B787-10보다 7미터 정도 길고 항속거리도 더 길다.

A350과 B787의 조종석 창은 각각 고유한 형태로 되어 있기 때문에 창문만 보고도 쉽게 구분이 가능하다. A350의 조종석 창은 영화 〈인크레더블〉 캐릭터들의 아이 마스크를 연상시키는 곡선으로 되어 있고 B787은 보잉의 전통적인 V자 창문에서 탈피해 간결한 디자인으로 설계되었다. A350-1000은 B777과 같이 6개의 메인기어가 3축으로 장착되어 있다. A350은 성능도 우수하지만 디자인이 무척 아름답다. 여객기 조종사들에게 가장 멋있는 비행기를 고르라고 하면 아마도 주저 없이 A350을 뽑을 것이다. 곡선으로 뻗어 올라간 윙렛과 롤스로이스 엔진을 장착한 A350을 가까이에서 보면 그 우아함에 절로 감탄사가 나온다.

B767의 개량형인 B787은 초장거리 중형 항공기라는 틈새시장을 개척한 모델이다. 출시 초반에는 주로 일본과 중동의 항공사에서 주문을 받았지만 지금은 뛰어난 체공 능력을 기반으로 전 세계 항공사에서 인기를 끌고 있다. B787에도 B747-8과 같이 엔진 덮개^{Cowling}가 톱니처럼 생긴 차세대 엔진이 장착되어 있어 다른 기종들과 쉽게 구별할 수 있다.

IF NOT BOEING, I'M NOT GOING?

보잉은 한동안 "보잉이 아니면 타지 않겠다(If it's not Boeing, I'm not Going)"라는 공격적인 슬로건을 내세웠다. 항공업계에서 종종 논쟁의 소재가 되어온 이 슬로건은 보잉과 에어버스를 각각 수천 시간 이상

공항 기념품점에서 판매하는 보잉 배지

조종해 본 에어라인 조종사의 입장에서 볼 때 단순한 마케팅일뿐 그 이상의 의미는 없다. 보잉과 에어버스의 비행기는 분명 각각의 차별화된 장점을 갖고 있지만 조종성이나 안전성 면에서 두 비행기의 우열을 따지는 것은 전혀 의미가 없다.

회사를 창립한 초대 경영자의 철학은 대개 그 회사의 DNA가 된다. 윌리엄 보잉은 목재에 대한 전문 지식과 스스로의 조종 경험을 통해 무엇보다 튼튼한 비행기를 만들려고 했다. 지금도 보잉 비행기는 육중하고 전체적으로 매우 단단하다. 보잉사는 윌리엄 보잉이 원했던 대로 항상 조종사가 명령하는 그대로 반응하는 비행기를 추구해 왔다.

반면 처음부터 수백 명의 승객이 탈 수 있는 첨단 비행기를 설계한 베테유의 관심은 무엇보다 안전성이었다. 어떻게 하면 복잡한 시스템이 얽혀 있는 조종석에서 조종사의 실수를 줄일 수 있을지를 고민한 베테유는 이중 삼중의 안전장치가 갖추어진 비행기를 설계했다. 에어버스 비행기를 설계한 베테유의 머릿속엔 항상 '이 세상에 신 외에 완벽한 것은 없다'는 신념이 있었으며, 베테유의 이런 신념을 바탕으로 에어버스 비행기는 컴퓨터와 조종사의 인터페이스에 뛰어난 장점을 갖추고 있다.

보잉 항공기의 매뉴얼은 단순하고 명료하다. 조종사들은 매뉴얼에서 비행기에 장착된 모든 계기와 시스템에 관한 정보를 한눈에 찾을 수 있다. 반면 에어버스 매뉴얼은 인간의 행동양식을 기반으로 조종사가 항공기 시스템을 어떻게 다루어야 하는지에 대해 많은 설명을 할애한다. 이런 차이 때문에 보잉 비행기만 타다가 에어버스 비행기로 전환하는 조종사들은 종종 에어버스의 매뉴얼이 항공기 매뉴얼이 아니라 철학서 같다는 불평을 한다.

에어버스 매뉴얼을 읽다 보면 그들이 인간의 불완전성과 수많은 승객

로저 베테유, ⓒ AIRBUS PHOTO

이 탑승한 비행기의 안전에 대해 얼마나 솔직하고 깊은 고민을 했는지 느껴진다. 베테유는 매뉴얼을 통해 조종사들에게 이렇게 말했다.

"모든 인간은 실수를 범한다. 조종사는 항상 자신의 행위를 돌아보고 실수를 인정해야 한다. 실수는 감추는 것이 아니라 수정하는 것이다."

2019년 6월 25일 로저 베테유는 97세를 일기로 세상을 떠났다. 승객을 태우고 비행하는 에어라인 조종사가 갖추고 있어야 할 가장 중요한 것은 조종 기술 이전에 신중한 태도와 책임감이란 것을 가르쳐 준 위대한 조종사이자 철학자였던 로저 베테유의 명복을 기원한다.

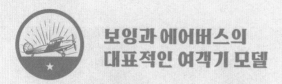

보잉과 에어버스의 대표적인 여객기 모델

보잉의 유일한 내로보디 비행기인 B737은 에어버스 A320이 나오기 전까지 전 세계 중소형기 시장을 독식하고 있던 보잉 최고의 베스트셀러였다. 그러나 1981년 파리 에어쇼에서 A320이 소개되자 팬암을 시작으로 노스웨스트가 한꺼번에 100대를 주문하는 등 미국 항공사에서 대거 사들였다. 위기감을 느낀 보잉은 기존 B737의 동체 사이즈를 확장하고 성능을 개선해 B737 NG^{Next Generation}를 내놓았다.

보잉과 에어버스의 내로보디 라인 최신 버전은 각각 B737 MAX와 A321 NEO다.

• 모델명 | 순항거리(km) | 동체길이(m) | 날개폭(m)

B737 NG | 5,460 | 42.1 | 35.8

B737 MAX | 6,110 | 43.8 | 35.9

A320 NEO | 6,500 | 37.6 | 35.8

A321 NEO | 7,400 | 44.5 | 35.8

전통적으로 세계 최대의 항공 시장은 유럽과 북미를 오가는 대서양 노선이었다. 한동안 B707이 장악하고 있던 대서양 노선을 A300이 빠르게 잠식하자 보잉은 이에 대응해 B767을 출시했다. B767은 역사상 동체 폭이 가장 좁은 트윈 와이드보디 항공기였다.

1994년 에어버스는 최신 자동화 시스템을 갖춘 A330을 개발해 뛰어난 연료 효율과 안정성을 기반으로 대서양 노선을 다시 장악했다. 그러자 보잉은 동체와 날개에 가볍고 내구성이 뛰어난 첨단 복합 소재를 사용해 연료 효율과 체공능력을 개선한 B787을 내놓았다. 에어버스는 곧 첨단 복합 소재 동체에 최첨단 시스템을 장착한 A350을 개발한 뒤 A350의 장점을 다시 A330에 적용해 A330 NEO 버전을 출시했다.

B767-300 | 7,890 | 54.9 | 47.6

B787-900 | 14,140 | 62.8 | 60.1

A330-300 | 11,750 | 63.7 | 60.3

A330 NEO | 13,334 | 63.7 | 64.0

B777 Triple Seven은 1995년 보잉이 B767의 대체 모델로 출시한 트윈 와이드보디 항공기로 뛰어난 유상화물 탑재 능력과 체공 능력을 갖추고 있다.

2013년 에어버스는 노후된 B777의 대체 모델을 찾고 있던 항공사들을 겨냥해 첨단 복합 소재로 연료 효율과 항속거리를 대폭 향상시킨 A350을 출시해 B777과 정면 경쟁을 벌였다. 현재 트윈 와이드보디 시장은 B777과 A350이 양분하고 있다. 유상화물 탑재 능력에서는 B777이 약간 우세한 반면 연료 효율은 A350이 뛰어나다.

B747 시리즈는 최초로 2층 객실^{Upper Deck}을 도입해 한 세대를 풍미한 비행기로 현재 생산되는 버전은 B747-80이다. A380은 B747의 전면에만 있던 2층 객실을 동체 전체에 도입한 최초의 슈퍼급 항공기였지만 비행기의 무게와 크기에 따른 운영 가능 공항의 한계로 2021년부로 단종이 예고되었다.

B777-9 | 13,500 | 76.7 | 71.7

B747-8I | 14,320 | 76.3 | 68.4

A350-1000 | 16,100 | 73.8 | 64.8

A380 | 14,800 | 72.7 | 79.8

6

별을 따라
태평양을 건넌
비행기들

항로와 웨이포인트

땅 위에 도로가 있는 것처럼 하늘에도 비행기가 다니는 길, 항로^{Airway}가 있다. 항로는 비행기가 지상의 장애물과 다른 항공기들을 회피하고 군사 활동 지역 등 민감한 공역을 벗어나 안전한 항행을 할 수 있도록 보장해 주는 하늘의 길이다.

항로의 폭은 전통적으로 15킬로미터로 설정되어 있었지만 정밀 항법 장비를 갖춘 비행기만 다닐 수 있는 항로나 공항 주변과 같이 비행기가 많이 몰리는 공역에서는 1.8킬로미터까지 줄어든다. 폭이 좁은 항로일수록 정밀한 항법이 필요하며 이런 항로에는 GPS와 같은 특정 항법 장비를 갖춘 비행기 외에는 진입할 수 없다. 항로의 길이도 매우 다양하다. 유럽과 같은 복잡한 내륙 공역에는 총 길이가 수십 킬로미터에 불과한 항로도 있지만, 북태평양 항로와 같이 대양을 횡단하는 항로는 수천 킬로미터에 이른다.

항로의 중간중간에는 지구 표면 한 점의 좌표로 정의되는 웨이포인트^{Waypoint}들이 있다. 원래 웨이포인트는 항로가 꺾이는 지점을 표시하거나 관제사들이 비행기의 흐름을 관리하기 위해 설정된 것이었다. 관제사는 웨이포인트에서 비행기의 간격을 모니터링하고 있다가 필요할 경우 조종사에게 고도나 속도의 변경을 지시해 항공기들을 분리한다. 조종사 역시 웨이포인트를 지날 때마다 통과 시간과 잔여 연료량 등을 확인하며 비행이 계획대로 이루어지고 있는지 점검한다.

다섯 자리의 영문으로 되어 있는 웨이포인트의 이름은 그 공역을 관장하는 관제기관에서 만든다. 새로 만들어진 웨이포인트는 2주 간격으로 항로 차트에 업데이트되어 전 세계 조종사에게 배포된다. 간혹 웨이포인트의 명칭이 외설적이거나 논란이 되는 경우도 있는데 이때는 관할 항공당국이 수정을 지시한다.

전통적으로 웨이포인트의 명칭은 대부분 지명이나 그 지역의 산이나 호수 등과 같은 랜드마크를 따 만들었다. 호주 브리즈번 상공에 있는 보트[BOATS]나 싱크[SINNK]와 같은 웨이포인트들을 보면 조종사들은 지도를 보지 않아도 그 지역이 항구라는 것을 알 수 있다. 우리나라 영공에 있는 진부[JINBU]와 탐라[TAMNA]도 각각 진부령과 제주의 옛 이름을 딴 웨이포인트들이다.

2000년대 이후 GPS 항법이 보편화되면서 한꺼번에 많은 웨이포인트들이 필요해지자 미국과 유럽의 관제사들은 컴퓨터 프로그램을 이용해 무작위로 웨이포인트 이름을 만들었다. 그러나 항행 절차가 개정될 때마다 관제사들은 다시 컴퓨터가 만들었던 웨이포인트의 이름을 자신들이 좋아하는 음식이나 배우, 영화 대사 등으로 교체했다.

미국인들은 아무리 능력이 뛰어나도 유머가 없는 사람에 대해서는 매력을 느끼지 않는다. 조종사와 관제사 역시 마찬가지다. 미국의 웨이포인트 대부분은 그 지역을 대표하는 자연이나 문화적 산물과 관계가 있는데 미국 노선을 비행할 때 관제사와 조종사들 사이에서는 종종 웨이포인트로 서로만 통하는 유머를 나누기도 한다.

보스턴 상공에는 [LBSTA]와 [CHWDH]라는 웨이포인트가 있다. 이 웨이포인트들은 보스턴에서 가장 유명한 대중 음식인 랍스터 롤과 클램차우더를 딴 것이다. 보스턴 로건 국제공항에 취항하는 항공사의 승무원들이 체류하는 호텔

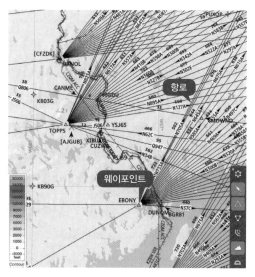

미 동부에서 대서양으로 진입하는 항로와 웨이포인트들

은 대부분 보스턴 해협 부근에 밀집되어 있는데, 다운타운에는 많은 해산물 마켓과 레스토랑들이 있다. 보스턴에 체류하는 승무원들은 대개 파뉼 홀 마켓 플레이스에서 클램차우더와 랍스터롤로 간단히 점심 식사를 한다.

대부분의 조종사는 해외 체류 중 거의 혼자 식사를 한다. 다음 비행을 함께하는 다른 조종사들의 신체 리듬 조절을 방해하지 않기 위해서다. 때문에 조종사들은 해외 도시마다 각자 선호하는 '혼밥' 단골집이 있다. 이른 오후 보스턴차우더(파뉼 홀 마켓 플레이스의 대중식당)에서는 보스턴에 체류하는 전 세계의 승무원들이 자연스럽게 어울려 서로의 비행 경험이나 업계의 동향을 주제로 가벼운 대화를 나누는 모습을 자주 볼 수 있다.

올랜도와 플로리다 공역의 웨이포인트들은 피글렛[PIGLT]과 티거

[TTIGR], 미키[MICKX], 미니[MINEE], 뽀빠이[POPYE], 트위티[TWETY], 팅커[TINKR] 등 우리에게도 친숙한 디즈니의 캐릭터들로 가득하다. 1994년 애니메이션 〈라이온 킹〉이 전 세계적으로 큰 인기를 끌면서 미어캣 티몬과 혹멧돼지 품바가 어린 심바를 위로하는 "하쿠나 마타타^{Hakuna} ^{Matata}"라는 대사가 크게 유행했었는데, 당시 플로리다의 관제사들은 [HKUNA], [MTATA]라는 웨이포인트를 만들어 항로에 올렸다.

비행 중 통신 오류를 방지하기 위해 조종사는 관제사의 모든 지시를 복창해야 한다. 예를 들어 관제사가 "Direct [HKUNA] then [MTATA](하쿠나로 직항 후 마타타로 비행하라)"라고 지시하면, 조종사는 "Direct [HKUNA] then [MTATA](하쿠나로 직항 후 마타타로 비행한다)"라고 복창한다. 일반적으로 조종사와 관제사는 감정이 배제된 건조한 톤으로 무선 교신을 주고받지만, 당시 "HKUNA MTATA"를 지시하고 복창하는 관제사와 조종사들은 영화 속의 혹멧돼지 품바가 하는 톤을 흉내 내 교신을 하기도 했다.

1990년대 들어 웨이포인트는 그 지역을 대표하는 인물에 대한 오마주로 진화되었다. 켄터키 루이빌국제공항 인근의 [LUUKE], [IAMUR], [FADDR]는 영화 〈스타워즈〉의 결말에 나오는 다스베이더의 명대사 "Luke, I'm your father"를 그대로 웨이포인트 이름으로 올린 것이다. 이 웨이포인트들은 켄터키의 관제사들이 〈스타워즈〉를 찍은 켄터키 루이빌 출신의 브래드포드 영 감독에게 보내는 오마주였다.

클리블랜드 홉킨스국제공항 부근에 있는 르브론[LEBRN] 역시 클리블랜드의 관제사들이 농구 스타 르브론 제임스에게 헌정한 웨이포인트였다.

레이건 대통령 취임 이후 미국의 경제정책이 노동시장 유연화와 자유시장경제를 표방하는 신자유주의로 전환되자 무한경쟁에 내몰린 시민들

클리블랜드 캐벌리어스의 스타 플레이어였던 르브론 제임스(왼쪽)

은 심한 무력감을 느끼기 시작했다. 그럴수록 미국인들은 스포츠 경기에 매달려 일상의 권태와 무력감을 달랬다.

당시 미국에서 가장 인기 있는 스포츠는 야구와 농구였다. 2000년대 들어 미국의 스포츠 팀들은 신체 능력을 겨루는 전통적인 플레이에서 벗어나 통계적 분석 기법을 토대로 팀플레이 위주의 경기를 펼치기 시작했다. 이는 NBA도 마찬가지였다.

다른 모든 팀들이 실점을 최소화하는 지역수비와 정교한 세트플레이로 득점 위주의 경기를 하는 가운데서도 클리블랜드 캐벌리어스는 끝까지 달리고 던지는 'Run And Gun' 플레이를 고집했다. 사람들은 상대 선수와 거칠게 부딪히며 돌진해 슛을 던지는 클리블랜드의 필드 농구에 열광적인 응원을 보냈지만, 전술적으로 수비가 약할 수밖에 없었던 클리블랜드는 번번이 우승 문턱에서 좌절하고 말았다. 클리블랜드 팬들의 광적인 응원은 육체로 정직하게 일하면 누구나 어느 정도 성공할 수 있었던 아메리칸 드림의 시대가 끝나가는 것에 대한 간절한 아쉬움이었다.

웨이포인트들의 이름으로 자신들만의 유머를 즐긴 것은 미국 관제사들뿐만이 아니었다. 독일과 오스트리아의 국경에 있는 [NIGEB], [DENEN], [IRBIR]라는 웨이포인트들은 독일어로 '조종사들에게 맥주를 주지 마라(Nie gebt denen ihr Bier)'는 뜻이다. 맥주를 즐겨 마시는 독일과 오스트리아의 관제사들이 양국의 국경을 표시하는 웨이포인트를 통해 조종사들에게 농담 반 진담 반의 경고를 한 것이다.

웨이포인트가 가장 빈번하게 바뀌거나 새로 만들어지는 곳은 미국이다. 미국 관제사들은 큰 사회적 이슈가 생길 때마다 자신들의 주장이나 신념을 웨이포인트 이름으로 만들어 올린다. 2010년 도널드 트럼프가 진행하던 TV 쇼 〈The apprentice〉에서 "You're fired(넌 해고야)"라는 말을 유행시키자 미국 관제사들은 플로리다 상공의 웨이포인트들에 [DONLD], [TRMMP], [IVNKA], [UFIRD]란 이름을 붙였다. 트럼프와 그의 딸 이방카의 이름은 물론 "You're fired"라는 당시의 유행어까지 그대로 웨이포인트 이름으로 만들어 올린 것이다.

조종사는 비행 중 날씨나 항공기의 상태를 고려해 안전상 필요하다고 판단되면 관제사의 항행지시를 거부할 수 있다. 관제사가 레이더로 잡히지 않는 뇌우가 있는 쪽으로 비행하라는 지시를 했다고 해서 조종사가 무작정 "예써" 하고 뇌우 속으로 들어가서는 안 되기 때문이다. 당시 TV에서 트럼프가 출연자를 향해 손가락질을 하며 "You're fired"라고 외치는 장면은 대중 사이에서 큰 인기를 끌었지만 불쾌하다는 반응을 보이는 시청자들도 많았다. [UFIRD]란 웨이포인트가 생기자 일부 조종사들은 관제사가 [UFIRD]로 직항하라는 지시를 하면 날씨 등의 핑계를 들어 관제사의 지시를 거부했다. 관제사가 조종사에게 "You're fired(넌 해고야)"라고 하는데 "Roger(알았다)"라고 대답하는 것이 불쾌했던 것이다. 트럼프가 공화당 후보로 미국 대통령에 출마하자 조종사들 사이에서 트럼프와 관련된 웨이포인트들에 대한 논란은 더욱 커졌다. 결국 2015년 7월 미항공연방국은 트럼프와 관련한 모든 웨이포인트의 이름을 변경했다.

우리나라에서도 간지[GANJI], 꼰대[KONDE]와 같은 웨이포인트들이 만들어졌을 당시 속어를 웨이포인트 이름으로 사용하는 것에 대해 일부 조종사들 사이에서 불쾌하다는 반응이 있었다. 지금도 간지[GANJI], 꼰대[KONDE] 웨이포인트는 그대로 살아 있다.

•

항해의 시작은 내 위치를 아는 것

모든 항해의 출발은 현재의 위치를 정확히 파악하는 것이다. 내 위치를 모르면 나침반이나 지도가 있어도 목적지로 가는 방향을 잡을 수 없다. 지금이야 GPS와 같은 정밀한 위성 항법 시스템이 있지만 제대로 된 항법 장비도 없던 시절의 조종사들은 자신의 위치를 파악하지 못해 엉뚱한 곳으로 날아가거나 연료가 고갈되어 추락하기도 했다. 항법 오차로 인한 사고는 특히 대서양을 건널 때 심각했다.

지구상의 특정 위치에서는 태양과 별의 규칙적인 움직임이 존재한다. 지구와 가까이 있는 태양은 계절에 따라 조금씩 고도가 변하지만 지구와 수백 광년 이상 떨어져 있는 별은 밤하늘 위에서 항상 일정한 경로를 따라 움직인다. 옛 선원들은 연안을 벗어나면 별자리의 움직임을 보고 현재의 위치와 목적지를 어림잡아 뱃머리의 방향을 잡아 나갔다. 이렇게 경험에 기초한 항해 방식은 지중해나 북해 인근과 같이 특징적인 지리 정보가 많은 지역을 항해하는 데는 별문제가 없었지만 대양 횡단과 같은 장거리 항해에는 어림도 없었다.

바다 위에서 위치를 확인할 수 있는 방법을 찾던 고대인들은 지구 표면의 특정 위치를 숫자로 표시할 수 있는 기하학적 체계를 생각해 냈다. 지구에 일정한 간격으로 가로 세로 눈금선을 그어놓고 그 위에서 내 위치와 목적지를 표시할 수 있다면 방향과 거리는 저절로 나온다. 위도와 경도라는 개념을 고안해 낸 것이다.

위도를 구하는 것은 별로 어렵지 않았다. 지구의 자전축 위에는 수천 년 전부터 여행자들의 길잡이가 되어온 북극성이 있었다. 북극에서의 북극성은 머리 위에 있고 적도에서 보면 거의 수평선에 닿아 있다. 뱃사람들은 경험을 통해 도착지의 항구마다 하늘에 떠 있는 북극성의 높이가 다르다는 것을 알고 있었다. 아직 지구가 둥글다는 개념도 없던 시대의 사람들도 지표면과 북극성이 이루는 각도가 그 지점의 위도라는 개념을 갖고 있었던 것이다.

고대 그리스인들은 북극성의 높이를 측정하기 위해 기원전 2세기경 아스트롤라베Astrolabe라는 기구를 고안해 냈다. 단순하면서도 실용적인 이 기구는 그 후로 수백 년 동안 항해사들의 가장 중요한 길잡이였다.

17세기까지도 연안을 벗어나는 배들의 주요 항해 장비는 나침반과 육분의, 그리고 아스트롤라베 정도였다. 움직임이 매우 예민해서 조그마한 흔들림에도 큰 영향을 받는 아스트롤라베를 전수받은 13세기 이슬람인들은 파도에 흔들리는 배 위에서도 안정적으로 사용할 수 있도록 아스트롤라베를 육중한 청동으로 만들어 항해 중 북극성의 고도를 측정하는 데 사용했다.

장거리 항해가 가능한 대형 범선 제작 기술이 발달하면서 유럽인들은 적도를 남하해 남반구를 항해하기 시작했다. 아쉽게도 남반구에는 북극성이 없었다. 위도가 낮아질수록 북극성의 고도가 점점 낮아지다가 수평

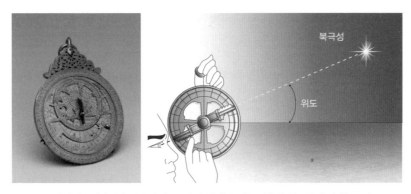

13세기 페르시아에서 제작된 아스트롤라베(좌)와 이를 이용해 위도를 측정하는 모습

선 밑으로 사라져 버리자 유럽인들은 곧 태양이나 다른 별의 적위를 측정해 남반구에서도 정확하게 위도를 측정하는 방법을 찾아냈다. 비록 북극성처럼 일 년 내내 떠 있는 별은 없었지만, 남반구에서도 별을 이용해 위도를 찾는 것은 하늘만 쳐다보며 항해를 하던 당시의 뱃사람들에게 그리 어려운 일이 아니었다.

문제는 경도였다. 북극성도 자전을 하는 지구에서는 경도를 측정하는데 아무런 도움이 되지 못했다. 기준점으로부터의 거리를 알면 경도를 측정할 수 있었지만 바다 위에서는 거리를 측정할 방법이 없었다. 1492년 미 대륙에 첫발을 디딘 콜럼버스도 경도를 모른 채 두 달이 넘도록 무작정 서쪽으로 항해를 하다가 우연히 바하마 제도에 이른 것이었다. 콜럼버스는 죽을 때까지 자기가 발견한 땅을 인도라고 믿고 있었을 정도로 지구의 대륙 배열에 대한 개념을 전혀 갖고 있지 않았다.

1568년 솔로몬 제도를 발견한 멘다냐 역시 그 후 네 번이나 다시 솔로몬 제도를 찾아 나섰지만 다시 그 땅을 밟지 못했다. 유럽인들의 이러한 역사적 발견은 모두 목적지를 알고 찾아갔던 것이 아니라, 정확한 위치와 방향을 모른 채 육지가 나올 때까지 무작정 항해를 하다 얻은 우연의 산물이었다.

대항해시대에 아시아 일부와 유럽을 제외한 전 세계는 제국주의 유럽 열강들의 식민지 각축장이었다. 정확한 해도나 항법 장비도 없이 매년 수백 척의 배가 대서양과 태평양을 넘나들며 사람과 물건을 실어 날랐고, 이들 중 적지 않은 배들이 위치를 잃고 표류하다 바닷속에 가라앉았다. 어디든 먼저 가서 깃발을 꽂고 자신들의 영토라고 선포하면 그 땅의 주인 행세를 할 수 있었던 당시의 유럽인들에게 경도 측정법은 대양을 지배하고 미지의 세계를 차지하기 위해 반드시 풀어야만 하는 절대 과제였다.

●

경도법에 내걸린 천문학적 포상

24시간마다 360도를 자전하는 지구상에서 두 지점 간의 시차가 1시간일 때 경도는 15도 차이가 난다. 고대 시절부터 바다 위에서 뱃사람들은 육분의로 태양의 고도를 측정해 현재 위치의 정오가 언제인지 정확히 알 수 있었기 때문에, 출항한 항구의 시각을 알 수 있는 정확한 시계만 있으면 현재 위치와의 시차를 계산해 간단하게 경도를 구할 수 있었다.

적도 지역에서는 단 1도의 오차도 110킬로미터나 되는 거리 편차를 발생시킨다. 경도를 정확히 구하기 위해서는 오차가 거의 없는 정밀한 시계가 필요했다. 18세기 유럽에는 이미 진자식 추시계와 금속 태엽으로 작동하는 회중시계가 있었지만, 흔들리는 배 위에서 추시계는 무용지물이

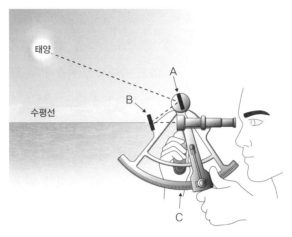

육분의를 이용해 태양의 고도를 측정하는 모습. 태양이 거울 B의 중심에 오도록 거울 A의 각도를 조절해 각도 C를 읽는다.

었고 회중시계는 항해에 사용하기에는 너무나 부정확했다. 이런 장비들로 항해를 하던 당시의 선박들은 100킬로미터가 조금 넘는 영국 해협을 건너면서도 수 킬로미터 이상 경로를 벗어나곤 했고, 육지가 보이면 그제서야 방향을 수정해 목적지 항구로 찾아 들어갔다.

영국을 비롯한 유럽 열강들은 경도 측정을 해결하기 위해 국가적 역량을 총동원했다. 천문학자들은 달과 특정한 성좌의 상대적 위치를 비교해 경도를 계산하는 월거법에 매달렸다. 그러나 천문학적 방법은 기상의 제한을 받을 뿐만 아니라 특정한 천체 배치에서만 적용이 가능했고 매우 복잡한 관측과 계산 과정이 필요했다. 무엇보다 달과 별자리의 상대적 위치를 도표로 만드는 일 자체가 너무 복잡했다. 여러 천문학자와 항해사가 수십 년 동안이나 매달렸지만 월거법 도표는 완성되지 않았다.

그러던 중 1707년 영국 군함 4척이 영국 해협에서 침몰해 1,550명이 사망하는 영국 해군 역사상 최악의 사고가 발생했다. 스페인 전쟁에 참전한 후 영국으로 복귀하던 쇼벨 제독은 경도를 잘못 계산해 계획한 경로에서 수십 킬로미터나 떨어진 실리 암초 지대로 들어갔다. 짙은 안개와 어둠 속에 전혀 앞을 볼 수 없는 상태에서 쇼벨 함대는 항해를 계속했고 선행하던 4척이 폭풍우 속에서 암초와 충돌해 침몰하고 말았다.

영국 최고의 해군 제독이 이끄는 군함이 경도를 잘못 측정해 침몰했다는 사실이 알려지자 영국 왕실은 엄청난 충격을 받았다. 영국은 즉시 경도위원회를 구성하고 당시 72세인 아이작 뉴턴에게까지 가서 조언을 구했다. 뉴턴은 바다 위에서 경도를 찾는 유일한 방법은 배의 흔들림이나 온도, 습도에 영향을 받지 않는 정확한 시계를 만드는 것이라고 했다. 위대한 과학자다운 정확한 해법이었다.

다급해진 영국 정부는 경도법을 제정하고 0.5도의 오차 이내로 경도를 측정하는 방법을 찾아내는 사람에게 2만 파운드의 상금을 준다는 공고를 전국에 내걸었다. 당시의 2만 파운드는 현재 가치로 40억 원이 넘는 엄청난 금액이었다.

·

항해의 역사를 바꾼 존 해리슨의 시계

바다 위에서도 정확한 시각을 표시하는 시계를 만든 사람은 왕립학회의 유명한 과학자들이 아니라 영국 동부의 링컨셔 지방에 살던 무명의 목수 존 해리슨이었다. 시계공인 부친으로부터 어릴 때부터 시계 제작 기술을 배우며 자란 해리슨은 20세 때 이미 뛰어난 진자시계 제작 기술을 갖고 있었다. 그가 링컨셔 지방 관리의 요청으로 제작한 브로클스비 공원의 탑시계는 한 달에 1초밖에 오차가 나지 않을 정도로 정확했다.

경도 측정법을 찾아낸 사람에게 2만 파운드를 수여한다는 영국 왕실의 공고를 본 해리슨은 그날로 파도와 습도에 영향을 받지 않는 시계 제작에 착수해 5년 만에 스프링과 태엽으로만 작동하는 세계 최초의 해상 시계 H1을 완성했다.

해리슨은 청동으로 빛나는 34킬로그램의 H1을 들고 곧장 런던으로 떠났다. 경도위원회의 심사관들은 시골에서 올라온 무명의 목수에게 큰 기대를 하지 않았지만 해리슨이 H1을 펼쳐 보이자 눈이 휘둥그레졌다. H1은 한눈에도 매우 정밀해 보였다. 경도위원회가 하루 동안 지상에서 H1을 시험해 본 결과 오차는 단 1초도 발생하지 않았다. 경도위원회는 실제 항해를 통해 H1의 성능을 시험해 보기로 했다.

존 해리슨의 H1, 런던국립해양박물관

왕실의 특명을 받고 런던항을 출발한 영국 해군은 오로지 H1이 알려주는 시간에만 근거해 경도를 계산하며 포르투갈까지 2,200킬로미터의 바다를 항해했다. 드디어 목적지 리스본항이 보이자 영국 해군은 그동안의 항법이 너무나 정확했던 데에 입을 다물지 못했다. 항구에 도착한 후 오차를 계산해 본 결과 H1은 하루에 단 0.2초의 오차만 보였을 정도로 정밀했다.

　해군으로부터 해상 시험 결과를 보고받은 왕립학회는 H1의 정확성에 크게 기뻐했다. 문제는 H1이 너무 정교해서 해리슨 외에는 제작할 수가 없었고 휴대하기에도 너무 커 영국 해군이 보유하고 있는 군함에만 보급하는 데도 수 년이 걸린다는 것이었다. 영국 왕실은 자국의 모든 선박들이 해리슨의 시계를 사용할 수 있도록 하기 위해 H1의 개선에 필요한 모든 비용과 시설을 지원하는 조건으로 해리슨에게 H1의 개량을 의뢰했다.

　해리슨은 순진한 기술자였다. 영국 왕실의 지원 아래 해리슨은 무려 40년 동안 H1의 개량에만 몰두해 1761년 드디어 H1의 최종 개량형인 H4를 완성했다. 회중시계 형태로 개량된 H4의 지름은 13센티미터밖에 되지 않았고 무게는 1킬로그램에 불과했다. 경도심사위원회가 81일간 대서양을 횡단하며 시험해 본 결과 H4는 단 5초의 오차밖에 나지 않았다. 마침내 영국이 세계 최초로 바다 위에서도 정확한 위치를 구할 수 있게 된 것이다. 제해권을 선점한 영국은 드디어 세계를 제패할 수 있다는 확신을 얻었다.

H4, 런던국립해양박물관

　정확한 지도와 나침반을 갖고 있고 현재의 위치를 지도상에 찍을 수만 있으면 목적지까지의 방위각을 계산할 수 있다. 해리슨의 해상시계가 출현하자 항해사들은 비로소 이 세 가지를 모두 갖게 되었다. 그러나 방위각을 구할 수 있게 되었다고 해서 대양 항해의 모든 문제가 완벽하게 해결된 것은 아니었다. 해상에 떠 있는 모든 물체는 파도와 조류에 의해 편류되는데 당시의 배들은 편류량을 결정하는 조류와 바람의 방향과 세기를 측정할 수 있는 방법이 없었다.

항해사들은 대략적인 편류량을 추정해 목적지까지의 방향을 정하고 일정 시간 항해를 한 후, 다시 실제 편류된 거리를 측정해 방향을 수정하는 추측 항법^{Dead Reckoning}으로 대양을 항해했다. 편류량을 미리 정확하게 보정하지는 못해도 해리슨의 시계가 매우 정확했기 때문에 경도 계산만 수시로 해주면 항법 자체에는 아무 문제가 없었다. 제임스 쿡 선장은 해리슨의 시계를 사용한 추측 항법으로 현대의 위성 지도와 거의 동일한 수준의 정밀한 해도를 제작했고, 다른 유럽 열강들보다 월등하게 앞선 대양 항법 기술을 갖게 된 영국은 재빨리 전 세계에 해가 지지 않는 제국을 건설해 나갔다.

해리슨이 H4를 완성한 후에도 천문학자들은 월거법을 포기하지 않았다. 항법용 별자리의 도표화에 평생을 바친 천문학자들에게 해리슨의 해상시계를 인정하는 것은 자신들이 살아온 인생을 통째로 부정하는 것과 같았다. 경도심사위원회의 핵심 자리를 차지하고 있던 천문학자들은 월거법에 사용할 도표가 완성될 때까지 이런저런 핑계로 해리슨에게 상금 지급을 미루었다. 결국 80세가 된 해리슨은 죽기 직전이 되어서야 경도상 상금을 받았다. 제임스 쿡 선장을 비롯한 수많은 탐험가들이 해리슨 시계의 뛰어난 정확도를 항해 결과로 증명해 월거법이 완전히 외면된 이후였다.

목숨을 건 대양 횡단 비행

초기 조종사들은 배에서 사용하던 항법 장비와 지식을 비행기에서도 그대로 사용했다. 바다와 하늘은 3차원의 유체라는 점에서 물리적 속성은 매우 비슷했지만, 바다에 떠 있는 배와 달리 비행기는 위치를 계산하기 위해 공중에서 멈춰 서 있을 수가 없었다. 배보다 수십 배 이상 빠른 비행기에서는 사소한 계산 착오도 훨씬 큰 오류를 초래했고 그 결과도 배와는 비교할 수 없을 정도로 치명적이었다. 그러나 제작사들의 관심은 오로지 비행기의 성능에만 쏠려 있었다. 공중 항법에 대한 고민은 오로지 조종사들만의 몫이었다.

초기 유인 비행기들의 조종사들은 몸을 돌리기도 비좁은 조종석에서 육중한 선박용 장비를 들고 위치를 계산해 가며 항법을 했다. 이런 항법 장비로 추측 항법에 의존해 장거리 비행을 하던 조종사들은 수시로 위치를 잃어버렸다. 위치를 잘못 판단한 비행기들이 착륙할 곳을 찾지 못해 사막이나 망망대해에 추락하는 일은 1차 대전이 끝날 때까지도 거의 매일 발생했다.

1920년대 서구인들은 비행기에 완전히 빠져 있었다. 인류가 탄생한 이래 하늘을 나는 꿈을 갖지 않았던 적은 단 한 번도 없었다. 수천 년 동안의 꿈이었던 비행이 눈앞에서 실현되고 있는 시대에 비행에 관심이 없다면 그는 살아 있는 사람이 아니었다. 청년들은 너도나도 조종사가 되기를 희망했고 나이가 지긋한 사람들은 젊은 조종사들의 목숨을 건 비행기록 경쟁을 바라보며 대리 성취감을 느꼈다.

　뉴욕의 부동산 사업가였던 레이먼드 오티그^{Raymond Orteig}도 사업 이외의 관심은 온통 비행에 쏠려 있었다. 열두 살 때 프랑스에서 단돈 13프랑을 들고 미국으로 건너와 호텔 포터로 출발한 오티그는 당시 뉴욕에 대형 호텔 체인을 소유한 사교계의 거물이었다. 그가 운영하던 라파예트호텔에서는 늘 비행과 관련한 각종 행사가 열렸고 전 세계의 조종사들이 수시로 드나들었다. 오티그는 프랑스 장교들과 이야기를 나누는 것을 좋아했다.

　1919년 12월 어느날 오티그는 전미비행클럽^{Aero Club of America}에 초대되어 1차 대전에서 활약한 전설적인 조종사 에디 리켄배커로부터 미국과 유럽이 항로로 연결되는 날을 고대한다는 연설을 듣고 큰 감명을 받았다. 그날 밤 자신의 호텔로 돌아온 오티그는 비행기로 미국과 프랑스를 논스톱 횡단하는 첫 번째 조종사에게 2만 5천 달러의 상금을 주겠다고 발표했다.

1927년 10월 목숨을 건 대양 횡단 비행 붐을 풍자한 〈슬립스트림 매거진^{Slipstream Magazine}〉의 카툰. 스미스소니언 항공우주박물관

조종사들이 대서양 횡단에 도전하기 위해서는 뛰어난 조종 실력과 무모함 외에도 대서양을 횡단할 수 있는 성능의 비행기를 마련할 돈이 있어야 했다. 오티그의 상금은 많은 은행과 기업가들의 투자를 이끌어 냈고 이에 힘입어 미국과 유럽의 많은 젊은 조종사들이 대서양 횡단 비행에 도전하기 시작했다.

북대서양을 횡단하는 것은 비교적 간단한 항법이었지만 편류량을 계산할 수 없었던 조종사들은 계획된 경로를 이탈하기 일쑤였다. 항로를 이탈한 비행기들은 육지에 도달하기도 전에 연료가 고갈되거나 엔진 고장으로 바다 위에서 실종되었고 그렇게 수많은 젊은 조종사가 영영 돌아오지 않았다. 오티그가 상금을 내건 후 무려 7년이 지날 때까지 대서양 횡단에 성공한 사람은 아무도 없었다.

1927년 25세의 항공우편 조종사였던 찰스 린드버그Charles Lindbergh는 대서양 횡단 비행을 결심하고 투자자들을 찾아갔다. 세인트루이스의 사업가들로부터 비행기 이름을 '스피릿 오브 세인트루이스Spirit of St. Louis'로 하는 것을 조건으로 15,000달러를 지원받은 린드버그는 곧바로 포커사를 비롯한 몇몇 비행기 제작사에 대서양을 횡단할 수 있는 특별기 제작을 의뢰했다. 조종사가 대서양 횡단에 성공하면 비행기와 제작사의 명성에 큰 도움이 되는 것이었지만, 무명의 조종사를 신뢰하지 않았던 이들 회사들은 모두 린드버그의 주문을 거절했다. 린드버그의 제작 의뢰를 받아들인 회사는 작은 단발기 제조업체인 라이언항공Ryan Aeronautical뿐이었다. 린드버그는 석 달 이내에 비행기를 납품받는 조건으로 10,580달러에 스피릿 오브 세인트루이스의 주문 계약을 체결했다.

린드버그는 비행기에 무거운 전파 수신 장비와 조난 장비 대신 연료탱

1927년 4월 27일 라이언항공으로부터 〈스피릿 오브 세인트루이스〉를 인수받은 찰스 린드버그. 미국회도서관

크를 최대한 크게 제작해 줄 것을 주문했다. 전 직원이 37명뿐이었던 라이언항공은 24시간 교대로 일하며 주문 두 달 만인 4월 25일 조종석을 제외한 모든 공간을 연료탱크로 개조한 라이언 NYP 특별기를 린드버그에게 전달했다.

프랑스 공군의 1차 대전 영웅이었던 낭주세와 콜리가 곧 파리를 출발해 뉴욕까지 대서양 횡단 비행에 도전할 것이라는 소식을 들은 린드버그는 곧장 비행기를 몰고 뉴욕으로 출발했다.

뉴욕에 도착한 린드버그는 비행계획과 장비들을 최종 점검하며 휴식을 취했지만 막상 출발 전날에는 흥분을 진정시키지 못하고 잠을 거의 이루지 못했다. 1927년 5월 20일 새벽, 린드버그가 이륙할 예정이던 진흙 투성이의 루스벨트 필드에는 수백 명의 군중과 기자들이 린드버그를 기다리고 있었다. 7시가 조금 지나 초췌한 얼굴로 나타난 린드버그는 7시 52분 프랑스 파리를 향해 루스벨트 필드를 이륙했다.

9시간이 지날 무렵 비행기가 캐나다 최동부의 뉴펀들랜드섬 상공에 이르자 린드버그는 눈을 뜨고 있기가 어려울 정도로 잠이 몰려왔다. 린드버그는 배가 몹시 고팠지만 준비해 온 샌드위치를 먹으면 잠을 이기지 못할 것 같아 아무것도 먹지 않았다. 망망대해의 짙은 어둠 속에서 쏟아지는 졸음과 싸우며 계기판을 주시하던 린드버그는 불현듯 인기척을 느끼고 뒤를 돌아보았다. 뒷자리에 조종복을 입은 한 남자가 앉아 있었다. 남자는 린드버그의 옆으로 넘어오더니 고도계를 읽어주며 린드버그에게 비행기의 방향을 조언해 주었다. 린드버그는 한 시간이 넘도록 그와 이야기를 주고받으며 정신을 차리고 비행기의 편류를 수정했다.

린드버그는 1953년 《The Spirit of St. Louis》라는 책을 쓰기 전까지 25년 동안 대서양 횡단 중 비행기에 다른 조종사가 타고 있었다는 이야기를 아무에게도 하지 않았다. 책에서 린드버그가 대서양 상공에서 도움을 준 조종사와 만났던 경험을 밝히자 학자들은 '제삼자 이론Third Man Factor'으로 린드버그의 경험을 해석했다. 극도의 압박과 스트레스 상태에 처한 인간의 뇌는 이를 극복하기 위해 자신에게 도움을 줄 수 있는 제삼자(실제로는 무의식 중 자아)를 만들어내고 그와 함께 있는 것처럼 느끼게 만든다는 것이다. 8천 미터 14좌를 모두 단독으로 등반한 라인홀트 메스너도 그의 저서에서 에베레스트 정상을 몇백 미터 앞두고 탈진해 모든 것을 포기하려던 순간 홀연히 한 등반가가 나타나 그와 함께 정상에 오를 수 있었다고

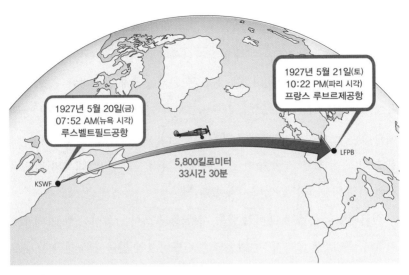

1927년 5월 20일(금)
07:52 AM(뉴욕 시각)
루스벨트필드공항

1927년 5월 21일(토)
10:22 PM(파리 시각)
프랑스 루브르제공항

5,800킬로미터
33시간 30분

KSWF

LFPB

린드버그가 횡단했던 대서양 루트. 현대의 제트여객기로 6시간이 소요되는 거리다.

말한 바 있다.

린드버그는 루스벨트 필드를 이륙한 지 28시간 만에 아일랜드 서부 해안 상공에 도달했다. 5시간 후 그가 파리 상공에 진입했을 때는 이미 밤 10시가 넘어가고 있었다. 비행기가 착륙할 예정인 루브르제공항에서는 멀리서도 린드버그가 공항을 찾을 수 있도록 활주로 등화를 최대한 밝게 켰다. 공항에는 대서양 횡단 비행에 상금을 내걸었던 오티그를 포함해 15만 명의 시민들이 린드버그를 기다리고 있었다. 밤 10시 22분 마침내 린드버그가 활주로에 착륙하자 이들은 일제히 비행기로 몰려들어 인류 최초의 대서양 횡단 비행 성공을 열광적으로 축하했다.

사람들은 린드버그의 비행기에서 들고 갈 수 있는 것은 뭐든 집어 갔다. 날개와 동체의 직물 조각을 잘라내는 사람도 있었고 린드버그가 앉아 있던 의자의 쿠션, 조종석 옆에 남아 있던 비상품까지 모조리 꺼내 갔다.

린드버그는 나중에 그의 로그북logbook(개인 비행기록부)과 니보드knee board(무릎에 부착하는 메모용 클립보드)가 없어진 것을 알고 몹시 실망했다.

비행기에서 내린 린드버그는 몰려든 기자들에게 낭주세와 콜리가 뉴욕에 도착했는지부터 물었다. 린드버그보다 앞서 파리를 출발했던 낭주세와 콜리는 대서양 상공에서 실종되어 행방을 알 수 없는 상태였다. 사흘 동안 전혀 잠을 자지 못한 린드버그는 파리 주재 미국 대사의 집으로 가서 거의 이틀 동안 깨어나지 못했다.

린드버그의 논스톱 대서양 단독 비행 성공 소식은 삽시간에 전 세계로 퍼졌다. 존 캘빈 쿨리지 미 대통령은 린드버그의 성공에 축전을 보내고 훈장을 수여했다. 프랑스와 영국, 벨기에 정부도 미 대륙과 유럽을 비행기로 연결한 린드버그의 도전과 성공에 대한 감사의 표시로 국가 최고 훈장을 수여했다. 린드버그와 그의 비행기 스피릿 오브 세인트루이스는 해군 함선을 타고 미국으로 돌아와 뉴욕에서 대대적인 축하 퍼레이드를 받았다.

린드버그의 단독 대서양 횡단 비행 성공은 이후로도 오랫동안 언론의 대대적인 조명을 받았다. 대중의 집중적인 관심을 받던 당시의 조종사들은 현대의 연예인들처럼 자신들의 이미지를 상업용 브랜드로 활용했는데, 언론사들은 잘생긴 외모와 매력적인 성격을 가진 린드버그를 스타 조종사로 키우고 싶어 했다. 그러나 이런 언론사들의 기대와는 달리 린드버그는 자신의 대서양 횡단 비행 성공은 바람의 변화가 거의 없었던 덕분이었다고 담담하게 말했다. 대서양 횡단에 도전하기 전 두 번의 추락 사고와 몇 차례 위치를 잃어버린 경험이 있었던 린드버그는 바다 위에서 위치와 방위를 지속적으로 확인할 수 있는 항법 장비가 출현하기 전까지 대양

1927년 6월 13일 린드버그의 단독 대서양 횡단 비행 성공을 축하하는 퍼레이드. 〈뉴욕 데일리 뉴스*New York Daily News*〉

을 횡단하는 비행은 도박과 다름없다고 대서양 횡단 도전의 무모함을 지
적했다.

그의 충고를 귀담아들을 조종사는 없었다. 미지의 항행에 대한 도전과
영웅심에 끓는 젊은 조종사들에게 린드버그의 겸손한 조언은 이미 모든
것을 차지한 승자의 여유로움일 뿐이었다. 조종사들은 오히려 린드버그
가 이미 성공해 버린 논스톱 대서양 횡단 비행을 넘어 아예 태평양 횡단
비행에 도전하기 시작했다.

린드버그가 대서양 횡단을 준비하고 있을 무렵, 연합군 소속 호주 공
군으로 제1차 세계대전에 함께 참전했던 킹스포드 스미스Kingsford Smith와
찰스 울름Charles Ulm도 대서양 횡단 비행을 준비하고 있었다. 미국의 린드버
그가 대서양 횡단에 성공했다는 소식이 전해지자 스미스와 울름은 태평
양 종단에 도전하기로 계획을 변경했다.

이미 호주 대륙 횡단 비행 기록을 경신한 스미스와 울름은 뉴사우스웨
일스주 정부의 지원으로 미국에 건너갔다. 캘리포니아에 도착한 스미스
와 울름은 호주의 탐험가였던 허버트 윌킨스가 북극 탐험용으로 구입했
던 포커사의 3발 프로펠러기를 인수해 추가 연료탱크와 무선 장비를 장
착하고 비행기에 태평양 종단을 뜻하는 '서던 크로스Southern Cross'라는 이름
을 새겼다. 이들이 계획한 태평양 종단 비행의 거리는 린드버그가 성공한
대서양 횡단 비행의 두 배가 넘는 11,585킬로미터였다.

당시의 비행기 성능으로 한 번에 태평양을 종단 비행하는 건 불가능했
다. 이들은 태평양 한가운데 있는 하와이와 피지에서 연료를 재보급하기
로 계획하고 전체 비행계획을 세 구간으로 나누었다. 린드버그가 말한 것
처럼 대서양 횡단은 바람에 비행기가 어느 정도 편류되어도 서유럽 해안

킹스포드 스미스(좌측 두 번째)와 찰스 울름(좌측 세 번째)

의 어딘가에 도착할 수 있지만, 태평양을 종단하는 비행은 단 몇 도의 편류만 생겨도 섬을 벗어나 망망대해를 헤맬 수 있었다. 오랜 경험을 통해 이러한 항법 오차의 위험을 잘 알고 있던 스미스와 울름은 대양을 추측항법으로 비행한 후, 섬을 찾을 때는 전파 항법을 병행하기로 했다. 이들은 서던 크로스에 통신용 라디오와 내비게이션 컴퍼스를 장착하고 바다 위에서 연료가 떨어져 조난될 경우를 대비해 비행기의 날개를 뗏목으로 사용할 수 있도록 개조했다. 스미스와 울름은 뗏목 위에서 일주일 동안 생존할 수 있는 물과 비상 식량을 조종석 뒷자리에 실었다.

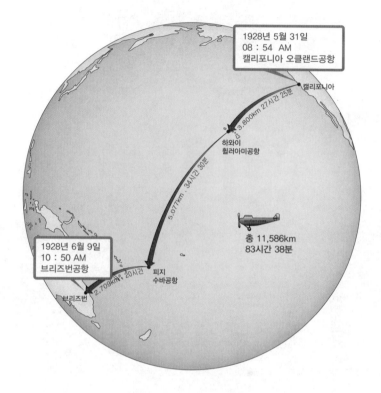

1928년 5월 31일
08 : 54 AM
캘리포니아 오클랜드공항

캘리포니아

3,800km 27시간 25분

하와이
휠러아미공항

5,077km · 34시간 30분

총 11,586km
83시간 38분

1928년 6월 9일
10 : 50 AM
브리즈번공항

피지
수바공항

2,709km · 20시간

브리즈번

서던 크로스의 태평양 종단 비행경로

　1928년 5월 31일 오전 8시 54분, 킹스포드와 울름은 태평양 종단 비행의 첫 목적지인 하와이를 향해 캘리포니아 오클랜드에서 이륙했다. 서던 크로스는 큰 위기 없이 27시간 28분 만에 하와이에 무사히 착륙했다. 문제는 하와이에서 피지까지의 두 번째 구간이었다.

　적도 상공에는 맑은 날에도 곳곳에 크고 작은 뇌우가 발달한다. 1만 미터 이상의 고공으로 비행하는 현대의 여객기들도 적도를 통과할 때는 기류 변화로 인한 터뷸런스와 뇌우에 각별한 주의를 기울여야 하는데, 겨우 해상 100미터의 고도로 비행하는 스미스와 울름의 프로펠러기는 더 말할 것도 없었다.

적도를 넘는 동안 서던크로스는 강한 바람에 이리저리 편류되며 경로를 이탈하기 시작했다. 폭풍우는 하루 종일 지속되었고 스미스와 울름은 뇌우를 피해가며 비행기의 자세와 고도를 유지하기 위해 사투를 벌였다. 35시간 동안 한 번도 휴식을 취하지 못한 스미스와 울름은 완전히 기진맥진한 상태로 피지에 도착했다.

짧은 휴식을 취한 이들은 다음 날 아침 일찍 마지막 코스인 브리즈번을 향해 피지를 이륙했다.

태평양 상공의 기상을 분석할 수 있는 시스템조차 없던 시대였다. 무작정 피지를 이륙해 브리즈번을 향해 날아가던 서던 크로스는 몇 시간 후

킹스포드 스미스와 찰스 울름이 태평양을 종단한 서던 크로스(포커 F.VIIb), 브리즈번 킹스포드 스미스 기념관

최악의 폭풍에 휘말렸다. 날개가 곧 떨어져 나갈 것처럼 심하게 흔들리면서 금방이라도 해상에 추락할 것처럼 급격한 고도 손실이 반복되었지만 스미스와 울름은 끝까지 구조 대기 요청을 하지 않았다.

피지를 출발한 지 20시간 만에 서던 크로스는 간신히 브리즈번에 착륙했다. 서던 크로스의 태평양 종단 비행 성공 소식은 전 세계의 언론에 대서 특필되었고 존 캘빈 쿨리지 미국 대통령은 이번에도 축전을 보내 이들의 성공을 축하했다. 스미스와 울름의 태평양 종단 비행을 지원한 미국의 사업가 핸콕은 스미스와 울름이 비행 준비를 위해 빌렸던 대출금은 물론 이들이 서던 크로스라고 이름 붙인 포커 F.VIIb 비행기까지 스미스와 울름에게 축하 선물로 주었다.

스미스와 울름은 린드버그 못지않은 유명 인사가 되었다. 정치인들과 지역사회, 사업가들에 이르기까지 이들의 태평양 종단 비행 성공을 축하하는 수많은 행사가 열렸고 그때마다 수천 명의 인파가 몰려들었다. 호주 시민들은 자발적으로 5천 파운드의 특별 상금을 모아 스미스와 울름에게 전달했고 호주 정부는 십자가 훈장을 수여했다.

태평양 횡단에 성공한 두 사람은 연이어 대서양과 인도양을 횡단하며 끊임없이 새로운 대양 항로를 개척했다. 체계적인 기상 분석이나 레이더도 없던 시절이었지만 이들의 도전은 죽을 때까지 계속되었다. 1934년 찰스 울름은 미 본토에서 하와이로 가던 도중 태평양 상공에서 실종되었고, 1년 후 킹스포드 스미스도 런던을 출발해 시드니로 비행하던 중 폭풍우에 휘말려 벵골만에서 실종되었다.

이듬해인 1936년 호주 정부는 그때까지 서방과 동떨어진 대륙으로 남아 있던 호주를 유럽과 아메리카로 연결한 이들의 업적을 기리기 위해 시드니공항의 이름을 '킹스포드 스미스 시드니국제공항'으로 변경했다.

시드니국제공항 진입로에 세워져 있는 공항 표지석

•

전파 항법과 위성 항법의 출현

추측 항법은 전문적 지식과 경험을 갖춘 항법사조차도 편류량을 정확히 계산하기 어렵고 계산에 많은 시간이 소요된다. 그럼에도 불구하고 추측 항법은 낮은 고도로 지형지물을 참조해 비행하던 초기 비행기들의 운항에 는 큰 문제가 되지 않았기 때문에 한동안 보편적인 항법으로 사용되었다.

두 차례의 세계대전은 비행기의 성능과 함께 항법 시스템도 비약적으 로 발전시켰다. 2차 세계대전 중 연합군과 독일은 주야를 가리지 않고 상 대방의 주요 산업 시설과 도시를 공습했는데, 야간 공습의 목적은 시설의 파괴보다 시민들의 두려움을 극대화시켜 전쟁 의지를 꺾기 위해서였다. 그러나 전선의 지형에 익숙하지 않은 조종사들은 정확한 목표를 찾지 못 하고 엉뚱한 마을에 폭탄을 투하하는가 하면 전투 중인 아군의 주둔지를 폭격하는 일까지 있었다.

전쟁이 장기화될 조짐을 보이자 공중 항법의 혁신이 전쟁의 승패를 좌우할 것으로 판단한 영국과 미국은 1940년 전파를 이용해 자동으로 위치를 계산하는 항법 시스템을 고안해 냈다. 로란(LORAN, Long Range Navigation)으로 명명된 이 장거리 내비게이션 시스템은 두 곳의 지상 송신국에서 보내는 무선 펄스의 도달 시간 차를 백만 분의 1초 단위로 측정해 비행기의 위치를 자동으로 계산해 주는 획기적인 항법 시스템이었다.

로란은 지상 송신국과 수백 킬로미터 떨어진 곳에서도 오차가 수십 미터에 불과할 정도로 정확했다. 비행 중인 조종사가 일일이 위치를 계산할 필요도 없었다. 로란과 현대 GPS와의 차이는 GPS가 위성에서 전파를 보내는 데 비해 로란은 지상의 송신국에서 전파를 발사한다는 것뿐이었다.

로란을 가진 연합군의 항공기들은 임무가 끝난 후 항공 모함의 위치를 단번에 파악해 가장 짧은 경로로 귀환할 수 있었기 때문에 공중 작전을 수행할 수 있는 체공시간이 길어졌다. 또 무게의 제한을 많이 받았던 장거리 폭격기들도 기지로 복귀하는 데 소요되는 연료량을 최소화할 수 있어 그만큼의 폭탄을 더 탑재할 수 있었다.

무엇보다 로란의 가장 큰 장점은 조종사의 계산 없이 정확한 위치 정보를 자동으로 제공한다는 점이었다. 전쟁 중 24시간 가동되는 군수 공장에서 비행기는 끊임없이 생산할 수 있었다. 반면 조종사들은 하루에 수백 명씩 죽어 나갔는데 전적으로 조종사들이 충분히 훈련받지 못한 채로 작전에 투입되었기 때문이었다.

로란이 개발되기 전까지 조종사들이 사용하던 추측 항법은 상당한 전문 지식과 경험을 필요로 했다. 그러나 전천후 군사작전이나 장거리 항법

로란 시스템 개요도

경험이 없는 조종사들에게 추측 항법은 너무나 복잡했다. 이런 상황에서 즉각적으로 위치를 알려주는 로란이 제공되자 연합군은 돌아오지 않는 수만 명의 조종사들을 곧바로 신규 조종사들로 대체할 수 있었다. 로란의 성능에 확신을 얻은 미국은 제2차 세계대전이 종료되기 전까지 알래스카를 포함해 태평양 연안을 중심으로 무려 72개의 로란 송신국을 구축했다.

1945년 제2차 세계대전은 제공권을 장악한 연합군의 승리로 종료되었다. 그러나 얼마 지나지 않아 이번엔 미소 간의 냉전 시대가 시작되었다. 미국은 전 세계 어느 곳에서나 소련의 군사행동에 대해 즉각적이고 신뢰할 수 있는 대응력을 갖고 싶어 했다. 미국은 지형과 날씨의 제한을 받는 로란 대신 전 세계 어느 곳에서나 정확한 위치 정보를 얻을 수 있는 항법 시스템을 구축하는 GPS 개발 프로젝트를 가동했다.

1995년 미국은 2만 킬로미터 상공에 24개의 인공위성을 띄워 여기서 보내는 신호로 전 세계 어느 곳에서나 고도로 정밀한 위치 정보를 얻을 수 있는 GPS를 완성했다. 설계 초기 GPS의 목적은 전적으로 전 세계 어느 지점으로든 정확히 탄도미사일을 발사할 수 있는 미 핵잠수함의 항법과 정밀 폭격을 위해서였다.

오늘날 GPS는 지상과 공중의 내비게이션뿐만 아니라 셀룰러 통신, 금융 네트워크, 철도와 해상교통 등 정밀한 시간 동기화를 필요로 하는 대부분의 사회기간망에 활용된다. 사실상 지구상의 모든 국가적 산업 시설이 GPS의 타이밍 기능에 의존하고 있는 것이다.

그러나 GPS를 개발한 미국은 언제든 특정 국가의 GPS 신호를 선택적으로 거부하거나 성능을 저하시킬 수 있다. 실제로 미국은 1999년 인도와 파키스탄 간에 발생한 카르길 전쟁에서 이 능력을 증명해 보였다. 인도 정부가 파키스탄에 탄도미사일 공격을 계획하고 있는 것을 탐지한 미국은 국제전으로 확전되는 것을 막기 위해 인도의 GPS 접근을 차단했다. 그 결과 카르길 전쟁은 탄도미사일과 정밀한 공습이 없는 재래식 육상 전투 위주로 전개되었다.

전쟁이 끝나자마자 인도는 미국의 GPS에 의존해 온 자국의 전략 시스템을 개선하기 위해 IRNSS라는 자체 위성 항법 시스템 구축에 돌입했다. 미국이 특정 지역의 GPS를 차단하는 것을 목격한 다른 국가들도 서둘러 기존의 자체 위성 항법 시스템을 개선하거나 개발하기 시작했다.

현재 러시아는 미국이 GPS 프로젝트를 기획하던 시기부터 자체적으로 개발한 글로나스GLONASS를 운영하고 있으며, 유럽연합 역시 독자적인 글로벌 위성 시스템인 갈릴레오Galileo를 갖추고 있다. 글로나스와 갈릴레오는 미국의 GPS가 중단되거나 차단될 경우 즉각적으로 GPS를 대체해 위치 정보를 제공할 수 있다. 중국도 35개의 위성을 기반으로 하는 베이더우시스템의 완성을 눈앞에 두고 있다.

태평양 상공의 아우토반, 북태평양 항로

GPS가 출현한 이후 항공기들은 정확히 항로 중심선을 비행하게 되었다. 같은 항로상에서 항공기들은 수직으로 300미터 내지 600미터 간격으로 분리되어 서로 마주 보며 비행을 하는데, GPS가 주 항법 장비가 된 후 조종석에 앉아 정면으로 날아오는 비행기를 보면 바로 머리 위나 발 아래를 지나가는 것처럼 아슬아슬하게 느껴진다. 모든 비행기들이 항로의 정중앙을 비행하게 된 것이다.

동일한 항로를 비행하는 항공기들은 자동화된 관제 시스템에 의해 적절한 수직 분리가 제공되지만, 시속 천 킬로미터가 넘는 상대 속도로 마주 오는 제트비행기들에 300미터라는 수직 분리는 그야말로 눈 깜짝할 사이에 충돌할 수 있는 거리다.

항로상에서 300미터 수직 분리로 교차하는 항공기들

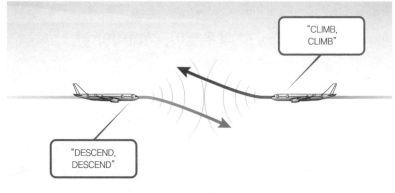

TCAS 개요도

이런 제트여객기들의 공중 충돌을 방지하기 위해 현대의 비행기들에는 충돌경고시스템(TCAS, Traffic Collision Avoidance System)이 장착되어 있다.

오늘날 모든 여객기는 필수적으로 TCAS를 장착해야 한다. TCAS가 없는 항공기들은 아예 다른 국가의 영공에 진입조차 하지 못한다. TCAS가 장착된 비행기는 서로의 위치와 고도 정보를 자동적으로 주고받으며 상대 항공기가 20~48초의 거리 안으로 들어오면 자동 음성 경고("TRAFFIC, TRAFFIC")가 발령된다. 충돌이 15~35초 이내로 임박하면 TCAS는 조종사에게 상승("CLIMB, CLIMB") 또는 강하("DESCEND, DESCEND")를 지시하는데 이때 조종사는 즉시 자동조종장치를 해제하고 TCAS의 지시에 따라 회피 기동을 한다.

TCAS 회피 기동의 요령은 '신속하고 부드럽게' 하는 것이다. 비행 중 실제로 TCAS가 울리는 흔한 예는 복잡한 공역에서 관제사의 허가 없이 뇌우를 피하는 경우다. 일부 조종사들이 불필요한 교신을 하는 사이에 뇌우를 회피해야 하는 항공기들이 관제사와의 교신 타이밍을 잡지 못하고 일단 먼저 뇌우를 회피하다 TCAS가 발령되는 것이다. 이렇게 복잡한 관

제공역에서는 관제사와 인사를 나누는 것조차도 다른 항공기에 위험을
초래한다.

조종사들은 매년 시뮬레이터로 TCAS를 이용해 공중 충돌을 회피하는
훈련과 심사를 받는다. 숙련된 조종사의 TCAS 회피 기동은 승객들이 전
혀 인지하지 못하는 사이에 이뤄진다.

천문 항법과 추측 항법이 주를 이루던 1970년대까지 대양을 횡단하는
비행기의 조종실에는 조종사 외에도 항법사와 항공기관사가 탑승하고
있었다. 항법사의 역할은 현재의 위치와 비행기가 진행해야 할 방위각을
계산하는 것이었고 항공기관사는 엔진과 조종실 시스템을 담당했다. 그
러나 로란과 GPS와 같은 자동 항법 시스템이 출현하면서 항법사가 필요
없게 되자 조종실에는 기장과 부기장 그리고 항공기관사만 남게 되었다.
클래식 점보(B747) 이후의 현대 비행기는 항공기관사조차 퇴역하고 기장
과 부기장, 단 두 명의 조종사가 조종과 항법, 엔진을 비롯한 시스템 관리
업무를 모두 수행한다.

매일 수백 대의 비행기가 아시아에서 북미로, 또 북미에서 아시아로
태평양을 횡단한다. 북태평양 공역을 관할하는 항공 당국은 비행기들이
항로상에서 서로 겹치지 않도록 고도와 간격을 분리해 비행계획을 인가
한다. 조종사들은 대략 비행기가 출발하기 2시간 전에 통제실로부터 비
행계획서를 제공받지만 실제 비행은 이 비행계획서대로 이루어지지 않
는다. 일단 항공기가 이륙하고 나면 조종사는 관제사로부터 다른 항공기
와의 분리나 공역 제한을 충족하기 위해 항로나 고도 변경을 끊임없이 지
시받는다.

북태평양을 횡단하는 대표적인 항로는 NOPAC(북태평양 항로)이다.

NOPAC 항로는 태평양 상공의 고속도로다. 하루에만 수백 대의 항공기가 이 NOPAC 항로를 통해 태평양을 건넌다. 이 중 60퍼센트가 일본을 오가는 비행기들이고 나머지는 우리나라와 중국, 동남아로 운항하는 항공기들이다. NOPAC 항로를 관할하는 미국과 일본의 관제 당국은 위성을 이용해 항공기를 실시간으로 감시하며 항로의 흐름을 관리한다. 항공교통이 혼잡해지면서 NOPAC 항로의 항공기들 간 거리는 과거 15분 간격에서 현재 6분 간격으로 축소되었다. 조종사에게 그만큼 더 정밀한 항법이 요구되는 것이다.

NOPAC 항로상의 항공기들은 서로 적절한 간격을 유지해야 하기 때문에 비상상황을 제외하고는 항상 정해진 고도와 속도로만 비행해야 한다. 2000년대 초반까지만 해도 조종사들은 대양 비행 중 구름이 솟아올

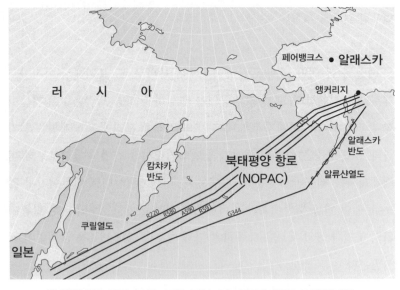

북태평양 항로. R220, R580, A590, R591, G344의 5개 항로로 구성되어 있다.

라 있으면 살짝 항로를 벗어나 구름을 회피하기도 하고 터뷸런스와 조우하면 임의로 속도를 줄여가며 비행했다. 그러나 지금은 속도와 고도, 방향 등 모든 비행 정보가 초 단위로 관제 당국에 자동 전송되기 때문에 잠깐 동안의 경로 이탈도 일절 허용되지 않는다.

장거리 비행에서 연료를 많이 실으면 그만큼 승객과 유상 화물 탑재량을 줄여야 하기 때문에 비행기에는 그날의 비행에 필요한 만큼의 연료와 일정량의 예비 연료만 실려 있다. 제한된 연료를 싣고 가는 조종사들은 비행 중 계획된 연료보다 연료 소모량이 커지면 민감해질 수밖에 없다. 제트항공기는 무게와 기상 조건에 따라 연료를 가장 덜 소모하는 최적 고도가 있는데, 태평양 항로를 비행하는 모든 조종사들은 서로 이 고도를 차지하기 위해서 경쟁적으로 관제사에게 고도를 요청한다. 선행기가 먼저 최적 고도를 인가받으면 뒤따르는 항공기는 미 본토에 진입할 때까지 연료를 더 쓰면서 비행할 수밖에 없다. 기장이 항공기 간 교신 주파수를 통해 앞 비행기에 언제쯤 더 높은 고도로 올라갈 것인지 묻는 것은 웬만하면 고도를 좀 비워달라는 은근한 압력(?)이다.

비행 중 인가받은 항로와 고도를 유지하는 것은 조종사의 절대적인 책임이다. 상대속도가 시속 2,000킬로미터를 넘는 항공기 간의 공중 충돌은 말 그대로 스치기만 해도 치명적인 결과를 초래한다. 할당받은 항로와 고도를 유지하는 것은 조종사가 절대적으로 책임져야 할 안전 운항의 전부라고 해도 과언이 아니다.

GPS와 자동 비행 시스템은 빠르게 움직이는 비행기에서 위치와 방향을 계산해야 하는 조종사의 업무로드를 혁신적으로 줄여주었지만 그만큼 항로의 폭과 비행기 간의 간격도 줄여놓았다. 현대의 조종사들은 비행기의 발전으로 줄어든 업무로드만큼 항법도 더 정밀해져야 한다.

•

"WHEN IN DOUBT, LOOK OUTSIDE"

비행기의 출현으로 사람들은 비로소 지구를 관념이 아니라 실체적 존재로 인식할 수 있게 되었다. 하늘 위에서 지구를 내려다보면 누구나 지상에서의 관심과 고민에 빠져 있던 자신을 한 걸음 떨어진 객체로 볼 수 있게 된다. 오밀조밀 성냥갑처럼 붙어 있는 아파트 건물을 내려다보면 저 작은 공간에서 아무것도 아닌 일로 아등바등 다투던 어제의 내 모습이 마치 영화 속 장면을 보는 것처럼 객관화된다.

GPS가 출현하기 전까지 사람들은 창밖으로 스쳐 가는 도시의 조형물과 자연을 보며 운전을 했다. 간혹 길을 잃으면 운전석 위의 나침반이나 해가 어느 쪽에서 비추고 있는지를 보고 대략적인 방향을 잡아가며 이정표가 나올 때까지 길을 찾아갔다. 드라이브는 새로운 경치와 길을 찾아가는 즐거운 경험이었고 낯선 사람을 조금씩 알아가는 것 같은 신선한 두근거림이었다.

그러나 GPS가 출현하자 드라이브는 단순히 자동차의 핸들을 조작하는 일이 되어버렸다. 사람들은 창밖의 경치와 이정표를 보며 목적지를 찾아가는 대신 내비게이션의 기계음을 따라 무작정 핸들을 돌리게 되었고, 그렇게 무작정 달리다 길이 끊어진 제방 아래로 처박히는 어처구니없는 사고까지 일어났다.

비행도 마찬가지다. GPS는 비행의 속성과 방식을 급격히 바꾸어 놓았다. 별을 따라 방향을 잡고 폭풍우를 피해가며 대양을 건너던 시대와 같은 불확실성과 모험은 사라지고 조종사들은 GPS가 보여주는 계기판의 화면을 따라 비행하기 시작했다. 밖을 보고 비행하던 조종사들이 조종실의 계기에 매몰되기 시작한 것이다.

현대의 조종사는 비행을 시작하기 전에 목적지까지 가는 항로상의 고도와 바람, 태풍, 화산 활동 등 운항과 관련된 모든 정보를 제공받는다. 조종사가 계획된 항로를 조종실의 컴퓨터에 입력하면 비행기의 자동 비행 기능은 미리 입력된 항로를 따라 스스로 비행할 수 있는 기능을 갖고 있다. 만약 모든 비행이 계획대로만 진행된다면, 그리고 비행 중 비행기 시스템이 완벽한 상태로만 유지된다면 조종사는 더 이상 비행기에 앉아 있을 필요가 없을지도 모른다.

그러나 조종사가 사전에 제공받는 비행 자료는 지름이 수백 킬로미터에 달하는 기단의 배치나 제트기류의 흐름과 같은 범지구적 차원의 정보들이다. 조종사는 이 정보를 토대로 항로상에서 맞닥뜨릴 대략적인 상황과 전략을 머릿속에 넣어두고 비행을 시작한다. 그러나 일단 비행기가 이륙하고 나면 계획된 대로 이루어지는 비행은 한 편도 없다. 구름도 제트기류도 없는데 누군가 비행기 꼬리를 툭 친 것처럼 비행기가 흔들리고 배정받은 고도는 이미 다른 항공기가 차지하고 있다. 자연의 우연성은 크고 작은 돌발 상황들을 끊임없이 만들어 내며, 이러한 것들은 인간의 논리로 영원히 체계화할 수 없는 것들이다.

목적지가 가까워질수록 비행은 점점 더 정밀해진다. 이때부터 비행은 조종사의 오감으로 받아들인 정보를 토대로 직관적인 판단을 필요로 한다. 공항 도심에 진입하면 조종사는 주변 비행기의 흐름을 분석해 활주로까지 예상 경로를 머릿속으로 그려가며 비행기의 에너지를 통제한다. 비행기가 활주로의 연장선상에 진입하면 GPS는 더 이상 의미가 없다. 착륙은 조종사의 눈과 귀, 팔다리의 근육을 사용해 비행기를 내 몸처럼 조작하는 행위다. 이러한 비행의 아날로그적인 속성은 조종사가 느끼는 비행의 즐거움과 성취감의 본질이기도 하다.

비행의 본질은 정확한 항법이다. 항법의 실패는 비행의 실패를 뜻한다. 디지털 기술은 비행의 방식을 급격하게 바꿔놓았고, 분석과 판단 없이도 즉각적으로 주어지는 정보들 덕분에 조종사들은 더 이상 위치와 방향을 고민하지 않게 되었다. 이렇게 비행이 자동화되는 것은 긍정적인 면도 있지만 조종사에게 생각하고 분석하는 습관과 능력을 빼앗아 가고 있다는 사실도 부정할 수 없다.

"When in doubt, Look outside"라는 오랜 비행 격언은 GPS가 주 항법 시스템이 된 지금도 여전히 유효하다. 비행은 화면 속의 비디오 게임이 아니라 살아 움직이는 거대한 자연과 대면하는 현실이다.

조종사는 GPS의 안내에 따라 비행기의 자동 장치를 조작하는 오퍼레이터operator가 아니다. 에어라인 조종사는 어떤 상황에서도 목적지까지 비행기와 승객의 안전을 책임져야 한다. 린드버그와 스미스, 울름이 그랬던 것처럼 조종사는 자신의 지식과 경험을 끊임없이 발전시켜야 하며, 그런 부단한 노력만이 인간이 통제할 수 없는 자연의 우연성을 상대로 승객의 절대 안전을 지켜낼 수 있다.

제트기류와
비행

제트기류는 비행기가 순항하는 9천~1만 2천 미터 상공에서 서에서 동으로 빠르게 흐르는 좁고 구불구불한 기류다. 극지방의 대기는 차갑고 밀도가 높은 반면 적도 부근의 대기는 상대적으로 뜨겁고 밀도가 낮다. 이렇게 밀도가 다른 두 개의 기단이 만나면 경계면에서의 압력 차이로 '공기의 흐름'이 만들어진다. 이 공기의 흐름은 지구의 자전에 의

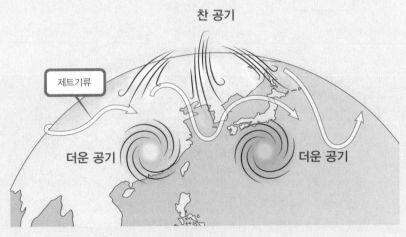

제트기류의 생성과 흐름

해 편향되어 두 기단의 경계를 따라 흐르는데 이것이 제트기류다. 극지방과 아열대 지방의 대기 온도 차이가 겨울철에 가장 크기 때문에 제트기류는 겨울철에 가장 강하다.

제트기류는 제2차 세계대전 중 연합군에 의해 발견되었다. 미국에서 대서양을 건너 영국으로 날아가던 비행기들이 시속 160킬로미터를 초과하는 일관된 서풍을 만난 것이다. 1944년 제트기류를 거의 완벽히 분석한 미국의 기상 팀은 괌에서 일본을 향해 출격한 비행기의 속도가 얼마나 느려질지 거의 정확하게 예측했다.

현대의 여객기도 제트기류의 영향을 절대적으로 받는다. 특히 태평양 횡단 비행처럼 지구를 동서 방향으로 비행하는 경우에는 항로의 선택이 비행시간과 연료 소비량을 좌우한다. 항공사의 통제센터는 전문 항공기관에서 받은 제트기류 정보를 토대로 해당 공역을 관할하는 항공 당국에 그날의 가장 경제적인 비행경로를 요청한다.

기종에 따라 약간씩 차이는 있지만 대개 서울에서 로스앤젤레스로 가는 비행시간은 대략 10시간 내외다. 그러나 서울로 돌아오는 비행은 통상 12시간이 넘는데 이는 순전히

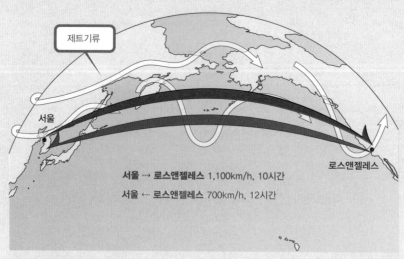

제트기류

서울

로스앤젤레스

서울 ⋯▶ 로스앤젤레스 1,100km/h, 10시간

서울 ◀⋯ 로스앤젤레스 700km/h, 12시간

2019년 10월 3일 시속 300킬로미터가 넘는 북태평양 횡단 제트기류. 동쪽으로 비행할 때는 제트기류 덕분에 비행시간이 크게 단축된다.

제트기류 때문이다.

시속 200킬로미터의 제트기류가 부는 날, 지상속도가 시속 900킬로미터인 비행기가 로스앤젤레스로 비행할 때는 제트기류를 타고 시속 1,100킬로미터가 되지만, 반대로 서울로 돌아올 때는 맞바람 때문에 시속 700킬로미터밖에 되지 않는다. 반면 시드니 비행과 같이 태평양을 남북으로 종단하는 경우에는 제트기류의 영향을 받지 않기 때문에 왕복 비행시간에 큰 차이가 없다.

7
아마추어와 프로,
그 보이지 않는 차이

뛰는 자 위에 생각하는 자

현역 시절 배트를 한 손으로 잡고도 3할을 친다던 야구 선수가 있었다. 은퇴 후 잠시 휴식 기간을 가진 그는 곧 TV 프로야구 중계의 해설자로 등장했다. 3 대 2로 팽팽한 접전이 계속되던 7회 말, 경기를 리드하던 팀의 타자가 큼직한 안타성 타구를 날리자 상대 팀의 외야수는 절묘한 다이빙 캐치로 공을 잡아냈다. 장내에는 커다란 박수 갈채가 터져 나왔다.

"정말 멋진 호수비가 나왔습니다. 이런 다이빙 캐치 하나가 경기의 흐름을 바꿀 수도 있을 것 같은데 어떻게 보십니까?"

아나운서는 맞장구를 기대하며 해설자를 바라보았다. 그러나 해설자는 아나운서의 설명을 거들기는커녕 "참 어렵게 플레이를 하네요"라며 심드렁한 한마디를 내뱉을 뿐 더 이상 아무 말도 하지 않았다.

공수가 바뀌고 2사 만루의 기회가 오자 상대 팀의 감독은 작전 타임을 부르고 대타를 내보냈다. 풀카운트에서 몸 쪽 스트라이크 볼이 들어오자 타자는 기다렸다는 듯 방망이를 휘둘렀다. 그러나 높이 떠오른 볼은 담장 앞에 서 있던 외야수의 글러브 속으로 그대로 빨려 들어갔다. 관중은 아쉬운 탄식을 내뱉었다.

"아, 아까운 기회를 평범한 플라이로 날려버리고 마는군요."

아나운서는 또 해설자를 쳐다보았다. 그러나 이번에도 해설자는 "정말 멋진 플레이가 나왔네요. 타격도 훌륭했지만 보기 드문 명수비를 청찬하지 않을 수가 없습니다" 하고 오히려 타자와 수비수를 극찬했다.

중계를 보던 시청자들은 아나운서와 해설자의 엇갈린 해설에 혼란스러웠다. 두 사람이 호흡이 맞지 않는 것을 넘어 이전부터 서로 안 좋은 사이라는 소문이 돌았고 일부 시청자들은 해설자가 아나운서를 골탕 먹이려고 일부러 어깃장을 놓는다며 그의 해설 태도를 비난했다. 야구 천재라고 극찬을 받던 해설자는 논란과 비판 속에 얼마 안 가 야구 중계를 그만두었다.

수년이 지난 후 해설자는 한 인터뷰에서 당시의 상황을 이렇게 설명했다.

"프로 선수들의 플레이에는 일반인의 눈에 잘 보이지 않는 부분이 있습니다. 당시 외야수의 다이빙 캐치는 타자가 공을 때리기 전까지 제자리에 서 있다가 볼이 날아오는 것을 보고 열심히 뛰어가 잡은 것입니다. 투수와 타자의 플레이를 읽지 못하고 일차원적인 수비를 한 것이죠. 이런 수준의 플레이는 자칫 공을 놓칠 수도 있습니다. 반면 제자리에 서서 날아오는 공을 잡은 것처럼 보였던 선수는 경기의 흐름과 투수의 볼 배합을 읽고 미리 수비 위치를 옮겨 가 있었습니다. 타자가 우중간으로 당겨 칠 것을 예측한 것이거든요. 타격도 절묘했지만 수비는 정말 칭찬하지 않을 수 없는 멋진 플레이였습니다."

그에게 야구는 단순히 공을 때리고 달리는 신체 능력을 겨루는 경기가 아니라 경기의 흐름과 상대의 공수 전략을 분석하고 전략을 짜는 두뇌 플레이였다. 그러나 눈에 보이는 화려한 타격과 절묘한 다이빙 수비에만 열광하는 아마추어 수준의 관중과 아나운서에게 그의 해설은 편안하게 들리지 않았다. 해설자로서의 그의 수명도 오래가지 못했다.

비행도 이와 비슷하다. 언론에 나오는 온갖 항공사고의 배경에는 일반인들은 물론 항공사에 근무하는 사람들에게도 잘 보이지 않는 진짜 스토리가 숨어 있다. 그 진실은 들어도 쉽게 이해되지 않을 수 있고, 이해가 되어도 편안하게 받아들여지지 않을 수도 있다.

2012년 개봉되었던 영화 〈플라이트〉에서 덴젤 워싱턴은 완벽한 조종 스킬을 가진 휘태커 기장으로 등장한다. 휘태커 기장은 조종석에 앉기 직전까지 방탕한 시간을 보내다가 조종석에 앉으면 펄펄 나는 비행의 신이 된다. 폭풍우가 몰아치는 활주로를 보란 듯이 이륙해 적란운 사이로 비행기를 조종하는 휘태커 기장에게 객실에 앉아 있는 승객들은 감동의 박수를 보낸다.

하지만 실제 상황에서 이런 비행은 할 수도 없고 해서도 안 되는 위험천만한 비행이다. 공항 주변에 솟아오른 뇌우를 뻔히 보고도 그 사이로 이륙한다는 것 자체도 터무니없는 것일 뿐 아니라, 비행 상황에 대해 관제사에게 거짓 보고를 하라고 부기장을 압박하는 행위도 있을 수 없는 일이다.

●

반응적Reactive, 선제적Proactive, 예측적Predictive

국제민간항공기구에서 발행한 안전관리매뉴얼에는 프로페셔널 조종사의 안전 관리 수준을 반응적, 선제적, 예측적 수준의 세 단계로 구분한다. 가장 낮은 단계인 반응적 수준Reactive Level은 한 손으로 배트를 잡고도 3할을 친다는 해설자가 비판했던 수비처럼 상황 분석이나 전략 따위는 없이 타자가 공을 때리면 날아가는 공을 보고 열심히 쫓아가 잡는 수준의 조종사를 말한다. 영화 속 휘태커 기장이 출발 경로의 기상 분석도 없이 무작정 이륙해 눈에 보이는 구름을 요리조리 피해 가는 것이 이 수준의 비행이다.

적란운 속에는 비행기를 구조적으로 손상시키거나 추락시킬 정도로 강한 뇌전과 터뷸런스가 존재한다. 승객을 태운 에어라인 조종사는 어떤 경우에도 비행기를 그 안으로 몰고 들어가서는 안 된다. 설령 적란운 속으로 들어간 비행기가 무사히 구름을 빠져나왔다고 하더라도 이는 단지 운이 좋았던 것일 뿐 조종사의 실력이 만들어 낸 결과는 아니다. 신체적 능력에만 의존하는 선수의 플레이가 당일의 컨디션이나 경기장 상태에 많은 영향을 받는 것처럼, 조종 기술에만 의존하는 반응적 수준의 비행은 외부 조건에 따라 항공기와 승객을 위험에 빠뜨릴 수도 있다.

반응적 수준의 차상위 레벨인 선제적 수준Proactive Level은 앞으로 닥칠 위험 요소를 조종사가 미리 인지하고 선제적으로 대응하는 수준을 말한다. 선제적 수준의 조종사는 비행기에 장착되어 있는 기상레이더와 육안 관찰을 통해 항로상에 솟아오른 적란운의 형태와 강도를 분석해, 진입해서는 안 될 정도로 위험한 뇌우로 판단되면 관제사에게 미리 항로 변경을 요청한다. 이런 선제적 수준의 비행이 에어라인 조종사에게 요구되는 최소한의 레벨이다.

2006년 6월 제주공항을 출발해 김포공항으로 가던 한 여객기가 뇌우

레이돔이 떨어져 나간 채 착륙한 사고 항공기. 항공철도사고
조사위원회 사고조사보고서

속으로 들어가 기체 전방의 레이돔Radome이 떨어져 나가고 조종실 방풍창Windshield이 박살 나는 사고가 발생한 적이 있었다. 이 비행기의 기장은 조종실 창밖이 전혀 보이지 않는 상태에서 김포공항에 착륙했고 비행기에 타고 있던 200여 명의 승객과 승무원들은 모두 무사했다. 활주로를 전혀 볼 수 없는 상태에서 수동 비행으로 안전하게 착륙한다는 것은 경험이 많은 에어라인 조종사도 감탄하지 않을 수 없는 신기에 가까운 조종 실력이다.

사고 직후 해당 항공사는 조종사들에게 사내 최고 포상을 수여했다. 그러나 사고 경위를 조사한 항공철도사고조사위원회는 조종사가 뇌우 속으로 들어간 것 자체에 문제가 있다고 발표했다.

사고조사위원회는 조종사가 비행기에 장착된 레이더의 반향을 제대로 분석하지 않아 뇌우의 심각성을 간과했고, 다른 비행기들과는 달리 바람이 불어오는 반대 방향으로 비행함으로써 바람에 밀려내려 온 뇌우에 진입해 사고가 발생했다고 발표했다. 또 뇌우 속에 들어간 후 심한 터뷸런스 상황에서 오히려 비행기의 속도를 증속시켜 비행기의 구조적 손상이 악화되었다고 지적했다.

사고조사위원회가 지적한 것은 해당 편의 조종사들이 당일 같은 항로를 비행한 다른 비행기들처럼 뇌우를 사전에 분석해 적절히 회피하지 않

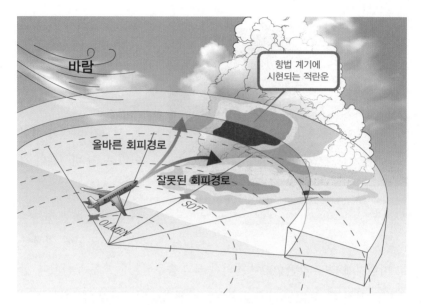

적절한 뇌우 회피 경로. 뇌우를 회피할 때에는 바람이 불어오는 쪽으로 회피해야 한다.

았다는 것, 즉 선제적이지 못했다는 것이었다. 극한 상황에서 우수한 조종 실력으로 안전하게 착륙한 것은 맞지만, 적란운을 분석해 사전에 회피한 다른 비행기들과는 달리 극한 상황으로 비행기를 몰고 들어간 자체에 문제가 있었다는 결론이었다.

조종사로서 가장 높은 안전 관리 수준은 예측적 수준Predictive Level이다. 예측적 수준은 프로 선수가 경기의 흐름을 읽고 상대 팀의 전략과 선수들의 특성을 파악해 예측적인 플레이를 하는 것처럼, 기상이나 항로 상황, 비행기 상태 등에 대한 정보를 분석해 앞으로 벌어질 상황을 예측하고 대비하는 비행을 말한다.

인천공항처럼 민감한 군사 공역과 인접해 있거나 항로가 복잡하게 얽혀 있는 공역에서는 이륙 직후 항로 변경을 요청해도 관제사가 이를 허가할 수 없다. 휴전선과 인접한 서울 상공에서 뇌우를 피하겠다고 북쪽으로 넘어가거나 청와대 상공으로 비행할 수는 없는 것이다. 이런 경우 출발 경로상의 뇌우를 회피할 전략을 미리 세워놓지 않고 이륙한 비행기는 꼼짝없이 뇌우 속으로 들어가야 한다.

경험이 많은 기장들은 이륙 전 주변의 날씨뿐 아니라 공역의 상황까지 분석한다. 타이베이 공역에 태풍이 발달해 있으면 중국 영공 쪽으로는 회피 허가를 받을 수 없기 때문에 더 멀리 돌아가더라도 태평양 쪽으로 회피해야 한다. 태풍의 크기와 위치에 따라 태평양 쪽으로 멀리 회항할 계획이면 출발 전에 그만큼의 추가 연료를 미리 탑재해야 한다. 그러지 않으면 연료가 부족해 아예 회항을 해야 하는 상황이 발생할 수도 있다. 만약 뇌우가 승객과 항공기의 안전을 위협할 정도로 심각하다고 판단되면 기장은 지상에서 미리 출발 항로의 변경을 요청하거나 아예 출발 자체를 늦추어야 한다.

이런 예측적 수준의 비행을 하려면 전문적 지식과 경험은 물론, 커머셜 프레셔에 흔들리지 않는 단호한 지휘력commandability을 갖추고 있어야 한다. 항공사의 기장이 되기 위해서 법적으로 수천 시간 이상의 조종석 시간이 요구되는 것도 단순히 비행기를 조종하는 스킬만으로는 승객과 비행기의 안전을 보장할 수 없기 때문이다. 오랜 임상 경험을 가진 전문의가 환자의 상태를 정확히 판단해 가장 적절한 처방을 내리는 것처럼, 조종사 역시 많은 비행 경험을 통해 비행과 관련된 모든 지식과 기술이 완전히 내면화되어야 비로소 기장의 자격을 갖출 수 있다.

대부분의 동양권 항공사는 비행 중 규정과 절차를 가장 우선시한다.

조종실에서 수행하는 모든 업무를 단계별 절차로 만들어 기장과 부기장이 마치 약속 대련을 하는 것처럼 비행을 하는 것이다. 반면 서구에서는 비행에서 가장 중요한 것은 비행기를 운용하는 인간, 즉 조종사의 논리적 사고와 판단력이라고 생각한다. "항상 비행기에 앞서 가라(Stay ahead of airplane, always)"라는 서양의 비행 격언은 비행의 속성이 절차를 암기하는 것이 아니라 연속적인 상황 인식과 판단이라는 것을 말하고 있다.

물론 모든 비행이 항상 예측대로 전개되지만은 않는다. 조종사에게 제공되는 날씨나 항공기 상태, 공역의 상황 등 모든 비행 자료는 어디까지나 예측일 뿐이며, 비행은 항상 인간이 통제할 수 없는 돌발적 변수 속에서 진행된다. 이륙 직후 엔진 블레이드가 떨어져 나가거나 갑자기 날아오른 기러기 떼와 충돌하는 것까지 모두 예측할 수 없다. 이처럼 예측할 수 없는 돌발적 비상상황에서도 조종사는 즉각적인 대응 능력을 갖추고 있어야 한다. 이런 즉각적 대응 능력을 유지하기 위해 에어라인 조종사는 매년 시뮬레이터로 비상상황에 대한 훈련과 심사를 받는다. 시뮬레이터 심사는 법적으로 1년에 한 번만 받으면 되지만 대부분의 항공사는 6개월마다 심사를 한다. 심사 결과 불합격 판정을 받으면 그 조종사는 즉시 항공 업무에서 배제되며 2차 심사에서도 통과하지 못할 경우 파면된다.

•

파리 인간을 찾아라

조종사가 특정한 비행기를 조종하기 위해서는 비행기 타입별로 별도의 자격을 받아야 한다. 예를 들어 B747-400을 수천 시간 조종한 경력이 있는 조종사도 A330 비행기를 조종하기 위해서는 다시 A330 기종을 운항할 수 있는 자격을 별도로 받아야 한다.

초대형 여객기의 유형 등급을 받기 위해 한 시간에 수십 톤의 연료를 써가며 훈련한다는 것은 경제적으로 비효율적일 뿐만 아니라 현실적으로도 불가능하다. 대형 여객기가 이착륙을 반복 연습할 수 있는 공항도 없다. 실제로 대형기의 이착륙 성능을 시험하거나 연습할 수 있는 활주로를 갖추고 있는 곳은 에어버스나 보잉사 정도뿐이다.

자격을 갖추지 않은 의사가 환자를 상대로 의료 행위를 연습할 수 없는 것과 마찬가지로 승객이 탄 비행기로는 조종 훈련을 할 수 없다. 정기편 운항 중 교관과 함께 비행을 하는 수습 조종사들은 이미 그 기종의 조종 자격을 획득한 조종사들이다. 이들이 승객이 탑승한 비행기에 교관과 함께 타는 것은 훈련이 아니라 경험이 풍부한 교관 기장과 일정 기간 노선 경험을 쌓는 것일 뿐이다.

오늘날 대형 여객기의 조종사 훈련과 심사는 모두 시뮬레이터에서 이루어진다. 20세기 초 프랑스에서 위스키 술통으로 만든 최초의 모의 비행 훈련 장치가 등장한 이후 시뮬레이터는 비행기와 거의 같은 속도로 발전해 왔다. 현대의 시뮬레이터는 실제 비행기의 조종실과 완전히 동일한 시스템을 갖추고 있으며 조종석 창밖의 비주얼도 매우 사실적이기 때문에, 시뮬레이터 훈련 중 조종사는 실제 비행기와 거의 차이를 느끼지 못한다. 조종사에게 특정 비행기의 운항 자격을 훈련하고 심사할 수 있는 등급의 시뮬레이터는 국제 기준에 따라 항공 당국으로부터 그 정밀도를 인증받아야 한다.

시뮬레이터의 역사는 비행기만큼이나 오래되었다. 최초의 비행 시뮬레이터는 프랑스 최초로 비행학교를 설립한 앙트와넷Antoinette사가 1909년

1909년 앙트와넷 플라잉스쿨에서 앙트와넷 트레이너로 훈련을 받고 있는 조종사

에 개발했던 앙트와넷 트레이너였다. 앙트와넷 트레이너는 받침대에 놓인 두 개의 배럴 위에서 조종사가 3차원에서의 다양한 자세를 경험할 수 있게 만든 매우 초보적인 시뮬레이터였다.

사람은 중이(中耳) 내의 림프절 속 섬모의 움직임과 시각 정보를 통합해 공간감을 느낀다. 2차원 운동에만 익숙해 있던 사람이 처음 3차원 운동에 노출되면 대개 공간적 자세를 착각하게 된다. 조종 훈련의 기초는 이런 착각을 통제하고 3차원 공간에서 자신의 자세를 해석하는 것이다. 앙트와넷 트레이너는 전기 동력이나 유압 시스템이 없었기 때문에 조종사가 트레이너 위에 올라가면 주변에 서 있는 동료들이 수동으로 장치의 자세를 이리저리 바꿔주어야 했다.

1914년 제1차 세계대전이 발발하기 전까지 국제적으로 공인된 조종사 면허나 자격요건은 없었다. 비행의 원리와 비행기의 구조가 알려지자 기계적 지식과 기술이 있는 사람들은 너도나도 비행기를 만들어 탔다.

하늘을 나는 것은 인류의 오랜 꿈이었다. 유인 비행기가 등장하자 사람들은 누구나 조종사가 되고 싶어 했다. 초기의 선도적인 비행기 제작자들은 대부분 엔지니어들이었는데 이들은 자신들이 만든 비행기를 직접 타고 하늘을 날아다니며 조종사를 자처했다. 이런 분위기 속에서 세계대전이 터지자 많은 젊은이들이 전투기 조종사가 되기를 희망했고 국가는 그들 대부분을 조종사로 받아들였다.

충분히 훈련받지 않은 조종사들을 비행기에 태운 결과는 참혹했다. 1차 세계대전이 발발한 초기 몇 달 동안 독일군은 적기와의 공중전이 아니라 순전히 조종사의 과실로만 백 대 이상의 비행기를 잃었다. 연합군의 상황도 크게 다르지 않았다. 1차 세계대전이 끝난 후 분석한 결과, 전쟁 중 추락한 연합군 비행기의 90퍼센트는 적기의 공격과는 전혀 무관한 조종사의 조작 미숙이 원인이었던 것으로 밝혀졌다. 비행기 결함으로 인한 추락이 8퍼센트였고 공중전 중 적기의 공격에 의해 추락한 비행기는 단 2퍼센트에 불과했다.

1차 대전 당시 한 명의 조종사가 비행기로 1시간의 조종 훈련을 받는 데는 약 50달러가 소요되었다. 현재 가치로 환산하면 1,300달러라는 거금이었지만 전쟁에서 조종사는 돈으로 환산할 수 없는 필수 전력이었다. 10대가 출격하면 8대가 돌아오지 않는 상황이 계속되자 참전국들은 필사적으로 조종사 후보생의 비행 적성을 판별할 수 있는 방법을 연구했다. 초보 조종사들이 주로 3차원에서의 공간 인식에 실패해 추락한다는 것을 파악한 이탈리아는 토리노대학을 중심으로 공중 기동 스트레스에 대한 생리학적 반응을 판별할 수 있는 장비 개발에 착수했다.

처음 3차원의 공중 기동에 노출되었을 때 공간 감각을 유지하는 능력은 사람에 따라 차이가 있다. 공간 지각 능력이 약한 사람들은 공중 기동 중 멀미와 구토 증세를 보이거나 현재의 자세를 착각해 비행기를 반대로 조작한다. 실제로 1차 대전 중 훈련을 충분히 받지 못하고 출격한 많은 조종사들이 공중전 중 급격하게 변화한 비행기의 자세를 착각하고 스스로 지면으로 돌진하는 사고가 잇달았다.

이탈리아는 대학의 인체생리학 학자들과 공군 자원을 총동원해 블레리오Bleriot라는 공간 감각 훈련 장비를 개발했다. 조종사 후보생이 눈을 가린 채 블레리오에 앉으면 교관들은 블레리오를 마구 뒤흔들었고 조종사 후보생은 안대를 풀고 정해진 시간 내에 비행기의 자세를 회복해야 했다. 여기서 생리학적 부적응 증세를 보이지 않고 비행기의 자세를 척척 수평으로 맞춰내는 사람만 조종사로 선발되었다.

블레리오를 통해 선발된 조종사들은 훈련 중 이전의 조종 후보생들과

조종사의 3차원 공간 감각 능력 판별을 위해 고안된 블레리오 시뮬레이터

확연히 구분되는 성과를 보였
다. 비행 스트레스에 대한 생리
반응과 공간 감각 능력의 기초
적인 판별만으로도 비행 훈련
탈락자가 크게 줄었고 공중 기
동에 대한 적응도 상대적으로
빨랐다.

블레리오로 훈련을 한 이탈
리아 공군 조종사들의 작전 복
귀율이 거의 두 배로 향상되
자 다른 나라들도 서둘러 유
사한 장비들을 개발했다. 미국
은 곧바로 러글스 오리엔테이

1926년 러글스 오리엔테이터

터Ruggles Orientator를 개발해 연합군 조종 후보생의 비행 적성을 평가하고 공
간 감각 적응을 훈련하는 데 사용했다. 러글스 오리엔테이터는 모양만 좀
다를 뿐 작동 원리나 기능은 블레리오와 완전히 같은 것이었다.

형태는 조금 다르지만 지금도 이와 유사한 장비가 조종사의 선발과 초
기 훈련에 사용된다. 조종사들은 공간 감각 능력이 뛰어난 조종사에게 흔
히 파리fly나 곤충insect이라는 별명을 붙인다. 1차 대전 중 개발된 초기 시뮬
레이터는 모두 이런 파리 인간을 선별해 내기 위한 것이었다.

•

영웅이 된 린드버그, CEO가 된 링크

1927년 최초로 대서양을 논스톱 단독 횡단한 찰스 린드버그의 닉네임은 '럭키 린디Lucky Lindy'였다. 이 닉네임에는 그의 대서양 횡단 성공을 쾌청했던 날씨 덕분으로 폄훼하는 뉘앙스도 있었지만, 린드버그의 타고난 재능과 환경에 대한 사람들의 부러움이 내재되어 있었다.

린드버그는 1902년 미시간주 디트로이트에서 태어났다. 린드버그가 태어났을 때 변호사였던 그의 부친은 그가 4세가 되던 해에 미네소타주 의원이 되었다. 경제적으로 어려움이 없이 자란 린드버그는 위스콘신대학에 입학했지만 공부보다는 자동차와 오토바이를 좋아했다. 유인 비행기가 등장하자 린드버그는 곧바로 네브래스카로 건너가 조종사 훈련을 받았다. 1923년 첫 솔로 비행을 마친 린드버그는 대학을 그만두고 미 대륙 곳곳을 비행기로 다니며 혼자 시간을 보냈다.

1925년 미국 정부는 전쟁 중 생산된 수많은 잉여 항공기와 폭주하는 항공우편을 소화하기 위해 미 전역을 여러 개의 루트로 나누어 민간 항공사와 항공우편 위탁 배송 계약을 체결했다. 대서양 횡단에 성공해 국제적인 유명 인사가 되기 전까지 린드버그는 시카고와 세인트루이스를 오가는 로버트슨항공Robertson Aircraft. Co 소속의 항공우편 조종사였다. 당시 미국의 항공우편물은 연간 1,400만 통이 넘을 정도로 폭증하고 있었는데, 이를 처리하기 위해 항공우편 조종사들은 거의 매일 야간 비행을 해야 했다. 린드버그가 항공우편 비행을 선택한 것은 돈이 필요해서가 아니라 전적으로 다양한 지역과 기상 조건에서의 비행 경험을 쌓기 위해서였다.

린드버그는 우편비행을 시작한 지 6개월 만인 1926년 9월 16일 첫 번째 추락 사고를 겪었다. 커다란 우편 행낭 세 개를 싣고 시카고에서 이륙한 린드버그는 첫 번째 목적지인 스프링필드에 행낭 한 개를 내려놓은 후 다시 피오리아를 향해 출발했다. 그러나 이륙 후 갑자기 밀려온 짙은 안개로 지형지물을 확인할 수 없는 상태에서 연료가 다 떨어질 때까지도 착륙할 곳을 찾지 못한 린드버그는 낙하산을 메고 비행기에서 뛰어내렸다.

비행기는 그의 낙하산을 나선형으로 휘감으며 떨어졌지만 다행히 린드버그는 들판에 안전하게 착지했다. 린드버그는 추락한 비행기의 잔해에서 두 개의 우편 행낭을 회수해 우체국으로 보냈다.

첫 번째 추락 사고가 발생한 지 채 3달도 되지 않은 11월 3일 린드버그는 또 한 번의 추락 사고를 경험했다. 이번엔 짙은 안개가 낀 야간에 폭설까지 내리고 있는 최악의 상황이었다. 린드버그는 연료가 고갈되기 직전까지 날씨가 나아지기를 기다렸지만 눈보라는 더욱 거세졌다. 결국 린드버그는 또다시 낙하산을 메고 비행기에서 뛰어내렸다. 지형지물을 확인할 수 없는 상태에서 낙하산 점프를 하는 것은 매우 위험한 일이었지만, 린드버그는 이번에도 운 좋게 농장 철조망 울타리에 걸리면서 무사히 착지했다. 두꺼운 겨울 비행복을 입고 있던 린드버그는 몸에 조그마한 상처조차 입지 않았다. 추락한 비행기에서 우편 행낭을 회수한 린드버그는 항공우편 비행을 그만두고 대서양 횡단 비행을 준비하기로 했다. 6개월 후 린드버그는 최초로 대서양 단독 횡단 비행에 성공했다. 눈에 띄게 외모가 수려하고 혼자 비행을 했던 린드버그는 항상 대중의 관심과 사랑을 받았다.

1920년 뉴욕의 사업가 오티그가 대서양 논스톱 횡단에 성공한 조종사에게 2만 5천 달러의 상금을 내걸었다는 소식은 청년들의 심장에 불을 질렀다. 뉴욕 빙햄턴에 살고 있던 에드윈 링크^{Edwin Albert Link}도 비행이 너무 하고 싶어 견딜 수가 없었던 16세의 소년이었다.

린드버그보다 2살이 어린 링크는 린드버그와는 다른 환경에서 자랐다. 링크의 부친은 피아노 제작자였는데 링크는 어릴 때부터 부친의 작업실에서 렌치와 와이어를 들고 피아노 수리와 제작을 거들었다. 고등학교에 들어간 지 얼마 안 되어 링크는 학교를 중퇴하고 본격적으로 부친의 작업실에서 일을 하기 시작했다.

대서양 횡단에 큰 상금이 내걸리고 많은 조종사들이 도전하고 있다는 소식을 들은 링크는 어렵게 부친에게 비행을 하고 싶다고 얘기했다. 부친으로부터 비행학교에 보내주겠다는 대답을 들은 링크는 드디어 자신도 조종사가 된다는 생각에 그날 밤 잠을 이루지 못했다.

그러나 뉴저지의 비행학교에 들어간 첫날 조종석 뒷자리에 앉아 교관의 설명만 듣다가 내린 비행기에서 50달러의 수업료를 요구받은 링크는 분통을 터뜨렸다. 당시의 50달러는 링크의 부친이 일주일 동안 꼬박 작업을 해야 벌 수 있는 돈이었다. 조종사를 포기할 수 없었던 링크는 계속 비행학교에 나갔지만 640달러를 낼 때까지 단 한 번도 직접 조종간을 잡지 못하자 비행학교를 그만두었다.

비행학교를 나온 링크는 다시 부친의 피아노 작업실에서 일을 하며 또래의 조종사 친구들을 사귀기 시작했다. 그들과 어울리며 틈틈이 비행을 익힌 링크는 몇 년 후 그토록 고대하던 단독 비행에 성공했다. 링크는 곧 부친의 피아노 작업실에서 독립해 비행에만 몰두했다.

링크는 자신에게 비행을 가르쳐 준 조종사 친구들과 하루 종일 미 동부의 마을을 누비고 다녔다. 요란한 프로펠러 소리를 듣고 마을 사람들이 비행기를 보기 위해 모여들면 링크와 그의 친구들은 잠깐씩 사람들을 태워주고 돈이나 농축산물을 받았다. 링크는 비행기 날개에 뉴저지의 구두 가게나 맥줏집 광고를 달고 다니며 돈이 될 수 있는 일은 무엇이든 했지 만, 그렇게 벌어들인 수입은 그의 아내가 비행기를 보러 모여든 사람들에 게 핫도그를 팔아 버는 돈보다도 적었다.

1927년 11월 7일, 여느 날처럼 빙햄턴 상공을 비행하던 링크는 들판 에서 비행기에 시동을 걸기 위해 안간힘을 쓰고 있는 한 조종사를 보았 다. 프로펠러 비행기는 날씨가 너무 춥거나 점화 타이밍이 잘 안 맞으면 시동이 안 걸리는 경우가 있는데, 이럴 때에는 누군가가 밖에서 프로펠러 를 손으로 돌려주어야 시동이 걸린다. 종종 비행기의 시동이 안 걸려 고 생한 경험이 있었던 링크는 혼자 고생하는 조종사를 도와주기 위해 그의 옆에 내렸다. 비행기로 다가간 링크는 그가 불과 몇 달 전 대서양을 단독 횡단한 린드버그라는 것을 알았다. 디트로이트로 가려던 린드버그는 빙 햄턴 상공에서 날씨가 급격히 안 좋아지자 추락할 것을 우려해 코코넛 농 장에 비상착륙했다가 비행기의 시동이 안 걸려 고생하던 중이었다.

린드버그를 도와주고 돌아온 링크는 더 이상 마을을 돌아다니며 농작 물이나 받아 되파는 비행을 그만두기로 결심했다. 링크는 가지고 있던 전 재산을 털어 세스나 A^{Cessna-A} 한 대를 구입해 낮에는 비행교관을 하고 밤 에는 지하실에서 쉽고 안전하게 비행훈련을 할 수 있는 시뮬레이터를 제 작하는 데 몰두했다.

1929년 링크는 그의 첫 시뮬레이터를 완성했다. 링크는 시뮬레이터에 '파일럿 메이커^{Pilot Maker}'라는 닉네임을 붙이고 링크 비행학교^{Link Aeronautical} ^{Co.}를 개설했다. 링크는 지역 신문에 "이제 85달러로 비행을 배울 수 있다" 라고 광고를 내고 조종 학생들을 모집했다. 이 금액은 일반 비행학교에서 비행을 배우는 데 드는 비용의 20분의 1도 되지 않는 것이었다.

3차원 공간 감각을 테스트하는 수준을 넘어 실제 비행기처럼 조종 훈련을 할 수 있는 진정한 의미의 시뮬레이터는 링크가 제작한 링크 트레이너가 처음이었다. 나중에 '블루박스'라는 닉네임으로 한 세기를 풍미한 이 시뮬레이터는 조종사가 조종간을 조작하면 전기모터와 케이블에 의해 날개와 수평안정타가 반응하는 획기적인 시뮬레이터였다. 그뿐만 아니라 비행기의 자세 변화와 위치가 조종석의 계기에 그대로 시현되었기 때문에 계기비행을 연습할 수도 있었다. 링크 트레이너는 터블런스를 구현하는 기능까지 갖추고 있었는데 아이러니하게도 첫 번째 링크 트레이너는 항공사나 공군이 아니라 이 터블런스 기능에 매력을 느낀 테마파크에 놀이기구로 팔렸다.

에드윈 링크가 사업적으로 성공할 수 있었던 것은 1934년 US 에어메일을 인수한 미 육군항공대에서 발생한 연속 추락 사고가 계기가 되었다. 육군항공대의 조종사들은 육안으로 지형지물을 보고 비행하는 시계비행을 주로 했는데, US 에어메일을 인수한 후에는 밀려드는 우편물을 처리하기 위해 날씨가 나쁜 날에도 비행을 해야 했다.

조종사들은 지형이 보이지 않는 상태에서도 계기를 통해 자신의 위치를 파악할 수 있어야 하지만 육군항공대의 조종사들은 계기비행에 대해 전혀 훈련이 되지 않은 채로 눈폭풍이 몰아치는 미 동부의 겨울에 우편비행에 투입되었다.

결과는 참혹했다. 육군항공대가 US 에어메일을 인수한 지 두 달 동안 무려 66대의 비행기가 추락했고 그중 탈출에 실패한 12명의 조종사가 사망했다. 전쟁 중이 아닌 평시에 이렇게 많은 조종사가 연속적인 비행기 추락 사고로 사망한 것은 미 항공 역사상 전무후무한 일이었다.

사고 조사를 마친 육군항공대는 조종사들의 계기비행 능력 부족이 사고의 원인이라는 것을 간파했다. 조종사들의 계기비행 훈련이 급선무라는 결론을 내린 육군항공대 본부는 에드윈 링크가 시연하는 링크 트레이너 설명회에 참석하기 위해 급히 뉴어크로 대표단을 파견했다.

그러나 막상 회의 당일이 되자 뉴어크공항에는 짙은 안개가 끼어 비행기들이 착륙을 하지 못하고 있었다. 며칠 전 미리 뉴어크에 도착해 회의가 열리는 날만을 기다리고 있던 육군항공대 대표들은 참석 예정자들이 탄 비행기가 공항에 내리지 못하자 링크도 회의에 참석하지 못할 것으로 생각하고 회의장을 떠나려고 했다. 그러나 직접 비행기를 몰고 온 링크는 계기 접근으로 짙은 안개를 뚫고 혼자 뉴어크공항에 착륙했다. 조종복을 입은 채 회의장으로 걸어 들어오는 링크를 본 육군항공대는 그 자리에서

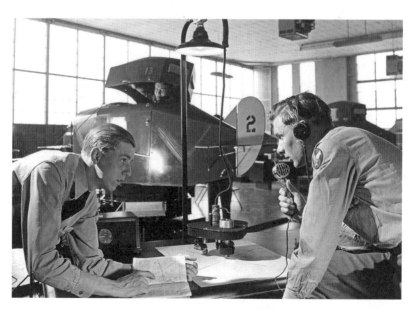

링크 트레이너로 계기비행 훈련을 받는 연합군 조종사

대당 3,500달러의 거금에 6대의 링크 트레이너 구매 계약을 체결했다

당시의 조종사 세계는 좁았고 그만큼 교류도 활발했다. 뛰어난 훈련 효과가 입증된 링크 트레이너는 곧 전 세계의 조종사 훈련기관에 도입되었다. 링크 트레이너에 지대한 관심을 갖고 있었던 일본 해군은 1936년 12월 일본제국 해군의 정식 초청장을 링크에게 보내 도쿄에서의 시연을 요청했다. 링크는 일본 해군의 군함에 링크 트레이너 한 대를 싣고 아내와 함께 도쿄로 갔다. 링크 트레이너의 시연을 참관한 일본 해군은 바로 10대의 주문 계약을 체결했다.

역사상 모든 비행기 제작사의 비약적인 발전은 전쟁이 없었으면 불가능했다. 제2차 세계대전이 발발하자 미국을 비롯해 호주, 캐나다, 독일, 영국, 소련 등 공군을 보유한 연합국들은 일제히 링크 트레이너를 표준 훈련 장비로 도입했고 전 세계에서 50만 명 이상의 조종사가 링크 트레이너로 비행 훈련을 받았다. 2차 세계대전 기간 동안 에드윈 링크는 45분마다 한 대씩 링크 트레이너를 생산해 자그마치 1만 대가 넘는 링크 트레이너를 팔았다. 전쟁이 끝난 후 링크사Link Aviation Co.는 미국 최대의 시뮬레이터 회사가 되었고 엄청난 자본과 명성을 획득한 에드윈 링크는 명실상부한 시뮬레이터 업계의 최강자로 자리를 잡았다.

전쟁이 끝난 후에도 링크 트레이너는 민간 항공사에 도입되어 1950년대 후반까지 상업용 조종사들의 계기비행 훈련용 시뮬레이터로 널리 사용되었다. 링크는 1968년까지 링크사의 회장으로 재직하며 시뮬레이터의 현대화에 큰 족적을 남겼다.

비행기를 따라가지 못한 조종사들

두 차례의 세계대전을 거치는 동안 항공기의 속도는 이전의 비행기들과는 차원이 다르게 빨라졌고 동체의 크기도 현격하게 커졌다. 비행기가 무거워지면 이착륙 속도도 빨라져 그만큼 활주로의 길이도 길어져야 하는데 이미 건설된 활주로의 길이를 연장하는 것은 매우 어려운 일이었다.

비행기의 양력은 날개의 면적에 비례한다. 날개의 면적이 커지면 양력도 커지고 그만큼 비행기의 속도를 줄일 수 있다. 엔지니어들은 순항 중에는 날개 아래에 숨어 있다가 이착륙 시에만 펼쳐지는 플랩Flap을 개발해 이착륙 시 비행기가 속도를 줄일 수 있게 만들었다. 플랩은 기존의 활주로를 늘이지 않고서도 무거운 비행기들이 이착륙을 할 수 있게 해준 혁신적인 아이디어였다.

엔지니어들은 한발 더 나아가 그때까지 비행기 동체에 고정되어 있던 랜딩기어를 비행기가 이륙한 후 동체 안으로 접어 넣을 수 있게 만들어 공중에서 비행기가 더 빠른 속도를 낼 수 있게 했다.

이착륙 단계는 조종사들의 워크로드Workload가 가장 집중되는 시기다. 비행기는 갈수록 빨라졌고 짧은 시간에 플랩과 랜딩기어를 내리고 올리는 등 새로운 절차를 수행하게 되자 조종사들은 전에 없던 실수를 하기 시작했다. 비행기의 발전 속도를 조종사의 훈련이 따라가지 못한 것이다. 조종사들은 플랩이나 랜딩기어를 내리는 것을 잊은 채 이착륙을 시도했고 그 결과는 대부분 치명적인 사고로 이어졌다.

그동안 조종사들이 복잡해진 비행기 시스템에 적응할 기회를 충분히 갖지 못한 채 비행에 투입되었다는 사실을 깨달은 항공사들은 조종석과

커티스-라이트의 P-40 토마호크

똑같은 레이아웃과 시스템을 갖춘 시뮬레이터가 필요했다. 수백 명의 승객이 탑승하는 대형 제트기를 운영하는 항공사에서 플랩이나 랜딩기어를 내리지 않는 사소한(?) 실수로 치명적인 사고가 발생한다는 건 도저히 받아들일 수 없는 문제였다.

항공사들로부터 시뮬레이터 수요가 폭발하자 그동안 시뮬레이터의 선두주자 자리를 지키고 있던 링크에 도전장을 던진 것은 커티스-라이트였다. 1929년 미 해군항공의 거물이었던 커티스와 최초로 동력 비행에 성공한 라이트 형제가 설립한 커티스-라이트는 두 차례의 세계대전을 거치는 동안 미 육군과 깊은 관계를 맺고 있었다. P-36, P-40 토마호크 등 당시 미 육군의 주력기들 모두 커티스-라이트의 비행기들이었다.

    2차 대전 후 여러 번의 시도에도 불구하고 제트기 체제로 전환하는 데 실패한 커티스-라이트는 1943년 코넬대학과 합작으로 비행연구소를 개설하고 시뮬레이터와 엔진, 프로펠러 등을 생산하는 핵심 항공 부품 회사로 전환했다.

    커티스-라이트가 제작한 첫 번째 시뮬레이터인 B377 스트라토크루저 시뮬레이터는 실제 B377 비행기와 완전히 동일한 조종실 레이아웃을 갖추고 있었고 조종사의 조작 결과도 정밀하게 계기판에 시현되었다. 커티스-라이트는 비주얼과 사운드가 추가된 최신 상용 항공기용 시뮬레이터

커티스-라이트의 시뮬레이터 광고

를 계속 개발했고 조종사들은 비행기에서 수행하는 모든 절차들을 시뮬레이터에서 거의 완벽하게 연습할 수 있었다.

1947년 브리티시에어의 전신인 브리티시국제항공(BOAC)은 런던과 미 동부를 잇는 정기 항공편을 운영한다고 발표했다. 민간 항공사가 대서양 횡단 정기편을 운영하는 것은 역사상 최초의 일이었기 때문에 당시 큰 화제가 되었다.

BOAC의 대서양 횡단 정기편 운영은 회사의 명운을 건 결정이었다. BOAC는 사업의 성패가 조종사들의 안전 운항에 달렸다는 것을 알고 있었다. 대서양을 횡단하는 대형 제트여객기에서 만에 하나라도 조종사들의 실수로 인한 추락 사고가 발생하면 항공운송사업을 접어야 하는 것은 두말할 나위도 없었다.

BOAC는 대서양 노선에 투입될 실제 커밋 4^{Comet 4} 항공기의 조종석과 전방 동체를 통째로 잘라 사내에 시뮬레이터 훈련 센터를 설립했다. 그리고 대서양 노선을 비행하게 될 모든 조종사를 대상으로 엄격한 시뮬레이터 훈련을 했다. 훈련을 마친 조종사들은 시뮬레이터 심사에서 단 하나의 절차적 실수도 범하지 않아야만 실제 비행에 투입될 수 있었다.

BOAC의 시뮬레이터 훈련은 대성공이었다. 실 비행기와 똑같은 조종석에서 수십 번의 반복 연습을 통해 비행 절차를 완벽히 숙달한 조종사들은 대서양을 횡단하는 실제 비행 중에도 전혀 실수를 범하지 않았다. BOAC의 훈련 시스템이 큰 성과를 보이자 다른 항공사들도 BOAC의 시스템을 따라 하기 시작했고, 고정식 시뮬레이터에서의 엄격한 절차 훈련은 제트항공기를 운영하는 거의 모든 항공사의 표준이 되었다.

고정식훈련장비(FTD, Flight Training Device)에서의 절차 훈련이 충실할

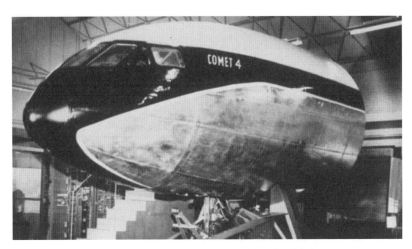

실제 비행기를 잘라 만든 BOAC의 커밋 4 시뮬레이터

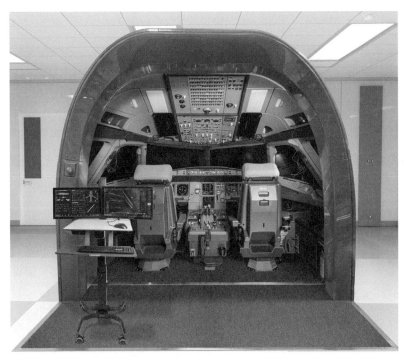

현대의 고정식훈련장비. 조종사들은 비주얼과 모션이 있는 풀 시뮬레이터 훈련 과정에 입과하기 전 고정식훈련장비에서 완벽히 절차를 익힌다.

수록 풀 시뮬레이터(FFS, Full Flight Simulator)에서의 훈련 효과가 높기 때문에 현대의 항공사들은 고정식훈련장비 심사에 매우 엄격하다. 우리나라의 항공사들은 실 비행기에서 하는 노선 심사를 가장 중요시하지만, 전세계 대부분의 항공사들은 고정식 시뮬레이터 심사에서 단 한 개의 절차만 실수해도 풀 시뮬레이터 과정에 입과시키지 않는다.

•

인체의 오감을 속여라, 비주얼과 모션

비행 중 조종사의 워크로드와 집중력이 가장 많이 요구되는 시기는 이착륙 단계다. 비행기는 활주로를 이탈하는 순간 화재나 구조 손상으로 이어질 가능성이 매우 높기 때문에 활주로 이탈은 그 결과에 무관하게 중대사고로 처리된다. 모든 비행기 사고의 80퍼센트 이상이 이착륙 단계에 집중되어 있다.

이착륙은 조종사가 오감으로 비행기의 움직임을 느껴가며 세밀하게 비행기의 자세와 추력을 컨트롤하는 행위다. 따라서 이륙과 착륙은 비주얼과 모션이 없는 고정식 시뮬레이터로는 훈련을 할 수 없다. 시뮬레이터가 실제 비행기에서의 훈련을 완벽히 대체하기 위해서는 궁극적으로 조종사들의 감각을 완전히 속일 수 있어야 한다. 시뮬레이터에서 조종사가 실제 비행기와 같은 가속과 감속, 선회와 상승, 강하를 느낄 수 있게 만들어야 하는 것이다.

그러기 위해서는 조종실 창밖의 비주얼이 실제 비행기에서 보는 것과 똑같이 제공되어야 하고 동시에 시뮬레이터의 모션도 비행의 가속과 감속, 상승과 강하에 따른 귓속 전정기관 내 섬모의 움직임을 정확하게 유

도해 내야 한다. 이런 시뮬레이터의
비주얼과 모션은 인체의 생리 반응과
비행기의 성능 그리고 유체역학 방정
식이 완전히 정리되어야만 비로소 가
능하다.

초기 시뮬레이터 제작사들은 거대
한 구조물과 유압 시스템을 필요로
하는 모션보다는 상대적으로 구현이
쉬운 비주얼을 먼저 개발하기 시작했
다. 최초로 시뮬레이터에 사용된 비주
얼 시스템은 커티스-라이트가 만든
지형 모델 보드였다. 엄청난 크기의

초기 시뮬레이터의 지형 모델 보드. 스미
스소니언 항공우주박물관

이 비주얼 시스템은 커다란 보드판에 실제 지형을 만들어 놓고 보드판 위
를 움직이는 프레임에 설치된 작은 비디오 카메라가 비행기의 자세에 따
라 움직이는 구조였다. 카메라를 통해 비춰진 모델 보드의 화면은 조종석
앞의 스크린에 시현되었다. 지형 모델 보드의 초보적인 비주얼 시스템은
그동안 조종석 앞이 꽉 막힌 시뮬레이터에서 훈련하는 것과는 비교할 수
없는 몰입도를 조종사에게 제공해 주었다.

이 육중한 지형 모델 보드는 오래 가지 않았다. 70년대 초반 마이크로
프로세서와 컴퓨터 그래픽이 출현하면서 지형 모델 보드는 쓸모가 없어
졌고 이후 시뮬레이터의 비주얼은 컴퓨터의 발달에 힘입어 급속히 발전
하기 시작했다.

반면 시뮬레이터의 모션은 비주얼과는 비교할 수도 없을 만큼 까다로

운 작업이었다. 시뮬레이터의 모션은 조종사의 조작에 대한 항공기의 반응을 3차원으로 구현해 시뮬레이터의 움직임을 구현해야 하는 고차원적인 과제였다. 이때까지 시뮬레이터 제작사는 항공기와 엔진에 대한 정확한 성능 데이터조차 갖고 있지 않았기 때문에 기계적 문제는 차치하고 수학적으로 모션을 구현할 엄두를 내지 못했다.

시뮬레이터 제작사들은 비행 방정식을 끝내 풀지 못했다. 모션 문제를 해결한 것은 달 착륙에 도전하던 나사^{NASA}였다. 나사는 아날로그 컴퓨터를 사용해 항공기의 비행 방정식을 완전히 풀어냈고 시뮬레이터 제작사들에 그 데이터를 공개했다. 그제서야 시뮬레이터 제작사들은 조종사의 조작에 대한 항공기의 반응을 시뮬레이션의 모션으로 구현해 낼 수 있었다. 현대의 시뮬레이터가 갖고 있는 사실성의 기반은 미국과 구소련의 우주탐사 경쟁의 결과로 만들어진 것이다.

비주얼과 모션 시스템이 해결되자 시뮬레이터는 조종사의 감각을 충분히 속일 수 있게 되었다. 시뮬레이터로 이착륙을 포함한 모든 조종 훈련을 완전히 커버할 수 있게 된 것이다.

시뮬레이터 제작 사업이 비행기 제작에 버금갈 정도로 커져가는 동안에도 항공업계에는 조종사의 훈련과 자격 공인을 위한 국제적 심사 기준이 없었다. 그동안 조종사의 훈련은 시뮬레이터 제작사와 항공사 간의 전략적 판단에 따라 좌우되었다. 시뮬레이터 제조사는 엔진 고장이나 여압 상실 등 이런저런 항공사고가 발생할 때마다 항공사가 요구하는 비상상황 시뮬레이션 기능을 개발해 제공했고, 항공사는 자체적으로 정한 기준으로 조종사들을 훈련하고 평가했다.

현재 조종사의 훈련과 평가에 사용할 수 있는 시뮬레이터의 등급과 훈련 요구량은 국제법으로 정해져 있다. 조종사를 평가하는 시뮬레이터 심사 과목과 기준도 국제적으로 표준화되어 있다. 항공사마다 심사의 난이도에 다소 차이는 있지만 대형 항공사에서 근무한 경력이 있는 조종사들은 대체로 표준적 스킬을 가지고 있기 때문에 다른 나라의 항공사에서도 쉽게 근무할 수 있다.

●

"6개월 연장되셨습니다"

실제 비행기에서 훈련을 하지 않고도 법적으로 승객이나 화물을 태우고 특정 기종의 조종 자격을 부여할 수 있는 등급의 시뮬레이터를 레벨 D 시뮬레이터라고 한다. 조종사는 레벨 D 시뮬레이터로 승인된 훈련 프로그램과 평가를 통과하면 법적으로 해당 기종의 조종 자격을 취득할 수 있다. 그러나 대부분의 항공사는 정부가 부여한 기종 조종 자격은 법적 요건을 충족하기 위한 최소 요건으로만 인정한다.

승객을 태우고 비행을 하기 위해서는 시뮬레이터로 조종 자격을 획득한 후에도 실제 비행기에서 교관 기장과 함께 별도의 운항 경험을 쌓고 심사를 거쳐야 한다. 대부분의 항공사에서는 시뮬레이터 훈련과 심사가 매우 엄격하기 때문에 시뮬레이터 심사를 통과한 조종사의 노선 경험(OE, Operating Experience)은 상대적으로 쉽게 끝난다. 반면 우리나라 항공사들은 외국 항공사들에 비해 상대적으로 시뮬레이터 심사가 쉽고 교관과의 노선 경험을 필요 이상으로 까다롭게 심사하는 경향이 있다.

레벨 D 시뮬레이터와 다른 시뮬레이터의 가장 큰 차이점은 모션이다. 조종사는 레벨 D 시뮬레이터로 이륙하는 동안 최첨단 비주얼 디스플레이와 결합된 시뮬레이터의 움직임에서 비행기가 활주로 위를 달릴 때와 같은 사실적인 이륙 가속도를 느낄 수 있다. 시뮬레이터의 조종석 창밖으로 보이는 활주로나 눈, 비와 같은 기상 조건도 그 소리와 비주얼이 실제와 거의 똑같이 느껴진다.

시뮬레이터에서 주어지는 기상 조건은 컴퓨터로 생성하는 것이기 때문에 어느 정도 인공적인 느낌이 나긴 하지만 공중에서 보이는 지상 전망은 위성에서 촬영한 이미지를 그대로 투영한 것이기 때문에 매우 사실적이다. 특히 야간 접근 시 도시의 불빛과 건물 등이 만들어 내는 비주얼은 실제와의 차이를 거의 느낄 수 없을 정도로 정밀하다.

조종사들은 6개월마다 시뮬레이터 심사를 받는다. 시뮬레이터 심사 스케줄이 나오면 조종사들은 정도의 차이가 있을 뿐 누구나 스트레스를

레벨 D 시뮬레이터의 비주얼. 활주로와 주변 지형이 매우 사실적이다.

받는다.

시뮬레이터 비행은 정상 상황이 없다. 이륙하자마자 엔진이 고장 나고 회항을 준비하는 사이에 화재가 발생한다. 여압 상실, 유압 시스템 고장, 이륙 중단, 강풍 속의 착륙, 돌풍으로 인한 착륙 중단 등 시뮬레이터 비행 내내 조종사는 모든 종류의 비상상황을 겪게 된다.

6개월마다 반복되는 시뮬레이터 심사를 준비하기 위해 조종사들은 대개 각자 정리한 자료를 갖고 있다. 이 자료에는 매뉴얼에 쓰여 있지 않은 조작적 팁들과 실수하기 쉬운 상황 등 비상상황을 핸들링하는 자신만의 노하우가 빼곡하게 정리되어 있다.

어떤 조종사는 시뮬레이터 훈련이 시작되기 며칠 전부터 준비를 하기도 하지만 예민한 조종사들은 몇 달 전부터 심사 준비를 한다. 시뮬레이터 심사 준비는 긴급 상황에서 즉각적으로 수행해야 하는 절차들을 다시 한번 완벽히 숙지하고 그동안 자신이 시뮬레이터에서 범했던 각종 실수를 복기하는 것이다. 시뮬레이터 훈련이 시작되기 하루 전에는 이 모든 개인 준비가 완료되어 있어야 한다.

아무리 경험이 많아도 정기 시뮬레이터 심사를 앞둔 긴장감은 사라지지 않는다. 실수로 좋지 않은 심사 결과를 받으면 파면될 수도 있다는 중압감이 이러한 긴장감의 본질이지만 그 중압감을 이겨내야 하는 것도 조종사의 몫이다. 실제 비상상황에서는 그보다 훨씬 더 큰 중압감과 긴장감이 닥칠 것이기 때문이다.

심사 과목마다 정해진 표준 합격 기준이 있다. 명백한 불합격 기준은 비정상 상황의 종류를 막론하고 활주로를 이탈하거나 추락하는 것이다. 관제사로부터 인가받은 경로를 이탈해도 불합격이며, 설계된 비행기의 운용 한계를 초과해도 불합격으로 처리된다. 1차 심사에서 불합격하면 대개 2차 심사 기회가 부여되지만 2차 심사에서도 불합격하면 파면된다. 중국과 같이 정부가 직접 모든 항공사의 시뮬레이터 심사를 통제하는 국가에서는 1차 심사에서 불합격한 기장을 곧바로 부기장으로 강등시키기도 한다.

정기 시뮬레이터 심사는 직업을 잃을 수도 있는 문제이기 때문에 시뮬레이터 심사가 끝날 때까지 조종사들은 대개 몇 번이고 정리 노트와 매뉴얼을 반복해서 읽으며 과도하게 준비한다. 공정한 심사가 보장되는 한 이런 치밀한 준비는 자신의 스킬을 향상시키는 데 분명 도움이 된다. 핵심은 심사의 공정성이다. 공정한 심사는 사람을 평가하는 것이 아니라 그 사람이 보여준 퍼포먼스를 있는 그대로 평가하는 것이다.

사우스웨스트항공의 시뮬레이터 훈련 센터. 34,000제곱미터의 공간에 레벨 D 시뮬레이터가 가득 들어차 있다.

조종사의 자격 인정에 사용되는 레벨 D 시뮬레이터의 운영 비용은 비행기 한 대를 운영하는 비용과 맞먹는다. 자체 훈련 센터를 갖추고 있는 대형 항공사들과 달리 소규모 항공사들은 비용 절감을 위해 국제적으로 인증된 시뮬레이터 훈련 기관에 훈련과 심사를 위탁하기도 한다.

·

메이데이, 메이데이, 메이데이

비상사태를 선언할 때 사용하는 국제표준용어인 '메이데이Mayday'는 프랑스어 'M'aider(Help me)'에서 유래했다. 비행 중 항공기나 승객의 안전에 영향을 미치는 비상상황이 발생하면 기장은 비상주파수로 "메이데이, 메이데이, 메이데이"라는 용어로 비상을 선포한다. 이렇게 비상을 선포하는 이유는 주변의 다른 항공기와 관제사로부터 착륙우선권을 포함한 모든 도움을 받기 위해서다.

2018년 4월 17일 뉴욕 라과디아공항에서 이륙해 댈러스로 순항 중이던 사우스웨스트 1380편 B737의 좌측 엔진이 폭발했다. 9,800미터 상공에서 엔진 블레이드가 탈락하면서 금속 파편들이 엔진으로 빨려 들어가 좌측 엔진은 완전히 만신창이가 되었다. 곧바로 폭발한 엔진 파편이 좌측 동체의 창문을 깨뜨리면서 객실 여압까지 순식간에 상실되었다. 엔진 폭발과 여압 상실이라는 두 개의 극단적인 비상상황이 동시에 발생한 것이다.

객실의 창문이 깨지는 순간 기내와 외부의 압력 차이로 인해 깨진 창가 좌석에서 좌석벨트를 매지 않고 앉아 있던 승객의 상체가 비행기 밖으

좌측 엔진이 완전히 손상된 채로 필라델피아공항에 비상착륙한 사우스웨스트 1380편

로 빨려 나갔다. 자신의 몸을 가누기도 어려운 상황에서 주변의 승객들은 온 힘을 다해 창밖으로 빨려 나가는 승객의 다리를 붙잡고 객실 안으로 끌어당겼다.

슐츠 기장은 즉시 비상을 선포하고 안전고도인 4천 미터까지 강하했다. 강하에 걸린 시간은 단 5분이었다. 비행기는 엔진이 폭발한 지 15분 만에 필라델피아공항에 안전하게 착륙했고 149명의 승객과 승무원은 모두 무사했다. 공중에서 창밖으로 몸의 일부가 빨려 나갔던 승객은 병원에 이송된 후 사망하고 말았다. 미국에서 항공사고로 승객이 사망한 것은 9년 만의 일이었다.

사고 경위는 전 세계 언론에 보도되었고 우리나라 뉴스에서도 사고 당시 기장과 관제사의 교신 녹음을 반복해 방송했다. 우리나라의 일부 언론들은 슐츠 기장이 여성이라는 점을 강조했다. 반면 미국 언론들의 보도는 비상상황을 처리하는 슐츠 기장의 담담한 태도에 초점을 맞추었다.

백악관에 초청되어 트럼프 대통령과 악수를 하는 사우스웨스트의 슐츠 기장, 〈NBC 10〉

엔진 폭발과 여압 상실에 대한 초동 조치를 완료한 슐츠 기장은 마치 친구와 공원을 걸으며 어제 있었던 일을 얘기하는 듯한 톤으로 관제사에게 비상을 통보했다. 비상상황을 전하는 슐츠 기장의 음성이 너무나도 담담해 관제사가 진짜 비상 선포를 하는 것인지 다시 확인할 정도였다. 미국의 뉴스에 출연한 항공 전문가는 비상상황에서 가장 중요한 것은 'keep calm down'이며, 그 점에서 슐츠 기장의 태도가 매우 프로페셔널했다고 해설했다.

서구의 조종사 사회에서 기장이 여성이라는 것은 아무 의미가 없다. 여성이라 특별 대우가 있는 것도 아니고 훈련이나 심사 기준이 남성 조종사들과 다른 것도 아니다. 여자 아나운서, 여자 선생님이 아니라 그냥 아나운서이고 선생님이듯, 여성 기장이라는 호칭은 서구 조종사 사회에서 전혀 특별한 의미를 갖지 않는다.

KEEP CALM AND CARRY ON

1939년 2차 세계대전의 발발이 확실시되자 영국 정부는 나치와 소련의 대대적 공습을 예상했다. 공습을 대비하던 영국 정부는 'KEEP CALM AND CARRY ON'이란 문구를 커다랗게 써넣은 붉은색 포스터를 250만 부나 제작했다. 공습이 개시되는 즉시 영국 정부는 이 포스터를 전국에

1939년 영국 정부가 제작했던 포스터

배포하고 침착하게 일상을 계속하자는 메시지를 보낼 계획이었다.

우여곡절 끝에 포스터 배포 계획은 취소되었다. 공습을 받고 있는 국민들에게 품위 있는 영국인답게 가만히 생업에 종사하라는 메시지를 내는 것이 자칫 역효과를 낼 수도 있다는 우려 때문이었다. 영국 정부는 준비해 두었던 포스터를 모두 폐기했지만, 이 캠페인 포스터는 비상상황에서 생존을 위한 가장 중요한 핵심이 평정심을 유지하는 것임을 강조하는 것이었다.

비행 중 비상상황이 발생했을 때 조종사에게 가장 중요한 역량은 처음부터 끝까지 평정심을 유지하는 능력이다. 서구 메이저 항공사의 시뮬레이터 비상 훈련에서 가장 강조하는 것도 절차 수행에 앞서 침착함을 유지하는 것이다.

우리나라의 민항 수요가 급격히 증가하던 1990년대 후반, 조종사 양성이 시급해진 우리나라 항공사는 조종사들 중 일부를 미국의 대형 항공사에 위탁해 훈련을 받게 했다. 나도 당시 노스웨스트항공사에 위탁되어 B747-400 훈련을 받았다.

당시 국내의 시뮬레이터 훈련 방식은 비상절차를 달달 외워 상황이 발생하면 기장과 부기장이 마치 대본을 읽는 것처럼 큰 소리로 척척 절차를 수행하는 것이었다. 시뮬레이터 훈련에 들어가기 전에 기장과 부기장이 미리 '손발을 맞춰보고' 들어가는 것이 우리나라의 시뮬레이터 입과의 상식이었다. 이런 암기식 절차 수행에 익숙한 우리들은 미국에 가서도 같은 방식으로 시뮬레이터를 탔다. 그럴 때마다 미국 교관들은 시뮬레이터를 멈추고 처음부터 다시 훈련을 진행했다. 절차가 아무리 정확해도 소용이 없었다.

나와 내 파트너가 마치 약속대련을 하는 것처럼 비상상황을 처리하자 노스웨스트의 교관은 시뮬레이터를 멈추고 "비상상황이 발생하면 일단 두 손을 무릎에 올려놓고 셋을 센 후 절차를 수행하라"라고 가르쳤다. 우리들은 알겠다고 대답한 후 교관이 비상상황을 주면 속으로 하나, 둘, 셋을 센 후 다시 큰 소리로 "메이데이, 메이데이"를 외치면서 연극을 하듯 미리 약속한 절차를 착착 수행했다. 그러자 노스웨스트의 교관은 잠시 심각한 표정을 짓더니 우리에게 마지막 경고를 했다.

"당신들에게 세 번의 기회를 주었다. 그런데 당신들은 세 번 다 흥분했다. 만약 이번에도 흥분할 경우 당신들의 훈련은 이것으로 끝난다. 당신들은 실제 비상상황이 발생하면 승객과 비행기를 안전하게 통제할 수 없다."

우리를 훈련하던 교관은 노스웨스트에서 B747-400 기장으로 정년퇴직을 한 68세의 폴 짐이었다. 짐은 훈련이 끝나면 우리를 인근의 파일럿 펍으로 데려가 맥주와 포테이토 웨지를 사주며 재미있는 비행 일화를 얘기해 주던 노신사였다. 그랬던 짐이 진지한 표정으로 '마지막' 경고를 하자 우리들은 매우 당황스러웠다. 짐은 비상상황에서 조종사에게 가장 필요한 것은 절차 이전에 침착한 태도^{attitude}이며 우리에게 그 태도가 부족함을 지적했다.

우리들은 그때부터 시뮬레이터에서 비상상황이 주어질 때마다 평정심을 유지하는 태도를 연습했다. 한 달간의 시뮬레이터 훈련에서 노스웨스트의 교관과 체커(심사관)들이 일관되게 우리에게 요구한 것은 'KEEP CALM AND CARRY ON'이었다.

짐은 시뮬레이터 훈련 중 착륙 후 랜딩기어를 부러뜨려 비행기에 화재를 발생시키거나 비상강하 도중 엔진을 살짝 꺼버리는 등 훈련 과목에 없는 비상상황들을 간간이 부여했다. 우리가 미리 연습해 온 비상상황 외에 전혀 예측할 수 없는 상황을 부여하고 이때도 침착한 태도를 유지하는지 확인하기 위해서였다. 목소리를 높이거나 흥분하면 그것으로 훈련은 끝난다는 협박(?)은 마지막 날까지 계속되었다.

이런 방식으로 'KEEP CALM AND CARRY ON' 테크닉이 몸에 밴 조종사들은 실제 비상상황에서도 의도적으로 자신의 음성과 태도를 통제한다. 영화 〈허드슨강의 기적〉에서 설리 기장을 연기한 톰 행크스는 이를 매우 사실적으로 표현했다. 갑작스럽게 커다란 기러기 수십 마리가 조종실 창에 부딪히고 엔진이 모두 꺼지는 상황에서도 설리 기장의 표정과 태도는 마치 아무 일도 일어나지 않은 것처럼 변화가 없다.

영화 〈허드슨강의 기적〉에서 기러기 떼와 충돌하는 순간의 설리 기장(배우 톰 행크스)

실제 서구의 메이저 항공사에서 추락한 항공기에서 건져낸 조종실 녹음을 들어보면 조종사들의 교신과 대화는 마치 기계음처럼 냉정하게 들린다. 비행기가 추락하는 마지막 순간까지 "비행기가 통제되지 않는다. XXX 지점에 추락한다"라는 담담한 목소리를 들으면 전율이 느껴질 정도다. 이것은 그들이 죽음 앞에서 자포자기한 것이 아니라 비상상황에 대한 훈련을 제대로 받았고, 조종석에 앉아 있는 동안 프로페셔널 조종사로서의 자세를 끝까지 지키고 있었다는 것을 보여준다. 슐츠 기장의 담담한 교신도 이런 맥락에서 이해해야 한다.

반면 동양권 항공사의 시뮬레이터 훈련 분위기는 조종사의 톤이나 태도보다는 절차를 중시한다. 과거 우리나라의 교관들은 시뮬레이터 훈련 중 비상상황에서 조종사가 담담한 어조로 교신을 하거나 다소 천천히 절차를 수행하면 태도가 건방지다거나 절차 수행이 미흡하다고 지적하기도 했다. 미리 암기한 절차를 큰 소리로 빨리빨리 수행하는 것을 우수하다고 생각한 것이다. 이런 식의 훈련을 받은 조종사는 예상되고 암기된 모의 비상상황에서는 능숙해 보일지 몰라도 실제 비행 중 돌발적인 비상상황이 발생하면 실수를 범하거나 잘못된 판단으로 비행기를 위험에 빠뜨릴 가능성이 크다.

조종사의 역량은 항공사의 신뢰도와 직결되는 문제다. 조종사들의 숨은 역량의 차이는 비상상황에서 드러나며 그 비상상황을 다루는 핵심은 조종사의 침착한 자세다.

•

문화로부터 개인이 자유로워질 수 있는가

영화 〈허드슨강의 기적〉에는 미연방교통안전위원회의 조사관들이 설리 기장에게 새 떼와 충돌한 직후 곧바로 라과디아공항으로 회항하지 않고 허드슨강에 비상착수한 이유를 집요하게 묻는 장면이 나온다. 시뮬레이터로 테스트한 결과 즉시 라과디아로 회항했으면 안전하게 착륙할 수 있었는데 왜 위험하게 허드슨강에 내렸냐는 것이다. 조사를 받은 설리 기장은 며칠 동안 잠을 이루지 못하고 자신의 판단이 과연 옳았던 것인지 고민한다.

사실 이 장면은 실제와는 전혀 다른 영화적 설정일 뿐이다. 미연방교통안전위원회는 설리 기장의 판단에 대해 단 한 번도 이의를 제기한 적이 없었다. 미 의회와 언론 역시 최악의 상황에서 침착한 대처로 승객들의 생명을 구한 설리 기장에게 시종 경의를 표했다. 클린트 이스트우드Clint Eastwood 감독은 설리 기장의 침착한 태도를 돋보이게 하기 위해 의도적으로 조사관들과의 갈등 요소를 삽입했다.

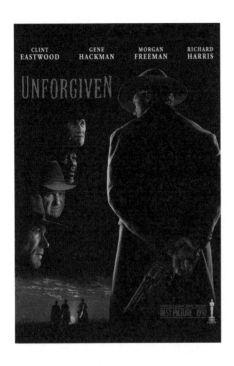

클린트 이스트우드는 1992년 직접 감독과 주연을 맡은 영화 〈용서받지 못한 자〉에서도 흔들리지 않는 침착한 태도의 힘을 강조했었다.

서부 시대 와이오밍주의 한 작은 술집에서 접대부로부터 놀림을 받은 카우보이들이 그녀의 얼굴을 난도질한다. 보안관 리틀 빌(진 해크먼)은 접대부들의 호소를 무시하고 술집 주인에게 말 몇 마리를 보상하는 것으로 카우보이들을 돌려보낸다.

접대부들이 카우보이들을 응징해 주는 사람에게 천 달러를 주겠다는 소문을 퍼뜨리자 영국의 전설적인 총잡이 잉글리시 밥(리처드 해리스)이 마을을 찾아온다. 리틀 빌은 잉글리시 밥을 떡이 되도록 두들겨 팬 후 보안관실 철창에 가둔다. 잉글리시 밥을 따라온 순진한 전기 작가 보 샴프는 리틀 빌로부터 그동안 잉글리시 밥과 관련된 이야기 대부분이 과장이었음을 알게 되자 이번엔 리틀 빌의 전기를 쓰기 시작한다.

보 샴프는 리틀 빌에게 이렇게 묻는다.

"그날 밤 술집에서 코코란과 잉글리시 밥 중에 누가 더 빨랐었나요?"
"그럼 결국 당신이 잉글리시 밥보다 빠르다는 거네요?"

리틀 빌은 이렇게 대답한다.

"총을 빨리 뽑는 것이 실력이 아닐세. 상대방이 나를 겨누고 있을 때 누가 더 침착할 수 있느냐가 관건이지. 빠른 건 전혀 중요한 게 아니야."

보 샴프가 동의하지 않자 리틀 빌은 철창 안에 있는 잉글리시 밥에게 총을 돌려주고 자신을 쏘고 도망가 보라고 말한다. 잉글리시 밥이 총을 쏘지 못하자 리틀 빌은 다시 이렇게 말한다.

"목숨이 걸리면 다들 땀이 나지. 그러다 서로 허공에 쏘고 어쩌다 맞고 그러는 거야. 그 상황에서 침착할 수 있는 사람은 드물어. 나와 잉글리시 밥 정도지."

보 샴프가 총을 뽑는 속도를 총잡이의 실력으로 생각하는 것처럼, 사람들은 흔히 착륙이 얼마나 부드러운가로 에어라인 조종사의 실력을 평가한다.

훌륭한 에어라인 파일럿은 조종 스킬만 뛰어난 조종사가 아니라 평생 단 한 건의 경미한 사고도 내지 않는 조종사다. 에어라인 조종사의 진짜 실력은 예측적 상황 인식으로 비행기를 위험한 상황과 조우하지 않게 하는 능력이며, 예측이 불가능한 비상상황이 발생했을 때 이를 얼마나 냉정하고 침착하게 다룰 수 있는가에 달려 있다.

조종사들의 비행 스타일은 훈련을 통해 형성된다. 그리고 시뮬레이터의 훈련과 평가 방식은 문화의 영향에서 자유롭지 않다.

2017년 출제되었던 프랑스 바칼로레아의 논술 주제는 '문화로부터 개인이 자유로워질 수 있는가'였다. 바칼로레아처럼 주어진 사안에 대한 통찰력을 묻는 문제들이 우리나라 수능에 출제되지 못하는 것은 평가의 공정성을 보장할 자신이 없기 때문일 것이다. 공정성이 보장되지 않는 사회에서의 평가 방식은 암기된 지식을 평가하는 사지선다형일 수밖에 없다.

동양과 서구의 시뮬레이터 훈련과 평가의 핵심이 다른 것도 수능과 바칼로레아의 차이와 비슷하다. 절차는 외우면 그만이지만 조종사의 신중하고 침착한 태도는 승객의 안전에 대한 깊은 책임감과 끊임없는 자기 노력 없이는 얻어지지 않는다.

에필로그
아는 만큼 재미있는 비행

무언가를 새로 익힐 때마다 나는 그와 관련된 책을 먼저 읽는다. 수영을 배울 때도 《수영 아나토미》란 책을 구입해 물을 당기는 근육의 구조부터 이해했고, 마라톤을 할 때는 장거리를 달리는 자세와 보폭부터 공부했다.

비행을 처음 배울 때도 나는 매뉴얼부터 읽었다. 그러나 도제식 전통을 가진 조종사들의 세계에는 제작사의 매뉴얼과 조금씩 다르게 비행기를 운영하는 '그들만의 방식'이 있었다. 나는 그 방식들을 배우면서도 제작사와 항공 당국이 발행한 매뉴얼과 문서들을 계속 찾아 읽었다.

비행과 관련해 궁금한 모든 것들은 매뉴얼에 설명되어 있었다. 그 비행기를 설계하고 제작한 엔지니어들의 설명보다 정확한 답변이 있을까. 테스트 파일럿이 수십 차례 반복해 정리한 테크니컬 매뉴얼은 내 비행 스킬을 가늠하는 기준이었고, 조종에 필요한 모든 정보의 보고였다. 제작사의 매뉴얼과 항공 당국이 발행하는 회보들은 누구보다 훌륭한 교관이었다.

미연방항공국(FAA)이 말한 것처럼 '조종사의 완성은 건물이 서는 것'과 같다. 지식의 바탕 위에 스킬이 있어야 하고, 지식과 스킬을 관장하는 것은 조종사의 태도[attitude]다. 그 태도는 규정과 절차 뒤에 숨겨진 배경을 이해하는 데서 출발한다.

　세상의 모든 것은 알고 있는 만큼 보인다. 비행도 마찬가지다. 비행기와 조종사, 운항 시스템과 탑승 절차 등 그 모든 항공 지식은 그 사회의 철학적, 역사적 배경 속에서 이해할 때 비로소 온전한 자기 것이 된다.

　이 책을 통해 그동안 독자들이 항공 여행 중 이따금 겪었던 지루한 순간들이 의미 있고 흥미로운 경험으로 바뀌기를 바란다.

플레인 센스

초판 1쇄 발행 2020년 6월 1일
초판 10쇄 발행 2024년 1월 25일

지은이 김동현
펴낸이 권미경
기획편집 박주연
마케팅 심지훈, 강소연, 김재이
펴낸곳 ㈜웨일북
디자인 [★]규
본문 일러스트 고수영
출판등록 2015년 10월 12일 제2015-000316호
주소 서울시 마포구 토정로 47, 서일빌딩 701호
전화 02-322-7187 **팩스** 02-337-8187
메일 sea@whalebook.co.kr **인스타그램** instagram.com/whalebooks

ⓒ 김동현, 2020
ISBN 979-11-90313-37-7 03900

소중한 원고를 보내주세요.
좋은 저자에게서 좋은 책이 나온다는 믿음으로, 항상 진심을 다해 구하겠습니다.

이 도서의 국립중앙도서관 출판예정도서목록(CIP)은
서지정보유통지원시스템 홈페이지(http://seoji.nl.go.kr)와
국가자료공동목록시스템(http://www.nl.go.kr/kolisnet)에서 이용하실 수 있습니다.
(CIP제어번호: CIP2020019405)